KB091719

전문가를 위한

# 오라클
# PL/SQL
# 입문

제3판

# Pro toshiteno Oracle PL/SQL Nyumon, The Third Edition

**전문가를 위한**
# 오라클 PL/SQL 입문 제3판

**3판 1쇄 발행** 2015년 12월 30일 **2쇄 발행** 2018년 11월 9일

**지은이** 어시스트 교육부
**옮긴이** 안성민
**펴낸이** 장성두
**펴낸곳** 주식회사 제이펍

**출판신고** 2009년 11월 10일 제406-2009-000087호
**주소** 경기도 파주시 회동길 159 3층 3-B호
**전화** 070 – 8201 – 9010 / **팩스** 02 – 6280 – 0405
**홈페이지** www.jpub.kr / **이메일** jeipub@gmail.com

**편집부** 이종무, 황혜나, 최병찬, 이 슬, 이주원 / **소통·기획팀** 민지환 / **회계팀** 김유미
**표지디자인** 미디어픽스 / **본문디자인** 북아이
**용지** 에스에이치페이퍼 / **인쇄** 해외정판사 / **제본** 광우제책사

ISBN 979-11-85890-36-4 (93000)
**값** 27,000원

제이펍은 독자 여러분의 책에 관한 아이디어와 원고 투고를 기다리고 있습니다. 책으로 펴내고자 하는 아이디어나 원고가 있으신 분께서는
책에 대한 간단한 개요와 차례, 구성과 제(역)자 약력 등을 메일로 보내주세요.      jeipub@gmail.com

전문가를 위한

# 오라클
# PL/SQL
# 입문

**제3판**

어시스트 교육부 지음 / 안성민 옮김

제이펍

# { 차례 }

## 응용편  PL/SQL 심화 응용 테크닉 213

# { 옮긴이 머리말 }

책 내용 중에도 나오지만, PL/SQL은 Oracle 데이터베이스 시스템에서 SQL을 확장한 절차적 언어(Procedural Language)를 뜻합니다. 그리고 OS 플랫폼에 관계없이 Oracle 데이터베이스를 사용하는 환경이라면 어디서든지 사용할 수 있습니다. 국내/외의 관계형 데이터베이스 제품 중에서 Oracle이 차지하고 있는 시장 점유율과 위상을 생각해보면, 애플리케이션 SQL 개발자나 데이터베이스 관리자들에게 PL/SQL이라는 도구가 얼마나 유용한 것인지 짐작하실 수 있을 것입니다.

그간 데이터베이스 관련 업무를 보며 여러 권의 PL/SQL 기술 서적을 접해 보았지만, 초급 SQL 개발자에게 가장 필요한 책을 꼽아보라는 요청이 온다면 저는 주저없이 이 책을 꼽을 것입니다. 그 이유는 이 책이 Oracle이라는 방대한 범주 안에서 PL/SQL이라는 언어에 접근하기 위한 길을 대단히 쉽게 풀어내고 있는 데다가, 개발자에게 필요한 실전 예제나 고급 테크닉, Oracle 아키텍처 등의 정보들까지도 빠짐없이 소개하고 있기 때문입니다. 그리고 독자에 대한 다양한 조언과 배려는 저술에 참여하신 일본 어시스트 교육부의 집필진들이 Oracle에 관해 얼마나 높은 수준의 이해도를 가졌는지 알 수 있는 부분입니다.

특히 SQL 언어에 대한 기본적인 지식을 가지고 Oracle 개발자 혹은 관리자를 꿈꾸고 있거나, 이미 일선에서 업무를 보고 있지만 PL/SQL 오브젝트(프로시저/함수(펑션)/패키지 등)에 대한 깊은 이해와 PL/SQL 코딩의 체계를 확실히 구축하고자 하는 분들이라면 이 책을 꼭 권하고 싶습니다.

이 책이 나오기까지는 많은 분의 수고와 노력이 있었습니다. 우선 좋은 책의 번역 기회를 주시고 많은 시간을 기다려 주신 제이펍의 장성두 대표님께 감사의 말씀을 드립니다. 또한, 번역서의 품질 향상을 위해 교정에 힘써 주신 이주원 님께도 깊은 감사를 드립니다. 그리고 퇴근 후나 주말의 번역 작업으로 많은 시간을 함께 해주지 못했음에도 언제나 물심양면으로 지원을 아끼지 않은 아내와 사랑하는 딸 예진이에게 언제나 고맙다는 말을 전하고 싶습니다.

**역자 안성민**

# { 머리말 }

평소 Oracle 교육 강사로 활동하는 우리 저자들은 "어떻게 알기 쉽게 전달할 수 있는가?"를 항상 고민하며 교육하고 있습니다. 이것은 우리 강사들에게 영원한 숙제라고도 할 수 있습니다. 그래서 무척 난해한 것으로 알려진 Oracle 기술을 쉽게 이해시킬 최고의 방법을 항상 추구하고 있습니다.

또한, 단지 구문이나 조작법을 가르치는 것뿐만 아니라 "왜 그런 조작을 하는 것인가?", "내부적으로 어떠한 일을 처리하고 있는가?"와 같은 배경을 전달하는 것도 중요하다고 생각합니다.

그 이유는 Oracle의 기능과 구문을 단순 암기하는 것만으로는 그것을 제대로 응용하기 어렵기 때문입니다. 이것은 단지 PL/SQL에 국한된 것만은 아닐 것입니다.

이 책을 쓰는데 있어서도 위와 같은 콘셉트로 집필했습니다.

책 내용 중 하나의 표현을 고를 때도 PL/SQL을 처음 공부하는 사람들에게 잘 '전달될' 수 있을지 없을지에 대해 저자들끼리 논의를 거듭해 왔습니다. 독자들이 이 책을 완독했을 때 우리들의 '알기 쉽게 전달하자'는 목적을 느낄 수 있었다면, 더할 나위 없이 기쁠 것입니다.

이 책은 다음과 같이 네 개의 편으로 구성되어 있습니다.

**'INTRODUCTION, 처음 만나는 PL/SQL'**에서는 PL/SQL 프로그램의 샘플을 실제로 작성해보고 PL/SQL은 무엇인지, 무엇을 할 수 있는지에 대한 개요를 소개합니다.

'**기초편, PL/SQL 블록의 기초 문법**'에서는 PL/SQL의 장점과 기본 구문을 소개합니다. PL/SQL을 처음 접하는 분들은 먼저 이 기초편의 내용을 파악해 주시기 바랍니다.

'**실전편, Stored 프로그램 실전 활용**'에서는 프로시저와 트리거 등 운영 업무에 없어서는 안 될 기능을 소개합니다. PL/SQL에 대한 경험이 있는 분들은 실전편부터 학습하셔도 좋습니다.

'**응용편, PL/SQL 심화 응용 테크닉**'에서는 PL/SQL을 보다 효율적으로 사용하는 많은 테크닉들을 소개합니다. 이미 PL/SQL에 대한 기초 지식이 있는 분들께도 분명 도움이 될 정보들을 제공할 것입니다.

또한, Oracle 교육을 전문으로 하는 강사로서의 장점을 살려서 교육 중 질문을 자주 받는 내용이나 실수하기 쉬운 항목들을 중점적으로 설명했습니다. 게다가 단순한 기능 설명으로 끝내지 않고, 칼럼에서 추가로 조금 매니악한 내용과 Oracle의 아키텍처에 대한 설명을 포함하는 등 기술적으로도 깊이를 가질 수 있도록 노력했습니다.

또한, 책 전반에 걸쳐 다수의 사용 예제를 게재하였습니다. 샘플 스크립트도 준비되어 있으므로 반드시 따라 하면서 학습을 진행하시기 바랍니다. 실제로 직접 프로그램을 작성해보아야 이해도도 올라가고 새로운 발견도 할 수 있을 것입니다.

이 책의 목표는 Oracle 애플리케이션 개발 업무에 종사하는 독자 여러분의 원활한 첫걸음을 돕는 것입니다. 이 책을 읽은 뒤 독자 여러분의 업무에서 Oracle을 적극 활용할 수 있기를 몹시 설레는 마음으로 기대하고 있겠습니다. 그리고 다른 Oracle 스킬을 배우고 싶다고 생각하시는 분은 반드시 어시스트 교육장으로 방문해주시기 바랍니다. 이번 집필에 참여한 저자들이 여러분과의 만남을 즐겁게 기다리고 있겠습니다.

마지막으로 이번 집필의 기회를 주신 SB크리에이티브 주식회사의 오카모토 신고님과, 집필하면서 수고를 끼쳐 드린 관계자분들께 이 자리를 빌려 진심으로 감사의 말씀을 드립니다.

어시스트 교육부

이 책을 읽을 때의 주의 사항 및 전제 조건을 여기에 기재합니다. 본문에 들어가기 전에 한번 읽어 주시기 바랍니다.

## ● 대상 독자

이제부터 PL/SQL을 사용하려는 초보자에서 PL/SQL을 기초부터 다시 확실히 공부하고 싶은 경험자까지 다양한 분들이 학습할 수 있는 내용입니다. 단, SQL에 관한 기본적인 지식을 가지고 계신 것을 전제로 합니다.

## ● 이 책에 대응하는 Oracle 버전

이 책의 내용은 Oracle 10g R10.1부터 Oracle 12c R12.1까지의 버전에 대응하고 있습니다. 각 버전에서의 신기능에 대해서는 대상 버전의 마크를 표시하였습니다. 또한, 하위 버전에서의 대안도 가능한 게재하였습니다.

## ● 예제 코드 다운로드 방법

이 책에 게시된 모든 예제는 독자 여러분의 환경에서 테스트할 수 있도록 예제 코드를 준비했습니다. 다음 웹 페이지에서 다운로드할 수 있습니다.

▼ 예제 코드 다운로드 페이지

**URL** https://github.com/Jpub/OraclePLSQL

또한, 예제를 실행에는 실행 환경의 설정이 필요합니다(샘플 오브젝트의 작성 등). 자세한 내용은 301쪽의 'APPENDIX 01 환경 설정과 샘플 오브젝트'를 참조해 주십시오.

## ● 예제 실행 시의 주의점

DML문이나 DDL문을 포함한 프로그램을 실행한 상태로 예제를 실행하면 에러가 발생할 수 있습니다. DML문의 경우에는 롤백 처리를 실행하도록 하십시오.

## ● 서식 표기에 대해서

서식 표현은 다음과 같은 기호를 사용합니다.

- 〈문자열〉 : 임의의 값을 대입
- [ A ]      : A는 생략 가능
- { A | B } : A 또는 B 둘 중 한쪽을 선택
- n         : 수치 지정
- _         : 디폴트 값
- 12.1      : 지정 버전부터의 신기능(좌측 표시의 경우, Oracle 12c R12.1부터의 신기능)입니다. 본문 중에서는 'Oracle 12c R12.1'과 같이 버전 릴리즈를 표시합니다.

- ⬚ ▭ : 데이터 딕셔너리 뷰를 표시합니다.
- ▼COLUMN : 보충 설명. 알아두면 편리한 지식을 소개합니다.

## ● 매뉴얼 다운로드

이 책에서 소개한 각 매뉴얼은 Oracle 테크놀로지 네트워크(OTN) 사이트에서 무료로 다운로드할 수 있습니다. PL/SQL에 대해서는 아래의 매뉴얼들을 참조하기 바랍니다.

- PL/SQL Packages and Types Reference
- PL/SQL Language Reference
- Reference
- Developer's Guide

※ 위 매뉴얼 명칭은 Oracle 12c R12.1 버전 기준입니다. Oracle 버전에 따라 명칭은 달라질 수 있습니다.

▼ Oracle 테크놀로지 네트워크

URL http://www.oracle.com/technetwork/kr/index.html

## { 베타리더 후기 }

### 🦋 김종욱(KAIST)

이 책은 실습을 바탕으로 하여 Oracle PL/SQL에 입문할 수 있게 해주는 서적으로 써, Oracle PL/SQL에 처음 입문하는 분들이 공부하기에 진입 장벽이 낮고 어려움이 없는 훌륭한 책입니다. 무엇보다 PL/SQL의 기본 문법을 시작으로 다양한 고급 어휘까지 친절히 설명하고 있으며, 책 내용 하나하나가 매우 매끄럽고 부드러운 문체로 초심자의 눈높이에 맞춰 최대한 자세히, 그리고 이해하기 쉽게 저술되어 있습니다. 초급자, 중급자는 물론이고 Oracle PL/SQL을 다루려는 모든 사람이 이해하는 데에 큰 어려움이 없도록 책을 쓰기 위한 저자와 번역가, 그리고 편집자의 노력이 묻어나는 아름다운 책이었습니다. 예제 역시 각 장의 흐름에 맞게 잘 구성되었습니다. 나아가 독자 스스로 PL/SQL문을 실습하며 실력을 향상해 나갈 수 있는 학습 환경을 제공하고 있어, 향후 필드에서 활용하는 데 큰 도움이 될 것 같습니다.

### 🦋 고승광(플랜티넷)

PL/SQL이라고 하면 왠지 어렵고 낯선 단어일 수도 있지만, Stored 프로시저, 함수, 패키지는 많이 들어봤을 듯합니다. 막연하게만 알던 Oracle PL/SQL에 대해서 무척 쉽고 친절하게 설명해주어, DBA가 만든 패키지나 함수를 이해하기가 한결 쉬워질 것 같습니다.

### 🦋 김지헌(이노트리)

정말 꼼꼼하다 싶을 만큼 과정을 차근히 진행하면서 PL/SQL에 대한 이야기와 함께 주의해야 할 점들을 조목조목 짚어줍니다. 책 구성에서 인상 깊었던 것은 Appendix(부록)였는데, 본문에서 다룬 내용을 압축해서 정리해두어 PL/SQL을 이해하는 데 한층 더 도움이 되었습니다. 특히, 본문에서 다룬 내용을 깔끔히 요약 정리한 부분에서는 그야말로 감탄이 절로 나오네요.

### 🦋 이상현(SI 개발자)

PL/SQL 프로그래밍을 차근차근 공부하고 싶다고 생각하던 중에 마침 이 책을 베타리딩할 기회가 생겼네요. 전반적으로 SQL 쿼리를 제외한 많은 내용이 담겨 있습니다. 예제 코드와 부록이 잘 정리되어 있어서 초, 중급자를 모두 아우를 수 있는 책이라고 생각합니다.

### 🦋 이재빈(연세대학교)

PL/SQL이 처음이신 분들에게 그야말로 적격인 책입니다! SQL에 대해서 잘 모르더라도 책 내용을 충실히 따른다면 PL/SQL의 매력에 빠질 것입니다. 그만큼 전반적으로 독자들이 이해하기 쉽도록 잘 쓰인 책입니다. PL/SQL 실무자도 다시 읽어보신다면 기초를 다지는 좋은 기회가 될 것이라 생각합니다.

제이펍은 책에 대한 애정과 기술에 대한 열정이 뜨거운 베타리더들로 하여금
출간되는 모든 서적에 사전 검증을 시행하고 있습니다.

# 처음 만나는 PL/SQL

이제 PL/SQL의 학습을 시작합니다만, 이 장에서는 아직 PL/SQL의 구문 등에 대해 상세히 설명하지는 않습니다. 여기서는 우선 PL/SQL을 실제로 실행해보고 그 분위기를 느껴 주시기 바랍니다. 또한, PL/SQL을 실행하기 위한 환경 준비 및 프로그램 작성에 관한 원칙 등 PL/SQL의 실행에 필요한 기초 지식도 설명하므로 PL/SQL을 처음 사용하시는 분들은 여기서 프로그램 실행까지의 기초를 확실히 습득하도록 합시다.

우선 'PL/SQL을 실행해보고 싶다!'는 분들을 위해, SQL*Plus를 사용하여 Oracle 데이터베이스(이하 Oracle)에 접속할 수 있는 환경을 제공합니다. 이 책의 샘플 프로그램*도 대부분 SQL*Plus에서 실행한 것들로 구성되어 있습니다. 다른 프로그래밍 언어(비주얼 베이직 등)에서도 SQL을 처리하는 것이 가능하지만, 직접 SQL을 실행할 수 있는 환경이 있으면 PL/SQL도 실행할 수 있습니다.

Oracle이 설치된 환경을 구축할 수 없는 분은 반드시 이번 기회에 Oracle 평가판을 다운로드하여 실습이 가능한 환경을 준비해주세요. 반드시 실제로 PL/SQL을 실행해보고 결과를 확인해 가면서 내용을 익혀 나가시기 바랍니다.

※ 샘플 프로그램에 대해서는 301쪽의 'APPENDIX 01 환경 설정과 샘플 오브젝트'를 참조해주십시오.

## ● 우선 실행해보자!

PL/SQL*이란, Oracle의 독자적인 프로그래밍 언어입니다. PL/SQL을 사용하면 기존의 SQL만으로는 불가능한 복잡한 처리(절차적 처리)를 실행할 수 있습니다. 이 부분은 PL/SQL을 처음 배우는 사람으로써는 아직 감이 오지 않을지도 모릅니다.

하지만 안심하십시오. 앞으로 많은 샘플 프로그램을 사용하면서 천천히 설명해 나갈 것입니다. 책을 다 읽을 때쯤에는 확실히 알 수 있을 것이므로 지금은 우선 PL/SQL 을 실행해보도록 하겠습니다.

※ PL/SQL은 'Procedural Language Extensions to SQL'의 약어입니다.

Oracle에 SQL*Plus로 로그인했다면 바로 리스트 00-01을 실행해봅니다.

**리스트 00-01** 처음 만나는 PL/SQL

```
SQL> set serveroutput on ─────────────────────────────────── ❶
SQL>
SQL> BEGIN
2    DBMS_OUTPUT.PUT_LINE('OK'); ───────────────────────── ❷
3  END;
4  /
OK

PL/SQL 처리가 정상적으로 완료되었습니다.
```

리스트 00-01의 마지막에 'PL/SQL 처리가 정상적으로 완료되었습니다.'라는 메시지가 출력되어 있습니다. 이 프로그램은 'OK'라는 문자열만을 표시하는 매우 간단한 내용이지만, PL/SQL의 정상적인 실행 결과를 확인할 수 있습니다.

또한, DBMS_OUTPUT.PUT_LINE(❷)은 PL/SQL을 디버깅(Debugging)할 때 SQL*Plus 화면에 문자열을 표시하기 위해 자주 사용됩니다. DBMS_OUTPUT에 대한 자세한 내용은 179쪽에서 설명하겠지만, 앞으로도 샘플 스크립트에서 자주 언급할 내용이므로 여기서 사용법을 확실히 기억해둡시다. 아울러 문자열을 출력하기 위해서는 사전에 SQL*Plus **환경 변수** SERVEROUTPUT을 'ON'으로 해두어야 한다는 것을 유념하기 바랍니다(로그아웃할 때까지 'ON'상태는 유지됩니다)(❶).

**서식** DBMS_OUTPUT.PUT_LINE

```
DBMS_OUTPUT.PUT_LINE(〈출력 대상〉);
```

프로그램을 작성할 때 가장 주의해야 할 점은 각 처리마다 문장의 끝을 나타내는 ';(세미콜론)'을 넣어야 한다는 것입니다. 예를 들어, 리스트 00-01에서는 DBMS_ OUTPUT 기술 내용 마지막에 ';'를 넣어서 문장의 종료를 선언하고 있습니다. 개중에는 예외인 경우도 있지만, 가급적 잊지 말고 문장의 마지막에 ';'을 넣을 수 있도록 합시다. 또한, SQL*Plus에서 PL/SQL을 수행할 때는 소스 코드의 마지막 라인의 다음 라인에 '/(슬래시)'를 넣습니다. 이것도 함께 기억해두도록 합니다.

## ● 에디터의 사용

SQL*Plus에서 PL/SQL 프로그램을 직접 작성하는 방법은 리스트 00-01과 같이 프로그램이 매우 간단하고 짧을 경우에는 바람직하지만, 소스 코드가 복잡해지면 쉽게 편집할 수 없기 때문에 무척 불편합니다.

따라서 SQL*Plus에서 PL/SQL 프로그램을 작성할 때는 에디터 기능을 사용합니다. 윈도우즈(Windows)의 메모장과 같은 텍스트 에디터를 사용하면 프로그램의 편집이 무척 편리해지며, 프로그램을 파일에 저장한 후에 여러 번 수행할 수도 있습니다.

에디터를 사용하려면 다음 순서대로 실행합니다.

### ● 1. 에디터를 시작한다
SQL*Plus에서 EDIT 커맨드※를 수행하여 다음과 같이 지정하면 에디터가 시작됩니다.

| 서 식 | 에디터를 시작한다 |
| --- | --- |

EDIT 〈파일명〉

※ EDIT는 ED로 줄여서 쓸 수도 있습니다.

다음 페이지의 그림 00-01은 윈도우즈 환경에서의 실행 예입니다. 파일명은 sample1 으로 합시다. ED 명령을 실행하면 메모장이 시작되는 것을 볼 수 있습니다.

**그림 00-01** 에디터의 시작

● **2. 프로그램을 작성한다**

에디터가 시작되면 PL/SQL 프로그램을 작성합니다. 작성이 끝나면 파일명을 정해서 저장합니다. 여기서는 리스트 00-01와 같은 내용의 프로그램을 작성한 뒤, 파일 이름을 sample1으로 저장합니다.

● **3. 파일을 실행한다**

저장된 파일을 다음과 같이 지정하여 실행합니다.

| 서식 | **파일의 실행** |
|---|---|

@〈파일명〉

**리스트 00-02** 파일을 실행한다

```
SQL> @sample1
OK

PL/SQL 처리가 정상적으로 완료되었습니다.
```

이것으로 에디터를 사용한 프로그래밍을 해낼 수 있게 되었습니다. 이 책의 후반부에는 비교적 긴 프로그램들도 있으므로 실제로 프로그램을 작성할 때는 에디터를 사용할 것을 권합니다.

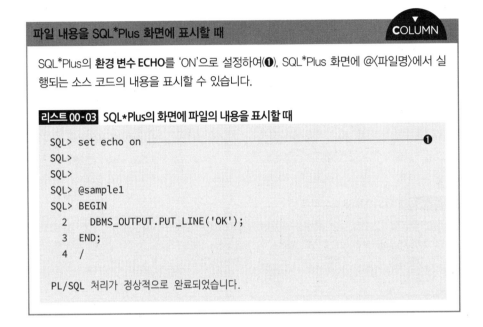

## 파일 내용을 SQL*Plus 화면에 표시할 때

SQL*Plus의 **환경 변수 ECHO**를 'ON'으로 설정하여(❶), SQL*Plus 화면에 @〈파일명〉에서 실행되는 소스 코드의 내용을 표시할 수 있습니다.

**리스트 00-03** SQL*Plus의 화면에 파일의 내용을 표시할 때

```
SQL> set echo on ─────────────────────────────────────❶
SQL>
SQL>
SQL> @sample1
SQL> BEGIN
  2     DBMS_OUTPUT.PUT_LINE('OK');
  3   END;
  4   /

PL/SQL 처리가 정상적으로 완료되었습니다.
```

## 기본 에디터를 변경할 때

기본 에디터를 변경할 때는 SQL*Plus의 사용하려는 에디터를 **환경 변수 DEFINE_EDITOR**에 설정합니다. 설정은 다음과 같이 에디터 이름 또는 에디터의 경로를 지정합니다.

**리스트 00-04** 기본 에디터를 변경할 때(메모장(notepad)의 경우)

```
SQL> DEFINE_EDITOR = notepad
```

# ● PLS 오류 발생

PL/SQL 프로그램은 우선 구문 분석이 이루어진 후, 그 결과에 따라 올바르게 작성되었다고 판단된 프로그램만 실행할 수 있습니다. 따라서 PL/SQL 구문이 잘못된 경우는 실행되기 전에 분석이 실패했다는 PLS-×××오류가 리턴됩니다. PL/SQL 에 익숙해질 때까지는 이 오류로 고생하는 경우가 많기 때문에 이에 대한 해결 방법에 대해서 간단히 설명해두도록 하겠습니다.

리스트 00-01의 프로그램을 에디터로 열어서, 'DBMS_OUTPUT.PUT_LINE('OK')' 행 맨 뒤에 있는 ';'을 제거해보십시오. 리스트 00-05와 같이 PLS-00103 오류가 발생합니다.

**리스트 00-05** PLS-00103 오류의 발생

```
SQL> BEGIN
  2   DBMS_OUTPUT.PUT_LINE('OK')
  3   END;
  4   /
END;
*
3행에 오류:
ORA-06550: 줄 3, 열1:PLS-00103: 심볼 "END"를 만났습니다 다음 중 하나가 기대될
때: := . ( % ;
심볼이 ";" 계속하기 위하여 "END"로 치환되었습니다
```

여기에서 발생한 PLS-00103 오류는 대체로 세미콜론의 지정을 잊는 등의 단순한 실수로 인해 발생하는 오류입니다[※]. 리턴되는 오류 메시지는 매우 이해하기 어려운데, 이번 예와 같이 오류가 발생한 장소는 ';'의 지정을 잊은 두 번째 행임에도 불구하고 '3행에 오류'라는 잘못된 메시지가 출력되는 경우도 많습니다. 이렇게 출력되는 오류 메시지는 반드시 오류가 발생한 위치를 정확히 알려주는 것은 아니지만, 그래도 대략적인 기준으로써 참조할 수 있습니다. 실제로 디버깅을 할 때는 가급적 행 번호를 표시할 수 있는 에디터를 사용하도록 하십시오.

※ Oracle 오류에 대한 상세 내역은 Oracle 공식 'Reference' 매뉴얼을 참조하십시오.

## ● 코드 작성의 원리

작성자 본인만 이해할 수 있어서는 좋은 PL/SQL 프로그램 소스라고 할 수 없습니다. 향후 프로그램의 수정이 필요할 경우, 다른 사람들이 보았을 때도 그 프로그램의 처리 내용을 이해할 수 있도록 알기 쉽게 작성하는 것이 중요합니다. 다음 세 가지 원칙을 바탕으로 프로그램을 작성할 수 있도록 유의합시다.

### ● 주석을 남기자

주석(Comment)이란, 소스 코드의 부연 설명입니다. PL/SQL 처리 자체에는 아무런 영향도 주지 않지만, 주석에 적절한 설명이 남아 있으면 프로그램의 내용을 소스 코드에서 확인하지 않아도 이해할 수 있습니다. 조금 번거로울 수도 있으나 가능한 많은 주석을 남겨 둘 것을 추천합니다. 이는 향후 소스 유지보수 시에 큰 효과를 발휘하게 됩니다.

주석 작성 방법으로는 다음의 두 가지가 있습니다.

### ● 단일행 주석
'--' 이후의 그 한 줄을 주석으로 간주합니다.

### ● 복수 행 주석
'/*' 부터 '*/'까지 주석을 여러 줄로 남길 수 있습니다.

**리스트 00-06** 주석 작성 방법

```
SQL> BEGIN
2      -- 1행의 주석입니다.
3      /* 복수 행의
4         주석 입니다.  */
5      DBMS_OUTPUT.PUT_LINE('OK');
6    END;
7    /
OK
```

PL/SQL 처리가 정상적으로 완료되었습니다.

## ● 소스 코드 들여쓰기와 줄 바꿈

적절한 위치에 줄 바꿈을 넣어서 소스 코드를 읽기 쉽도록 합니다. 또한, 처리 단위마다 공백(Space)이나 탭(Tab)을 삽입해서 행의 시작 위치를 가지런히 만듭니다(들여쓰기). 들여쓰기를 하면 논리적인 처리 단위를 좀 더 명확히 할 수 있습니다.

## ● 대문자·소문자를 구분하여 작성

PL/SQL은 원칙적으로 대문자와 소문자를 구별하지 않습니다※. 그러나 소스 코드의 가독성 측면에서 사전에 작성 규칙을 정해 놓고 대소문자를 구분하여 쓰는 것을 추천합니다.

※ 대소문자를 구별하지 않는 규칙은 변수의 이름 등에도 적용됩니다. 자세한 내용은 31~32쪽을 참조하십시오.

자, 이제 PL/SQL을 학습하기 위한 최소한의 준비를 마쳤습니다. 그럼 이제 다음 장부터 기초편인 'PL/SQL 블록의 기초 문법'에서 구체적인 코딩 방법을 배워 봅시다.

# 기초편

## PL/SQL 블록의 기초 문법

기초편에서는 우선 PL/SQL의 장점을 소개한 후, 이어서 PL/SQL의 기본 조작에 대해 설명합니다. 각 조작의 구체적인 작성 방법은 PL/SQL 프로그램 작성의 기초가 되는 부분이므로 확실히 짚고 넘어갑시다.

# 기초편

PL/SQL 블록의 기초 문법

# PL/SQL 블록의 개요

이 장에서는 PL/SQL의 장점과 프로그램의 내부 구조에 대해 설명합니다. 우선 PL/SQL은 SQL과 비교하여 도대체 무엇이 다른지 어떤 특징을 가진 프로그래밍 언어인지를 확인한 뒤, PL/SQL이 네 개의 키워드로 구성된 블록 구조의 언어임을 설명하고 있습니다. 이 네 가지 키워드는 PL/SQL을 작성하는 데 있어서 매우 중요한 포인트가 되므로 확실히 습득할 수 있도록 합시다.

## ● PL/SQL의 장점

우선은 PL/SQL의 장점에 대해서 간단히 설명하겠습니다. 어째서 PL/SQL을 사용하는지 그 이유를 깨닫는 것은 무척 중요한 일입니다.

### ● 절차 처리 실행이 가능하다

PL/SQL은 SQL 단문으로는 간단히 해낼 수 없는 복잡한 처리를 실행할 수 있습니다. 예를 들면 '어떤 데이터를 검색해서 그 데이터를 조건으로 레코드를 업데이트할지, 하지 않을지의 여부를 판단한다'와 같은 일련의 처리(절차 처리)를 실행할 수 있습니다.

또한, PL/SQL에서 직접 SQL을 작성할 수 있으므로 절차 처리 조작과 SQL 데이터 조작 기능 양쪽 모두를 간단히 실행할 수 있습니다.

### ● Oracle과의 친화력이 좋다

PL/SQL은 Oracle이 개발한 언어이기 때문에 Oracle에서 사용하는 모든 SQL 데이터 유형을 지원합니다. 따라서 SQL과 PL/SQL 사이에 데이터 타입 변환이 불필요합니다.

## ● 이식성이 뛰어나다

윈도우즈나 리눅스(Linux) 등 OS가 다른 경우라도 Oracle이 동작하는 환경이라면 PL/SQL 프로그램의 수정 없이 실행이 가능합니다. 즉, 한 번 작성한 PL/SQL 프로그램은 Oracle이 동작하는 모든 환경에서 그대로 사용할 수 있습니다.

## ● 성능이 우수하다

비주얼 베이직(Visual Basic) 등의 다른 언어로 SQL을 실행하는 경우, 미들웨어(Middleware)를 통해 Oracle에 SQL을 **문장 단위**로 전송합니다. 따라서 많은 SQL을 발행하는 프로그램은 프로세스 간 통신을 여러 번 수행하므로 성능에 미치는 영향이 커집니다(그림 01-01).

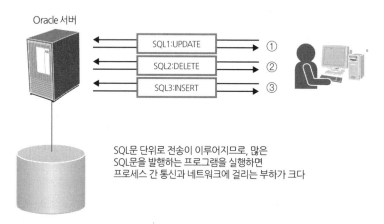

**그림 01-01** SQL을 문장 단위로 전송하는 경우

그에 비해 PL/SQL은 PL/SQL 블록 내에 작성된 SQL을 포함한 **프로그램** 단위로 Oracle에 일괄 전송하여 처리합니다(그림 01-02). 따라서 프로세스 간 통신 오버헤드 및 네트워크 트래픽이 비약적으로 감소합니다.

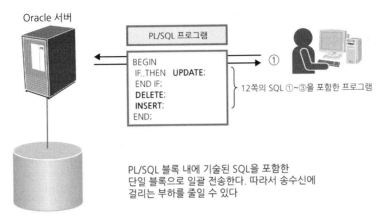

PL/SQL 블록 내에 기술된 SQL을 포함한
단일 블록으로 일괄 전송한다. 따라서 송수신에
걸리는 부하를 줄일 수 있다

**그림 01-02** PL/SQL 블록 단위로 전송하는 경우

또한, PL/SQL은 명명된 PL/SQL 블록을 분석(Compile)된 상태로 Oracle
에 저장할 수 있습니다. 이 분석/저장된 프로그램을 **Stored 서브 프로그램**(Stored
Subprogram, 103쪽 참조)이라고 합니다. Stored 서브 프로그램의 실행은 프로그램
을 송신할 필요 없이 그 이름을 지정하는 것만으로도 가능합니다. 그 덕에 네트워크
의 부하를 더욱더 줄일 수 있습니다. 또한, 분석이 끝난 상태로 저장되어 있기 때문
에 실행할 때마다 분석해야 하는 부하도 없습니다(그림 01-03).

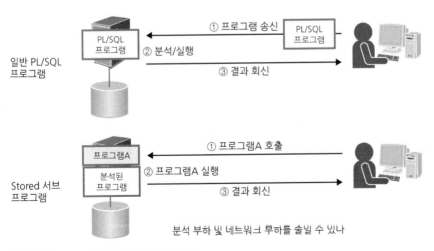

**그림 01-03** Stored 서브 프로그램의 개념

그리고 Stored 서브 프로그램을 이용하면 여러 사용자 간에 동일한 프로그램을 공유하여 사용할 수 있습니다(그림 01-04).

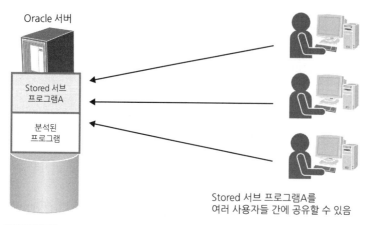

**그림 01-04** 프로그램의 공유

## ● PL/SQL 프로그램의 종류와 구조

PL/SQL은 **블록 구조화 언어**입니다. 그러므로 우선 PL/SQL의 구조에 대해 설명하겠습니다.

PL/SQL로 작성한 프로그램을 **PL/SQL 블록**이라고 부릅니다. PL/SQL 블록은 **이름 없는 PL/SQL 블록**과 Stored **서브 프로그램**(명명된 PL/SQL 블록)으로 나뉩니다.

이름이 없는 PL/SQL 블록은 리스트 00-01(2쪽 참조)처럼 프로그램 이름을 붙이지 않고, 애플리케이션 응용 프로그램 쪽에서 PL/SQL 블록을 송신하여 실행합니다.

그에 비해 Stored 서브 프로그램(103쪽 참조)은 위에서 애기한 것처럼 명명된 PL/SQL 블록을 분석된 상태에서 Oracle에 저장하여 실행합니다.

## ⬤ PL/SQL 블록의 구조

그럼 이제 PL/SQL 블록의 구조를 확인해보겠습니다. 다음 세 가지는 중요한 포인트입니다. 그림 01-05를 참조하면서 확인하십시오.

1. PL/SQL 블록은 네 개의 키워드(DECLARE, BEGIN, EXCEPTION, END;)로 구성됨
2. DECLARE부터 BEGIN까지를 선언부, BEGIN부터 EXCEPTION까지를 실행부, EXCEPTION부터 END;까지를 예외 처리부라고 부름
3. END;는 PL/SQL 블록 종료를 의미함

PL/SQL 블록

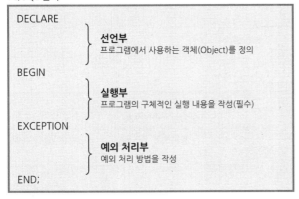

**그림 01-05** PL/SQL 블록의 구조

PL/SQL 블록은 **선언부, 실행부, 예외 처리부**로 구성되어 있으며, 각 부분은 네 개의 키워드로 구분되어 있습니다(그림 01-05). 각 부분에 대한 자세한 작성 방법은 나중에 설명할 것이므로 여기에서는 각 부분의 요점만 이해해주십시오.

* 선언부에는 PL/SQL 블록에서 사용할 객체(변수 등)를 정의(선언)
* 실행부에서는 실제로 수행할 처리 내용을 작성
* 예외 처리부에서는 PL/SQL 블록에서 발생하는 예외※대처 방법을 작성

※ PL/SQL은 실행 시의 오류(Error)나 경고(Warning)를 예외라고 부릅니다.

군이 객체를 정의하거나 예외 처리를 지정할 필요가 없는 경우(그런 경우는 드물지만)는 선언부와 예외 처리부를 생략할 수 있습니다.

## ● PL/SQL 블록의 중첩

그림 01-06처럼 PL/SQL 블록에 PL/SQL 블록을 포함(중첩)할 수 있습니다. PL/SQL 블록 내에 몇 개의 블록이 중첩되어 있어도 논리적으로는 한 개의 PL/SQL 블록으로 처리됩니다[※].

※ 중첩 가능한 블록의 상한 개수는 255개입니다. 그러나 코드가 복잡해지므로 무의미한 블록 중첩은 피하는 것이 좋습니다.

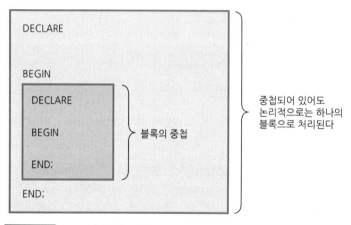

**그림 01-06** PL/SQL 블록의 중첩

# CHAPTER 02

# 변수와 상수

드디어 이번 장부터 PL/SQL 블록의 구체적인 작성 방법에 대해 다룹니다. 우선은 변수와 상수라고 하는 프로그램 안에서 데이터를 저장하는 기능에 대해서 설명합니다. 이것들의 정의 방법이나 사용상의 주의점에 대해 실제로 예제를 수행해보면서 알아가도록 하겠습니다.

## ● 변수란?

절차형 처리에서는 처리 도중에 결과를 일단 저장하고 싶은 경우가 자주 발생합니다. 이렇듯 '데이터를 일시적으로 저장(대입)해두는 장소'가 바로 변수입니다. 변수에 대입된 데이터는 '변수'라는 이름 그대로 값을 자유로이 변경하고 재사용할 수 있습니다. 그림 02-01은 변수의 간단한 개념으로 다음과 같은 의미를 나타냅니다.

1. 먼저 변수를 var라는 이름으로 준비한다
2. 변수 var에 숫자 10의 값을 대입한다
3. 마지막으로 변수 var의 값에 10을 더한 값을 다시 대입한다

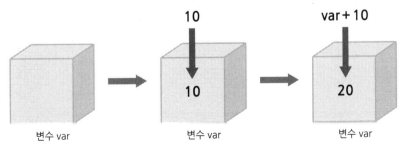

| 변수 var | 변수 var | 변수 var |

**그림 02-01** 변수에 대입

그림 02-01을 PL/SQL로 작성한 것이 다음의 리스트 02-01입니다. 리스트 02-01
에서는 프로그램 안에서 사용하고자 하는 변수를 선언부에서 선언하고(❶), 실행
부에서 변수에 10을 대입합니다(❷). 그런 다음 그 변수에 10을 더한 값을 다시 대
입(Overwrite)합니다(❸). 마지막으로 변수 var에 저장되어 있는 값을 DBMS_
OUTPUT에서 출력합니다. 값으로 첫 대입 후에는 '10', 재대입 후에는 '20'이 들어
가 있음을 알 수 있습니다(❹).

**리스트 02-01** 변수 대입

```
SQL> DECLARE
  2    var NUMBER; ─────────────────────────────────────❶
  3  BEGIN
  4    var := 10; ──────────────────────────────────────❷
  5    DBMS_OUTPUT.PUT_LINE(var);
  6    var := var + 10; ────────────────────────────────❸
  7    DBMS_OUTPUT.PUT_LINE(var);
  8  END;
  9  /
 10 ┐─────────────────────────────────────────────────────❹
 20 ┘

PL/SQL 처리가 정상적으로 완료되었습니다.
```

그럼 구체적인 변수의 정의 방법과 변수에 값을 할당하는 방법, 그리고 데이터 타입
에 대해 설명하도록 하겠습니다.


## ● 변수 정의 방법

변수를 사용할 때는 먼저 선언부(DECLARE~BEGIN)에서 다음 항목을 정의합니다.

| 서식 변수 정의 |
| --- |
| 〈변수명〉 〈데이터 타입〉 [ NOT NULL ] [ { := | DEFAULT } 〈값〉 ]; |

- 사용할 변수의 이름
- 저장할 값의 데이터 타입※(20, 306쪽 참조)
- NOT NULL 키워드로 NULL 값이 들어오지 않도록 정의 가능함※※
- 대입 연산자(:=) 또는 DEFAULT 키워드로 초기 값을 설정할 수 있음

※ 필요에 따라 최대 사이즈(변수에 저장할 수 있는 사이즈의 상한 값)를 설정할 수 있습니다.
※※ NOT NULL 키워드를 지정할 때는 초기 값(Default Value)을 설정해야 합니다.

## ● 대입 연산자를 사용한 값 대입

미리 정의된 변수에 **대입 연산자**(:=)를 사용하여 계산식의 결과나 구체적인 값(문자 값 또는 숫자 값 등)을 할당할 수 있습니다※. 변수에 초기 값이 이미 설정되어 있거나 값이 대입된 경우 새로운 값으로 덮어씁니다. 또한, 변수의 데이터 타입과 대입되는 값의 데이터 타입이 다를 경우 오류가 발생합니다.

※ Oracle에서 꺼낸 값을 변수에 할당하는 경우, SELECT INTO문(58쪽 참조) 또는 FETCH INTO문(64쪽 참조)을 사용합니다.

| 서 식 | 값 대입 |
| --- | --- |

〈변수〉 := 〈값 또는 계산식〉

리스트 02-02에서는 선언부에서 변수 var, var2를 정의하고 있습니다. 또한, 변수 var2에 'SCOTT'이라는 문자열을 미리 대입합니다(❶). 실행부에서는 대입 연산자를 사용하여 변수 var에 '10'을 대입합니다(❷).

**리스트 02-02** 변수 정의와 대입

```
SQL> DECLARE
  2    var  NUMBER(5);
  3    var2 VARCHAR2(10) DEFAULT 'SCOTT';  ─────────────────❶
  4  BEGIN
  5    var := 10;  ──────────────────────────────────────❷
```

```
 6    DBMS_OUTPUT.PUT_LINE(var);
 7    DBMS_OUTPUT.PUT_LINE(var2);
 8  END;
 9  /
10
SCOTT

PL/SQL 처리가 정상적으로 완료되었습니다.
```

리스트 02-02에서는 변수명을 var, var2로 정의하고 있지만, 변수명은 명명 규칙(31
쪽 참조)을 따른다면 사용자가 자유롭게 정의할 수 있습니다. 또한, 변수에 대입하고
싶은 값의 속성에 따라 적절한 데이터 타입을 정의할 필요가 있습니다.

## ● 변수에 사용 가능한 데이터 타입

변수를 정의할 때는 저장할 데이터의 속성(문자 값, 숫자 값 등)에 따라 데이터 타입을
정의합니다.

PL/SQL에서 사용하는 데이터 타입은 SQL의 데이터 타입과 비슷하지만, 의미나 값
의 범위(저장할 수 있는 최대 크기) 등이 조금 다릅니다.

그러나 'PL/SQL의 장점'(11쪽 참조)에서도 설명했듯이 Oracle이 암묵적으로 SQL의
데이터 타입을 PL/SQL 데이터 형식으로 변환해주므로, 데이터베이스에서 가져온
데이터를 PL/SQL의 변수에 대입할 때 데이터 타입의 차이를 인식하는 일은 거의 없
습니다.

## ● 스칼라 타입

**스칼라 타입(Scalar Type)**※은 숫자나 문자열 등 그 속성이 Oracle에 의해 사전 정의된 데이터 타입입니다.

스칼라 타입으로 정의된 변수는 하나의 값만 보유할 수 있습니다. 스칼라 타입의 대표적인 데이터 타입은 다음과 같습니다.

※ 스칼라 타입의 데이터 타입에 대한 상세한 내용은 307~308쪽을 참조하십시오.

**표 02-01** 스칼라 타입

| 속성 | 데이터 타입 | 역할 | 비고 |
|------|-------------|------|------|
| 수치형 | NUMBER | 최대 38자리의 숫자 데이터를 저장 | 소수점 이하 자릿수도 가능. 또한, 값의 범위(최대 Size)를 지정하지 않은 경우 최대 38자리 또는 시스템이 지원하는 최댓값이 적용된다 |
| 문자형 | CHAR | 고정된 길이의 문자 데이터를 저장한다. 'CHAR(n)'의 n에 저장할 수 있는 최대 바이트 크기를 지정한다(최댓값은 32,767Bytes) | 최대 Byte 크기를 지정하지 않으면 기본값은 1Byte다 |
| | VARCHAR2 | 가변적 길이의 문자 데이터를 저장한다. 저장할 수 있는 최대 값은 32,767Bytes | 최대 크기 지정을 생략할 수 없다 |
| 날짜형 | DATE | 연, 월, 일, 시, 분, 초 데이터를 고유 형식인 7Bytes의 고정 길이로 저장 | 기원전 4712년 1월 1일부터 서기 9999년 12월 31일까지의 날짜를 처리할 수 있다 |
| Boolean형 | BOOLEAN | 논리 값인 TRUE, FALSE, NULL을 다루는 데이터 타입 | PL/SQL 자체 데이터 타입으로 TRUE나 FALSE를 데이터베이스 열에 삽입하거나 데이터베이스 열의 값을 BOOLEAN형의 변수에 저장할 수 없다 |

## ● 콤포지트 타입

**콤포지트 타입**(Composite Type)은 스칼라 타입과 달리 사용자가 사전에 데이터 타입을 정의해야만 합니다. 콤포지트 타입으로 정의된 변수는 여러 개의 값을 보유할 수 있습니다.

**표 02-02** 콤포지트 타입

| 속성 | 데이터 타입 | 역할 | 비고 |
|------|------------|------|------|
| 레코드 | RECORD※ | RECORD 타입으로 정의된 변수는 테이블의 행과 같이 여러 개의 필드를 한 번에 소유할 수 있다 | 각 필드의 이름, 데이터 타입은 사용자가 자유로이 정의할 수 있다 |
| 컬렉션 | TABLE※※ | TABLE 타입으로 정의된 변수는 테이블의 열처럼 동일한 열에 여러 개의 값을 보유할 수 있다 | TABLE 타입은 요소 및 인덱스로 구성되며, 정의된 변수를 결합 배열이라고 부른다 |

※ RECORD 타입에 대한 상세한 내용은 215쪽을 참조하십시오.
※※ TABLE 타입에 대한 상세한 내용은 223쪽을 참조하십시오.

또한, 콤포지트 타입에는 위의 RECORD와 TABLE 타입 외에도 **중첩 테이블**(347쪽 참조)과 VARRAY(351쪽 참조)도 있습니다.

## ● 참조 타입

**참조 타입**은 콤포지트 타입과 마찬가지로 사용자가 사전에 데이터 타입을 정의할 필요가 있습니다. 참조 타입으로 정의된 변수는 처리 대상 데이터를 참조하는 것이 가능합니다.

**표 02-03** 참조 타입

| 속성 | 데이터 타입 | 역할 | 비고 |
|------|------------|------|------|
| 참조 타입 | REF CURSOR※ | REF CURSOR 타입으로 정의된 변수는 처리 대상 데이터를 참조할 수 있다 | REF CURSOR 타입으로 정의된 변수를 커서 변수라 부른다 |

※ REF CURSOR 타입에 대한 상세한 내용은 238쪽을 참조하십시오.

# ● %TYPE과 %ROWTYPE 속성

PL/SQL을 사용할 때, 테이블에서 조회한 데이터를 직접 변수에 대입하는 경우가 자주 발생합니다. 이처럼 Oracle 데이터를 직접 처리할 경우에 대응할 변수를 %TYPE이나 %ROWTYPE 속성으로 정의하면 무척 편리합니다.

## ● %TYPE과 %ROWTYPE 속성의 특징과 장점

% TYPE과 % ROWTYPE 속성은 데이터 타입을 직접 지정하는 것이 아니라, Oracle 의 컬럼 데이터 타입이나 이미 정의되어 있는 변수의 데이터 타입을 참조합니다.

예를 들어, 리스트 02-03의 변수 var의 데이터 타입은 dept.deptno%TYPE으로 정의되어 있습니다(❶). 이것은 'DEPT 테이블의 DEPTNO 컬럼과 같은 데이터 타입을 사용한다'는 의미입니다. 실행부에서는 조회한 DEPT 테이블의 DEPTNO 컬럼 데이터를 SELECT INTO문※을 사용하여 변수 var에 대입합니다(❷).

※ SELECT INTO문에 대한 상세한 설명은 58쪽을 참조하십시오.

**리스트 02-03** %TYPE 속성을 사용한 데이터 타입 정의

```
SQL> DECLARE
  2     var dept.deptno%TYPE; ─────────────────────────────❶
  3  BEGIN
  4     SELECT deptno INTO var FROM dept
  5             WHERE loc = 'NEW YORK'; ────────────────❷
  6     DBMS_OUTPUT.PUT_LINE(var);
  7  END;
  8  /

PL/SQL 처리가 정상적으로 완료되었습니다.
```

그럼 %TYPE과 %ROWTYPE 속성의 장점을 간단히 설명하겠습니다. 장점은 다음의 두 가시입니나.

- 컬럼 정의가 변경되어도 소스 코드의 수정이 불필요함
- 컬럼 정의를 정확히 몰라도 변수를 정의할 수 있음

조금 더 구체적으로 이해하기 위해 다음과 같은 예를 생각해봅시다.

예를 들어, DEPT 테이블의 DEPTNO 컬럼이 NUMBER 타입이고, 최대 사이즈가 '2'로 정의되어 있다고 합시다. 그 데이터를 대입할 변수를 정의하게 된다면 데이터가 확실히 저장될 수 있도록 데이터 타입을 NUMBER(2)로 정의합니다.

그런데 DEPT 테이블이 변경되어 DEPTNO 컬럼의 최대 사이즈가 '2'에서 '3'으로 변경된다면, 그에 따라 기존 변수의 정의도 전부 변경하지 않을 경우 오류가 발생할 가능성이 생겨 버립니다.

이러한 문제를 미연에 방지하기 위해 데이터 타입에 %TYPE과 %ROWTYPE 속성을 정의합니다. %TYPE과 %ROWTYPE 속성은 컬럼의 데이터 타입이나 이미 정의되어 있는 변수의 데이터 타입을 참조하므로, 해당 컬럼 정의의 변경에 따라 변수의 데이터 타입을 자동으로 변경합니다. 따라서 프로그램의 수정이 필요하지 않습니다.

또한, 컬럼 정의를 참조하기 때문에 컬럼의 정확한 데이터 타입과 최대 사이즈를 모르더라도 변수를 간단히 정의할 수 있습니다.

그러면 %TYPE과 %ROWTYPE 속성의 서식을 확인해보겠습니다.

## ● %TYPE 속성

%TYPE 속성은 특정 테이블의 **컬럼** 또는 미리 정의된 변수의 **데이터 타입** 및 **사이즈**(변수의 경우 NOT NULL 제약도 포함)를 참조합니다. 일반 변수와 동일하게 대입 연산자 (:=) 또는 DEFAULT 키워드를 사용해 초기 값을 지정할 수도 있습니다.

| 서식  %TYPE 속성 |
| --- |
| 〈변수명〉 〈테이블명〉.〈컬럼명〉%TYPE; |

## %ROWTYPE

%TYPE 속성이 특정 테이블의 컬럼에 정의된 데이터 타입을 참조하는 반면, %ROWTYPE 속성은 테이블(또는 뷰)의 **행 구조**를 참조합니다. %ROWTYPE 속성의 특징은 다음 두 가지입니다.

- 한 개의 변수에는 각 컬럼의 데이터를 저장하기 위한 행 구조와 같은 수의 영역※이 확보됨
- 각 필드의 이름과 데이터 타입은 각 컬럼의 이름, 데이터 타입을 그대로 참조함

※ 각 컬럼 영역을 필드라고 부릅니다.

그림 02-02는 DEPT 테이블의 행 구조를 사용하도록 %ROWTYPE 속성을 정의한 변수 개념도입니다. 변수 d_row는 DEPT 테이블의 세 컬럼의 행 구조와 동일하게 세 개의 필드로 구성되어 있습니다. 각 필드 이름(DEPTNO, DNAME, LOC)과 필드의 데이터 타입(NUMBER(2), VARCHAR2(14), VARCHAR2(13))도 DEPT 테이블과 동일합니다.

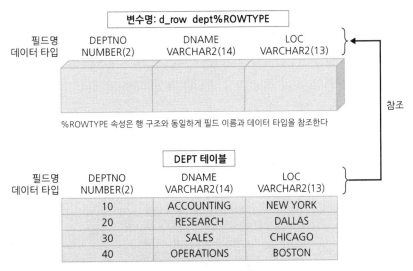

**그림 02-02** %ROWTYPE 속성으로 정의한 변수

테이블의 컬럼 데이터를 처리하는 경우 %TYPE 속성에 변수를 하나씩 정의하는 것
도 가능하지만, 행 전체의 데이터를 처리하는 경우에는 %ROWTYPE 속성을 사용
하면 편리합니다.

| 서 식 %ROWTYPE 속성 |
| --- |
| 〈변수명〉 〈테이블명〉%ROWTYPE; |

%TYPE 속성과는 달리, %ROWTYPE 속성은 초기 값을 지정할 수 없습니다. 각 필
드의 값 참조는 '<변수명>.<필드명>'으로 지정합니다.

리스트 02-04에서는 변수 d_row를 DEPT 테이블의 행 구조로 정의하여(❶) 실행
부의 DEPT 테이블에서 조회한 행 전체 데이터를 대입합니다(❷).

DBMS_OUTPUT으로 출력되는 결과 값은 변수 d_row의 DNAME 필드의 값입
니다(❸). %ROWTYPE 속성에 정의된 변수를 참조하는 경우 'd_row.dname'처럼
필드 이름을 지정합니다.

또한, %ROWTYPE 속성을 사용할 때는 값을 반드시 모든 필드에 대입해야만 합니
다. 그렇지 않으면 오류가 발생합니다. 예를 들어, 리스트 02-04의 SELECT INTO
문에서 LOC 컬럼을 지정하지 않으면 꺼낼 컬럼의 개수와 변수의 필드 수가 일치하
지 않기 때문에 오류가 발생합니다.

**리스트 02-04** %ROWTYPE 속성의 사용 예

```
SQL> DECLARE
  2    d_row dept%ROWTYPE;                                          ❶
  3  BEGIN
  4    SELECT deptno,dname,loc INTO d_row FROM dept ⌉
  5                            WHERE deptno = 10;   ⌋               ❷
  6    DBMS_OUTPUT.PUT_LINE(d_row.dname);                          ❸
  7  END;
  8  /
ACCOUNTING
```

PL/SQL 처리가 정상적으로 완료되었습니다.

다음 페이지의 그림 02-03은 리스트 02-04에서 정의된 변수 d_row의 개념도입니다.

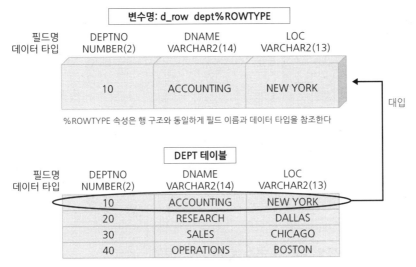

**그림 02-03** 변수 d_row의 개념도

## ● 변수 정의 시의 주의점

지금까지 변수를 정의하는 방법을 설명했습니다. 다만, PL/SQL에서 변수를 정의할 때는 몇 가지 주의해야 할 사항들이 있습니다.

### ● 전방 참조는 불가능함

변수 정의 시에 %TYPE 속성 등을 사용하여 다른 변수의 데이터 타입을 참조하는 것은 가능하지만, PL/SQL은 언제나 위에서 아래로 프로그램을 처리해 나가기 때문에 아직 정의되지 않은 변수는 참조할 수가 없습니다. 리스트 02-05와 같이 앞에서 먼저 정의된 변수 var를 나중에 변수 var2에서 참조하는 것은 가능하지만, 리스트 02-06과 같이 변수의 정의 순서가 반대인 경우는 오류가 발생합니다. PL/SQL에서 는 변수 정의 외에도 **전방 참조**(앞에서 정의된 코드에서 그 뒤의 코드를 참조하는 일)가 불 가능하다는 점에 유의하시기 바랍니다.

**리스트 02-05** 정상 실행되는 변수 정의 예

```
DECLARE
var dept.deptno%TYPE;
var2 var%TYPE;
```

**리스트 02-06** 전방 참조로 인해 오류가 발생하는 변수의 정의 예

```
DECLARE
var2 var%TYPE;
var dept.deptno%TYPE;
```

## ● 동일한 데이터 타입이라도 변수는 한 개씩 정의

변수는 반드시 한 개씩 정의할 필요가 있습니다. 가령 동일한 데이터 타입을 지정하 는 변수가 여러 개 있는 경우에도 리스트 02-07과 같이 두 개 이상의 변수를 동시에 정의할 수 없습니다.

**리스트 02-07** 동시 정의로 인해 오류가 발생하는 변수 정의 예

```
DECLARE
var var2 NUMBER;
```

## ● 상수란?

지금까지 절차적 처리에서 데이터를 처리할 때 변수가 필요한 이유를 설명했습니다만, 이와 달리 상수를 사용하는 경우도 있습니다. **상수**는 변수와 비슷하며, '**데이터를 저장할 장소**'입니다. 다른 것은 상수라는 이름 그대로 일단 상수에 저장된 값은 덮어쓸 수 없고 프로그램 종료 시까지 정해진 값을 유지한다는 점입니다. 따라서 상수는 세율 등 프로그램 안에서 항상 같은 값을 계속 사용하려는 경우에 적합합니다.

상수명: const_num

**const_num CONSTANT NUMBER(8) : = 5;**

① CONSTANT 키워드로 상수를 정의할 때는 반드시 초기 값을 지정함

② 뒤에서 값의 대입, 덮어쓰기는 불가능

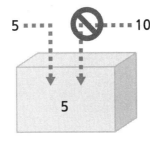

**그림 02-04** 상수의 개념

## ● 상수 정의 방법

상수를 사용하는 경우, 선언부에 다음 항목들을 정의합니다.

- 사용할 상수의 이름
- 저장되는 값의 데이터 타입(필요에 따라 최대 사이즈도 설정)
- 상수 이름과 데이터 타입의 지정 사이에 **CONSTANT 키워드** 삽입
- 초기 값

변수와는 달리 상수를 정의할 때는 반드시 대입 연산사(:=) 또는 DEFAULT 키워드로 초기 값을 지정해야만 합니다. 상수 정의 후에 값을 대입하는 것은 불가능합니다.

**상수 정의**

〈상수명〉 CONSTANT 〈데이터 타입〉 [NOT NULL] {:= | DEFAULT} 〈초기 값〉;

리스트 02-08에서는 CONSTANT 키워드를 이용하여 상수 const_num을 정의하고 있습니다. 또한, 동시에 대입 연산자(:=)로 초기 값 '5'를 대입하고 있습니다(❶). 일단 상수에 대입된 값은 덮어쓸 수 없으며, 프로그램을 통해 정해진 값을 유지합니다.

**리스트 02-08** 상수 정의

```
SQL> DECLARE
  2    const_num CONSTANT NUMBER(8) := 5; ─────────────────────────❶
  3  BEGIN
  4    DBMS_OUTPUT.PUT_LINE(const_num);
  5  END;
  6  /
5

PL/SQL 처리가 정상적으로 완료되었습니다.
```

# ● 식별자

변수나 상수를 포함한 모든 PL/SQL 객체(커서, Stored 서브 프로그램 등)에는 이름을 붙일 필요가 있습니다. 이러한 PL/SQL 객체에 정의한 이름을 **식별자**라고 합니다. 식별자(이름)에는 사용할 수 있는 유효 범위와 주의 사항이 있습니다.

## ● 식별자의 유효 범위

식별자에는 유효한 범위가 있어 프로그램 내의 정의된 장소에 따라 식별자를 사용할 수 있는 범위가 제한됩니다. 우선 유효 범위의 원리를 알아봅시다.

- 식별자가 선언된 블록 안(중첩된 서브 블록 포함)에서만 사용할 수 있음

그러면 유효 범위의 세부 사항을 설명합니다. 그림 02-05는 외부 블록1에서 변수a를, 중첩된 블록2에서 변수b를 정의하고 있습니다. 방금 전 유효 범위의 원칙을 바탕으로 각 변수의 유효 범위를 설명하겠습니다.

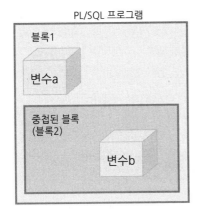

변수a의 유효 범위:
블록1, 블록2에서 사용 가능

변수b의 유효 범위:
블록2에서 사용 가능

**그림 02-05** 식별자의 유효 범위

**표 02-04** 변수의 유효 범위

| 변수명 | 유효 범위 |
| --- | --- |
| 변수a | 블록1에서 선언되었기 때문에 블록1 및 중첩된 블록2에서 사용 가능하다 |
| 변수b | 블록2에서 선언되었기 때문에 블록2만 유효 범위가 된다. 블록1에서는 사용할 수 없다 |

## 🔵 식별자의 명명 규칙

식별자 이름을 정할 때는 다음 항목에 주의하십시오.

- 식별자를 정의할 때는 명명 규칙에 따른다
- 대문자와 소문자는 구별하지 않는다
- 같은 블록 안에 여러 개의 동일한 식별자를 정의할 수 없다

## ● 식별자를 정의할 때는 명명 규칙에 따른다

식별자를 정의할 때는 다음 네 가지의 명명 규칙을 따라야만 합니다. 실수로 긴 식별자를 정의하거나 Oracle의 예약어를 정의하면 오류가 발생합니다.

- 이름의 길이는 최대 **30Bytes**
- 첫 번째 글자는 영문자, 두 번째 이후에는 표 02-05의 문자와 기호를 사용할 수 있음
- −(하이픈), /(슬래시), &(앰퍼샌드), 공백은 사용 불가
- Oracle의 예약어※는 지정할 수 없음

※ 예약어는 Oracle에서 이미 사용되고 있는 키워드이며, 'SELECT'과 'BEGIN' 등이 해당합니다(310쪽 참조).

**표 02-05** 식별자에 사용 가능한 문자

| 문자 종류 | 사용 가능한 문자 |
|---|---|
| 영문자 | A~Z, a~z(단 대문자와 소문자는 구별하지 않음) |
| 숫자 | 0~9 |
| 기호 | $(달러 기호), _(언더 바), #(샵) |

## ● 대문자와 소문자는 구별하지 않는다

식별자들이 대소문자 외에 차이가 없는 경우, PL/SQL은 동일한 식별자로 인식합니다. 예를 들어, 다음에 있는 두 개의 식별자는 동일한 것으로 인식합니다.

- VAR1
- Var1

## ● 같은 블록 안에 여러 개의 동일한 식별자를 정의할 수 없다

같은 블록 안에서 **동일한 식별자를 여러 개 정의할 수는 없습니다.** 또한 블록이 다르다면 같은 식별자를 정의하는 것이 가능하지만, 동일한 식별자가 프로그램 내에 여러 개 있으면 혼동되기 쉬우므로 추천하지 않습니다.

## ● 정리

PL/SQL 블록 내에서 처리 도중 결과를 일단 저장하고 싶은 경우에는 변수 또는 상수를 사용합니다. 또한, 변수나 상수를 대표하는 PL/SQL 객체에 식별자(이름)를 정의해야 합니다.

## ● 변수

처리 도중인 데이터를 일시적으로 저장하며, 변수 내의 데이터는 자유롭게 덮어쓸수 있습니다.

## ● 선언 방법

선언부에서 변수명(식별자)과 데이터 타입을 지정합니다.

## ● 데이터 타입

스칼라 타입 등의 데이터 타입 외에 %TYPE과 %ROWTYPE 속성도 사용할 수 있습니다. %TYPE과 %ROWTYPE 속성은 컬럼 정의를 참조하기 때문에 테이블 데이터를 처리하는 변수에 적합합니다.

**표 02-06** %TYPE과 %ROWTYPE 속성의 특징

| | |
|---|---|
| **%TYPE** | 테이블의 컬럼 또는 이미 정의된 변수의 데이터 타입을 참조한다 |
| **%ROWTYPE** | 테이블의 행 구조(컬럼명, 데이터 타입)를 참조한다 |

## ⬤ 상수

변수와 같이 데이터를 일시적으로 저장할 수 있지만, 상수에 저장된 값은 덮어쓸 수 없습니다. 프로그램에서 항상 같은 값을 계속 사용하고자 하는 경우에 사용합니다.

## ⬤ 식별자

식별자는 명명 규칙에 따라 정의합니다. 유효 범위는 식별자가 선언된 블록 안입니다(중첩된 서브 블록 포함).

이번 장에서는 SQL 단독으로는 실행할 수 없는 PL/SQL의 제어 기능을 설명합니다. 조건에 따라 처리를 분기할 수 있는 **조건 제어**(IF문, CASE문), 특정 처리 작업을 반복 수행할 수 있는 **반복 제어**(LOOP문), 프로그램의 실행 순서를 제어하는 **순차 제어**(GOTO문, NULL문) 등을 설명합니다. 이번 장을 읽고 나면 프로그래밍의 폭이 훨씬 넓어질 것이므로 집중하여 진행하도록 합시다.

그럼 곧바로 조건에 따라 처리를 분기하는 조건 제어부터 설명하도록 하겠습니다. 조건 제어를 실행하는 것은 **IF문**과 **CASE문**입니다.

## ● 조건 제어 — IF문

우선은 IF문의 실행 예를 보도록 하겠습니다. 리스트 03-01에서는 변수 var의 값이 10인 경우 '값은 10이다', 10이 아닌 경우는 '값은 10이 아니다'라는 메시지를 표시합니다.

**리스트 03-01 IF문의 실행 예**

```
SQL> DECLARE
  2    var NUMBER := 10;
  3  BEGIN
  4    IF var = 10 THEN
  5      DBMS_OUTPUT.PUT_LINE('값은 10이다');
  6    ELSE
  7      DBMS_OUTPUT.PUT_LINE('값은 10이 아니다');
  8    END IF;
```

```
 9   END;
10   /
값은 10이다

PL/SQL 처리가 정상적으로 완료되었습니다.
```

조건 제어에서 처리를 분기하는 조건식에는 리스트 03-01과 같이 '10이라면'이라는 등호(=)를 지정할 수도 있고, '10 이하라면'이나 '10 이상이라면'과 같은 조건을 지정할 수도 있습니다. 또한, SQL의 WHERE 조건과 마찬가지로 **AND 연산자**와 **OR 연산자**를 사용하여 '10 이상이고 30 이하라면'이나 '10 이상 또는 3 이하라면'과 같이 여러 개의 조건을 지정할 수도 있습니다. 아울러 'TRUNC(var) = 10'과 같이 함수를 사용할 수도 있습니다.

그럼 이번에는 IF문의 구체적인 사용법을 설명해보겠습니다.

### ● IF문의 종류

IF문에는 다음의 세 종류가 있습니다. 각각의 특징을 잘 이해하여 상황에 따라 적절한 IF문을 사용하도록 합시다.

**표 03-01** IF문의 종류

| 종류 | 개요 |
| --- | --- |
| IF-THEN | 조건을 만족하는 경우 특정 처리 작업을 수행 |
| IF-THEN-ELSE | 조건을 만족하는 경우와 만족하지 않는 경우에 따라 다른 처리 작업을 수행 |
| IF-THEN-ELSIF | 복수의 조건을 지정하고 각 조건에 대해 특정 처리 작업을 수행 |

### ● IF-THEN문

가장 간단한 IF문입니다. 조건을 만족하는 경우에만 THEN 이하의 처리를 수행하고, 그 외의 경우에는 IF문을 종료합니다. 'END IF'의 뒤에 ';'을 지정하는 것에 유의하십시오.

```
IF 〈조건식〉 THEN
  〈처리문〉
END IF;
```

다음 페이지의 리스트 03-02에서는 조건을 충족하지 못할 경우, 특별히 아무것도 처리하지 않은 채로 IF문을 종료합니다.

**리스트 03-02** IF-THEN문의 실행 예

```
SQL> DECLARE
  2    var NUMBER := 20;
  3  BEGIN
  4    IF var = 10 THEN
  5      DBMS_OUTPUT.PUT_LINE('값은 10이다');
  6    END IF;
  7  END;
  8  /

PL/SQL 처리가 정상적으로 완료되었습니다.
```

## ● IF-THEN-ELSE문

IF 조건을 만족하지 못한 경우에도 처리를 수행할 수 있습니다. IF-THEN문과 달리 조건을 충족하지 않는 경우는 ELSE절 이하의 처리문을 실행하게 되므로 반드시 어떠한 작업이 수행됩니다.

서식  IF-THEN-ELSE문

```
IF 〈조건식〉 THEN
  〈처리문〉
ELSE
  〈처리무〉
END IF;
```

리스트 03-03에서는 변수 var에 대입된 값이 '20'이므로 이에 대한 ELSE 처리가 실행됩니다.

**리스트 03-03** IF-THEN-ELSE문의 실행 예

```
SQL> DECLARE
  2    var NUMBER := 20;
  3  BEGIN
  4    IF var = 10 THEN
  5      DBMS_OUTPUT.PUT_LINE('값은 10이다');
  6    ELSE
  7      DBMS_OUTPUT.PUT_LINE('값은 10이 아니다');
  8    END IF;
  9  END;
 10  /
값은 10이 아니다

PL/SQL 처리가 정상적으로 완료되었습니다.
```

## ● IF-THEN-ELSIF문

IF-THEN-ELSE 문은 양자택일의 선택지였지만, **IF-THEN-ELSIF문**을 사용하면 더욱더 많은 수의 조건을 지정할 수 있습니다.

---
서 식 **IF-THEN-ELSIF문**

```
IF 〈조건식〉 THEN
  〈처리문〉
ELSIF 〈조건식〉 THEN
  〈처리문〉
[ELSIF 〈조건식〉 THEN
  〈처리문〉 · · · ]
[ELSE
  〈처리문〉]
END IF;
```

## ● ELSE절 사용은 주의

리스트 03-04에서는 변수 var에 '15' 값이 대입되었기 때문에 그 조건을 만족하는 'var < 20'이 처리되고 있는 것을 발견할 수 있습니다.

**리스트 03-04** IF-THEN-ELSIF문의 실행 예

```
SQL> DECLARE
  2    var NUMBER := 15;
  3  BEGIN
  4    IF var < 10 THEN
  5      DBMS_OUTPUT.PUT_LINE('값은 10보다 작다');
  6    ELSIF var < 20 THEN
  7      DBMS_OUTPUT.PUT_LINE('값은 20보다 작다');
  8    ELSIF var < 30 THEN
  9      DBMS_OUTPUT.PUT_LINE('값은 30보다 작다');
 10    ELSE
 11      DBMS_OUTPUT.PUT_LINE('그 외');
 12    END IF;
 13  END;
 14  /
값은 20보다 작다

PL/SQL 처리가 정상적으로 완료되었습니다.
```

IF-THEN-ELSIF문에서 주의해야 할 점은 조건의 지정 순서입니다. 조건의 심사는 위에부터 순차적으로(기재 순서) 수행되므로 조건을 만족하는 부분을 만났을 때 IF문이 종료됩니다. 따라서 리스트 03-04에서는 'var < 30'의 조건도 충족하지만, 처리는 수행되지 않습니다.

## ● 조건 제어 — CASE문

CASE문은 IF문처럼 조건에 따라 처리를 분기하기 위해 사용합니다. IF문보다 작성을 단순하게 해낼 수 있다는 장점이 있습니다.

## ● CASE문의 종류

CASE문에는 다음 표의 두 종류가 있습니다. 각각의 특징을 잘 이해하고 상황에 따라 적절한 CASE문을 사용하도록 합시다.

**표 03-02** CASE문의 종류

| 종류 | 개요 |
|------|------|
| CASE문 | 어떤 값에 대해 같은지 비교한 후 특정 처리를 수행 |
| 검색 CASE문 | 위와 같은 같은 값 비교 외의 조건식을 지정하여 조건을 만족하면 특정 처리를 수행 |

## ● CASE문

기준 값을 바탕으로 등가 비교('='로 비교)하는 경우에 사용할 수 있습니다. CASE문에서 지정하는 **비교 대상**은 '기준이 되는 조건'(변수 등)입니다. 또한, IF 문장과는 달리 ELSE절은 반드시 작성해야 합니다. 조건을 충족하지 못하는 경우 CASE문은 반드시 ELSE절을 수행합니다.

---
**서 식** CASE문

```
CASE 〈비교 대상〉
  WHEN 〈조건식1〉 THEN
    〈처리문〉
  [WHEN 〈조건식2〉 THEN
    〈처리문〉 · · ·]
  ELSE
    〈처리문〉
END CASE;
```
---

리스트 03-05에서는 변수 var의 값과 각각의 조건(WHEN 이하)을 비교하고 있습니다. IF 문장의 ELSIF절에서 여러 개의 조건을 작성하는 것보다는 소스 코드가 훨씬 심플해집니다.

**리스트 03-05** CASE문의 실행 예

```
SQL> DECLARE
  2     var NUMBER := 20;
  3  BEGIN
  4     CASE var
  5       WHEN 10 THEN
  6         DBMS_OUTPUT.PUT_LINE('값은 10');
  7       WHEN 20 THEN
  8         DBMS_OUTPUT.PUT_LINE('값은 20');
  9       WHEN 30 THEN
 10         DBMS_OUTPUT.PUT_LINE('값은 30');
 11       ELSE
 12         DBMS_OUTPUT.PUT_LINE('값은 그 외');
 13     END CASE;
 14
 15  END;
 16  /
값은 20

PL/SQL 처리가 정상적으로 완료되었습니다.
```

## 검색 CASE문

CASE문과는 달리 WHEN절 이전의 **비교 대상**은 지정하지 않습니다. 그 대신 매번 WHEN절에 조건식을 지정합니다.

---

서 식 **검색 CASE문**

```
CASE
  WHEN 〈조건식1〉 THEN
    〈처리문〉
  [WHEN 〈조건식2〉 THEN
    〈처리문〉 · · · ]
  ELSE
    〈처리문〉
END CASE;
```

리스트 03-06은 IF문의 항목에서 소개한 리스트 03-04를 검색 CASE문으로 고쳐 쓴 것입니다. 검색 CASE문에는 CASE문과 같이 소스 코드를 심플하게 만들어 주는 장점은 없습니다. 검색 CASE문과 IF문 중 어떤 것을 사용할지는 취향의 문제입니다.

**리스트 03-06** 검색 CASE문의 실행 예

```
SQL> DECLARE
  2    var NUMBER := 15;
  3  BEGIN
  4    CASE
  5      WHEN var < 10 THEN
  6        DBMS_OUTPUT.PUT_LINE('값은 10보다 작다');
  7      WHEN var < 20 THEN
  8        DBMS_OUTPUT.PUT_LINE('값은 20보다 작다');
  9      WHEN var < 30 THEN
 10        DBMS_OUTPUT.PUT_LINE('값은 30보다 작다');
 11      ELSE
 12        DBMS_OUTPUT.PUT_LINE('값은 그 외');
 13    END CASE;
 14
 15  END;
 16  /
값은 20보다 작다

PL/SQL 처리가 정상적으로 완료되었습니다.
```

### AND 연산자와 OR 연산자

COLUMN

IF문과 CASE문에서는 **리스트 03-07**과 같이 AND 연산자와 OR 연산자를 사용하여 복수의 조건을 지정할 수 있습니다. 이 경우 조건의 지정 순서에 따라 불필요한 심사를 생략하고 효율적으로 처리하는 것도 가능합니다.

**리스트 03-07**에서는 조건식에 AND 연산자를 지정하고 있기 때문에 두 가지의 조건을 모두 만족시켜야 합니다. PL/SQL에서는 먼저 지정한 조건 'var1 = 1'이 FALSE라면, 다음 조건 'var2 = 2'의 심사는 진행하지 않습니다. 즉, 조건식에 AND 연산자를 지정할 때는 **FALSE로 평가되기 쉬운 조건**을 먼저 지정하는 것이 좋습니다. 반대로, OR 연산자를 지정할 때는 먼저 지정한 조건이 TRUE라면 다음 조건은 심사하지 않습니다. 따라서 **TRUE로 평**

**가되기 쉬운 조건**부터 지정하도록 합시다[※].

※ 미리 조건식의 결과를 예측할 수 있는 경우로 한정됩니다.

---

**리스트 03-07** AND 연산자의 사용 예

```
SQL> DECLARE
  2    var1 NUMBER :=3;
  3    var2 NUMBER :=2;
  4  BEGIN
  5    IF var1 = 1 AND var2 = 2 THEN
  6      DBMS_OUTPUT.PUT_LINE('TRUE');
  7    ELSE
  8      DBMS_OUTPUT.PUT_LINE('FALSE');
  9    END IF;
 10  END;
 11  /
FALSE

PL/SQL 처리가 정상적으로 완료되었습니다.
```

---

# ● 반복 제어 — LOOP문

반복 제어를 수행할 때는 **LOOP문**을 사용합니다. LOOP문을 사용하면 특정 처리 작업을 반복 실행할 수 있습니다. 우선 리스트 03-08과 리스트 03-09 두 가지를 비교해보겠습니다. 리스트 03-08에서는 DBMS_OUTPUT를 세 번 실행하여 마찬가지로 세 번에 걸쳐 'OK'라는 문자열을 표시하고 있습니다.

---

**리스트 03-08** LOOP문을 사용하지 않은 실행 예

```
SQL> BEGIN
  2    DBMS_OUTPUT.PUT_LINE('OK');
  3    DBMS_OUTPUT.PUT_LINE('OK');
  4    DBMS_OUTPUT.PUT_LINE('OK');
  5  END;
```

```
   6   /
OK
OK
OK

PL/SQL 처리가 정상적으로 완료되었습니다.
```

위와 같은 처리를 반복 실행하려는 경우, LOOP문을 사용하면 간단히 작성할 수 있습니다. 리스트 03-09는 위 리스트 03-08을 LOOP문을 사용하여 작성한 것입니다.

**리스트 03-09** LOOP문의 실행 예

```
SQL> BEGIN
  2    FOR r IN 1..3 LOOP
  3      DBMS_OUTPUT.PUT_LINE('OK');
  4    END LOOP;
  5  END;
  6  /
OK
OK
OK

PL/SQL 처리가 정상적으로 완료되었습니다.
```

다음으로는 LOOP문의 구체적인 사용법을 설명해보겠습니다.

## ● LOOP문의 종류

LOOP문은 크게 다음의 세 종류가 있습니다. 각각의 특징을 잘 이해하고 상황에 따라 적절한 LOOP문을 사용하도록 합시다.

| 종류 | 개요 |
|---|---|
| 기본 LOOP문 | 가장 기본적인 반복문 |
| FOR-LOOP문 | 정해진 횟수만큼 처리를 반복 |
| WHILE-LOOP문 | 정해진 조건을 만족하는 동안 처리를 반복 |

## 기본 LOOP문

기본 LOOP문은 그 이름과 같이 **가장 기본적인 반복 처리**로 LOOP와 END LOOP 사이에 작성된 처리를 반복 수행합니다. IF문과 동일하도록 'END LOOP' 뒤에 ';'을 지정하는 것에 유의하기 바랍니다.

---

서식 **기본 LOOP문**

```
LOOP
  〈반복하고 싶은 처리〉
END LOOP ;
```

---

이어서 기본 LOOP문을 사용하여 리스트 03-10을 실행해보겠습니다. 다만 이 프로그램은 **직접 실행하지 마세요.**

**리스트 03-10** 기본 LOOP를 사용한 무한 LOOP

```
SQL> BEGIN
  2    LOOP
  3      DBMS_OUTPUT.PUT_LINE('OK');
  4    END LOOP;
  5  END;
6  /
OK
OK
OK
OK
```

```
OK
OK
......... .
```

리스트 03-10에서는 LOOP문의 종료 조건을 설정하지 않기 때문에 무한 루프 상태에 빠지게 됩니다. 그러나 통상적으로 처리를 무한히 계속하는 것이 아니라, 리스트 03-09와 같이 어느 특정 조건을 만족하면 작업이 종료되도록 지정합니다. 기본 LOOP문을 종료할 때는 EXIT문 또는 EXIT WHEN문을 사용합니다.

**표 03-04** 기본 LOOP문의 종료 지정

| 종류 | 개요 |
| --- | --- |
| EXIT문 | 조건 없이 LOOP문을 종료 |
| EXIT WHEN문 | LOOP의 종료 조건을 작성하고 이를 만족하면 LOOP문을 종료 |

LOOP문을 처리하는 동안 EXIT문이 확인되면, 그 시점에서 처리를 **무조건** 종료합니다. 리스트 03-11에서는 DBMS_OUTPUT 직후 EXIT문이 기술되어 있기 때문에 DBMS_OUTPUT은 한 번만 실행되고 LOOP문이 종료된 것을 알 수 있습니다.

**리스트 03-11** EXIT문에 의한 LOOP문의 종료

```
SQL> BEGIN
  2    LOOP
  3      DBMS_OUTPUT.PUT_LINE('OK');
  4      EXIT;
  5    END LOOP;
  6  END;
  7  /
OK

PL/SQL 처리가 정상적으로 완료되었습니다.
```

LOOP문 안에서 종료 조건을 지정할 경우에는 IF문과 함께 EXIT문을 사용합니다.

한편, EXIT WHEN문을 사용하면 LOOP문의 종료 조건을 더욱 쉽게 지정할 수 있습니다. EXIT WHEN문에서는 WHEN절 직후에 종료할 조건을 기술합니다.

다음 페이지의 리스트 03-12에서는 변수 c_count의 값을 한 번 반복할 때마다 증가시켜 변수 c_count의 값이 '3'일 때 LOOP문이 종료되도록 지정합니다(❶).

**리스트 03-12** EXIT WHEN문에 의한 LOOP문의 종료

```
SQL> DECLARE
  2     c_count NUMBER := 0;
  3  BEGIN
  4     LOOP
  5       EXIT WHEN c_count = 3; ────────────────────────────────❶
  6         c_count := c_count + 1;
  7         DBMS_OUTPUT.PUT_LINE('OK');
  8     END LOOP;
  9  END;
 10  /
OK
OK
OK

PL/SQL 처리가 정상적으로 완료되었습니다.
```

이와 같이 특정 조건을 만족할 때 LOOP문을 종료하려는 경우에는 EXIT WHEN문을 사용하는 쪽이 효율적입니다.

## ● FOR-LOOP문

FOR-LOOP문은 반복 실행 횟수를 미리 지정할 수 있습니다. 지정된 횟수를 반복하면 처리가 종료됩니다.

FOR-LOOP문의 초기 값과 종료 값은 상수, 변수, 값을 표현하는 식(변수+변수 등)을 지정할 수 있습니다. 또한, REVERSE **옵션**을 사용하여 종료 값에서 초기 값 사이에 처리를 반복하도록 지정할 수도 있습니다.

서 식 **FOR-LOOP문**

FOR 〈루프 카운터명〉 IN [REVERSE] 〈초기 값〉 .. 〈종료 값〉 LOOP
　〈반복하고 싶은 처리〉
END LOOP ;

다음 페이지의 리스트 03-13은 세 번의 반복 처리를 실시합니다.

**리스트 03-13** **FOR-LOOP문의 실행 예**

```
SQL> BEGIN
  2    FOR r IN 1..3 LOOP
  3      DBMS_OUTPUT.PUT_LINE(r);
  4    END LOOP;
  5  END;
  6  /
1
2
3

PL/SQL 처리가 정상적으로 완료되었습니다.
```

## ● 루프 카운터

리스트 03-13에서 FOR절 뒤에 지정한 'r'(이름은 임의)은 **루프 카운터**라고 합니다. 루프 카운터에는 IN절 다음에 지정한 초기 값이 설정됩니다. 리스트 03-13의 경우 '1'이 설정됩니다.

FOR-LOOP문에서 사용되는 루프 카운터의 특징은 다음과 같습니다.

- 루프 카운터명을 선언부에서 정의할 필요는 없음
- 한 번 반복할 때마다 한 개씩 증가
- 루프 카운터에 값을 명시적으로 대입할 수 없음
- 루프 카운터는 LOOP에서 END LOOP 사이에서만 참조 가능※

※ LOOP문 외부에서 루프 카운터를 참조하면 오류가 발생합니다.

## ● WHILE-LOOP문

WHILE-LOOP문은 루프의 종료 조건을 루프의 입구에 지정합니다. 기본 루프와 달리 처리하기 전에 조건식을 심사해서 실행 여부를 결정하므로 **루프 처리가 한 번도 실행되지 않는 경우도 있습니다.** 조건을 만족하는 동안(TRUE의 경우)은 처리를 반복하고, FALSE가 확인되면 루프를 종료합니다.

| 서 식 WHILE-LOOP문 |
| --- |
| WHILE 〈조건식〉 LOOP<br>　〈반복하고 싶은 처리〉<br>END LOOP; |

리스트 03-14에서는 변수 c_count의 값이 '3'보다 작을 때 반복 처리를 계속합니다.

**리스트 03-14** WHILE-LOOP문의 실행 예

```
SQL> DECLARE
  2    c_count NUMBER := 0;
  3  BEGIN
  4    WHILE c_count < 3 LOOP
  5      c_count := c_count + 1;
  6      DBMS_OUTPUT.PUT_LINE(c_count);
  7    END LOOP;
  8  END;
  9  /
1
2
3

PL/SQL 처리가 정상적으로 완료되었습니다.
```

## ● LOOP문의 특징

지금까지 설명한 LOOP문의 세 가지 특징을 정리합니다. 수행하려는 작업에 맞게 적절한 LOOP문을 선택하십시오.

표 03-05 LOOP문의 특징

| 종류 | 종료 방법 | 사용 케이스 |
|---|---|---|
| 기본 LOOP문 | • EXIT문을 실행<br>• EXIT WHEN문의<br>　조건을 만족 | • 조건에 따라서 처리를 종료시키고 싶은 경우<br>• 실행 횟수가 명확하지 않은 경우<br>• 처리 작업을 최소 한 번은 실행하고 싶은 경우 |
| FOR–LOOP문 | • 루프 카운터가<br>　종료 값에 도달 | • 실행 횟수가 명확한 경우<br>• 종료 값까지 루프를 정지시키고 싶지 않은 경우 |
| WHILE–LOOP문 | • 조건식이 FALSE<br>　또는 NULL로 평가 | • 조건에 따라서 처리를 종료시키고 싶은 경우<br>• 실행 횟수가 명확하지 않은 경우<br>• 처리가 한 번도 실행되지 않아도 괜찮은 경우 |

## CONTINUE문 11.1

Oracle 11g R11.1부터는 반복 제어에 CONTINUE문을 사용할 수 있습니다. CONTINUE 문은 END LOOP까지의 처리를 스킵하고 루프의 시작 위치에 제어를 옮긴 다음 반복 처리를 시작합니다. WHEN절과 함께 사용하면, WHEN절에 지정한 조건을 만족하는 경우에만 제어를 루프의 시작 위치로 옮길 수 있습니다. 특정 값에 대한 처리를 하지 않는 경우에 편리합니다.

| 서식 | CONTINUE WHEN문 |
|---|---|
| CONTINUE WHEN 〈조건식〉 | |

리스트 03-15에서는 루프 카운터(r)이 '3'인 경우에만 다음 반복처리에 제어를 옮기기 때문에 DBMS_OUTPUT.PUT_LINE의 표시 결과에 '3'이 포함되지 않은 것을 확인할 수 있습니다(❶).

```
SQL> BEGIN
  2    FOR r IN 1..5 LOOP
  3      CONTINUE WHEN r = 3;
  4      DBMS_OUTPUT.PUT_LINE(r);
  5    END LOOP;
  6  END;
  7  /
```

```
1
2                                                              ❶
4
5
```

PL/SQL 처리가 정상적으로 완료되었습니다.

## ● 순차 제어 — GOTO문

프로그램의 실행 순서를 제어하는 기능이 순차 제어입니다. **GOTO문**을 실행하면 즉시 **레이블**※로 제어가 이동합니다. 그러나 GOTO문의 행선지로 IF문이나 CASE문, LOOP문 또는 서브 블록의 레이블은 지정할 수 없습니다. 또한, GOTO문을 남용하면 제어가 다양한 레이블들로 이동하게 되므로 프로그램의 처리 흐름을 파악하기 힘들어집니다. 따라서 GOTO문의 남용은 피하는 게 좋습니다.

※ 레이블에 대한 상세 내용은 다음 칼럼 '레이블 지정 방법'을 참조하십시오.

---

서식 **GOTO문**

GOTO 〈레이블명〉;

---

다음 페이지의 리스트 03-16에서는 GOTO문이 실행되면 GOTO문부터 레이블까지의 처리 부분은 실행되지 않고 즉시 레이블 <<label>>로 제어가 이동합니다.

레이블은 프로그램의 각 장소를 나타내는 마크로써 임의의 위치에 지정할 수 있습니다. GOTO문의 행선지뿐만 아니라 블록의 시작과 IF문, LOOP문의 시작 위치 등에 레이블을 사용하면 처리의 시작과 끝 부분이 명확해집니다. 레이블명은 '〈〈 〉〉'로 둘러싸는 것으로 지정합니다. 또한, 레이블은 선언부에서 정의할 필요는 없습니다.

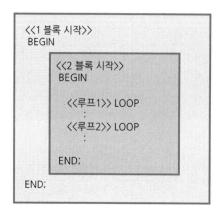

```
<<1 블록 시작>>
BEGIN

      <<2 블록 시작>>
      BEGIN

        <<루프1>> LOOP
              :
        <<루프2>> LOOP
              :

      END;

END;
```

**그림 03-01** 레이블의 사용 예

**서식** 레이블

〈〈 〈레이블명〉 〉〉

**리스트 03-16** GOTO문의 실행 예

```
SQL> BEGIN
  2    GOTO label;
  3      DBMS_OUTPUT.PUT_LINE('처리1');
  4      DBMS_OUTPUT.PUT_LINE('처리2');
  5      <<label>>
  6      DBMS_OUTPUT.PUT_LINE('LABEL 처리');
  7  END;
  8  /
LABEL 처리
```

PL/SQL 처리가 정상적으로 완료되었습니다.

## ● 순차 제어—NULL문

NULL문은 프로그램 내에서 '아무것도 처리하지 않는' 것을 명확히 하고 싶은 경우에 사용합니다. 리스트 03-17에서는 IF문의 ELSE절에 사용하고 있습니다(❶). IF문의 ELSE절은 필수가 아니지만, 'ELSE NULL'이라고 작성하면 **아무것도 하지 않는** 부분이 명확해집니다. 또한, 프로그램의 작성자가 아니더라도 그 의도를 명확하게 알 수 있습니다.

**리스트 03-17** NULL문의 실행 예

```
SQL> DECLARE
  2    var VARCHAR2(2) := 'OK';
  3  BEGIN
  4    IF var = 'OK'
  5      THEN
  6        DBMS_OUTPUT.PUT_LINE('OK');
  7      ELSE
  8        NULL;                                              ❶
  9    END IF;
 10  END;
 11  /
OK

PL/SQL 처리가 정상적으로 완료되었습니다.
```

## ● 정리

PL/SQL에서는 IF문이나 LOOP문 등 SQL 확장 기능으로 절차적 제어 기능을 실행할 수 있습니다.

### ● 조건 제어

특정 조건에 따라 처리를 분기합니다.

**표 03-06** 조건 제어

| 종류 | 개요 |
|------|------|
| IF문 | 조건을 만족하면 THEN절 이하의 작업을 실행. 복수의 조건을 지정할 수 있음 |
| CASE문 | 선택한 표현식과 조건식이 같다면(=) THEN 이하의 작업을 실행(검색 CASE문은 IF문과 동일). 여러 비교 조건을 지정하는 경우에는 CASE문의 표현이 가장 간결 |

### ● 반복 제어

특정 처리 작업을 반복하여 실행합니다.

**표 03-07** 반복 제어

| 종류 | 개요 |
|------|------|
| 기본 LOOP | LOOP와 END LOOP 사이의 처리를 반복 실행하는 가장 기본적인 루프. EXIT문을 실행하거나 EXIT WHEN문의 조건을 만족하면 루프를 종료 |
| FOR-LOOP | 지정한 횟수만큼 처리 작업을 반복 |
| WHILE-LOOP | 조건식을 만족하는 동안 처리 작업을 반복 |

## 순차 제어

조건 없이 제어를 이동합니다.

**표 03-08** 순차 제어

| 종류 | 개요 |
|------|------|
| GOTO문 | 《〈레이블명〉》으로 제어를 이동 |
| NULL문 | 아무것도 처리하지 않고 그 다음으로 제어를 옮김 |

# CHAPTER

# 04

# SELECT INTO문과 커서

PL/SQL이 다른 절차적 언어와 크게 다른 점은 Oracle과의 친화성입니다. PL/SQL 을 사용하면 Oracle에 정의되어 있는 데이터를 매우 효율적으로 처리할 수 있다 는 장점이 있습니다. 여기까지 Oracle에서 데이터를 검색하여 취득한 데이터를 처 리하는 예제는 없었습니다. 그러나 PL/SQL을 사용하는 이상, Oracle에서 조회한 (SELECT문) 데이터를 처리하는 일은 앞으로도 빈번할 것입니다.

이 장에서는 SELECT문에 의해 조회된 데이터를 PL/SQL의 변수에 대입해서 처리 하는 방법을 설명합니다. 특히 **커서(Cursor)**는 이 책의 가장 중요한 포인트 중 하나이 므로 확실히 익힐 수 있도록 해주세요.

조회한 데이터를 변수에 할당해서 사용하려면 다음의 두 가지 방법이 있습니다.

- SELECT INTO문을 사용한다
- 커서(Cursor)를 사용한다

**SELECT INTO문**은 조회 데이터가 **한 행뿐인** 경우에 사용합니다. **커서**는 조회 데이터가 **복수 행**(한 행뿐인 경우도 포함)인 경우에 사용합니다. 우선은 이 특징의 차이를 기억해 주십시오.

그럼 우선 SELECT INTO문에 대해 설명하겠습니다.

## ● SELECT INTO문

SELECT INTO문은 SELECT된 데이터를 INTO절 뒤에 지정된 변수에 대입합니다.

> **서 식** **SELECT INTO문**
>
> SELECT 〈컬럼명〉 [,〈컬럼명〉 · · · ] INTO 〈변수명〉 [,〈변수명〉 · · · ]
> FROM 〈테이블명〉;

### ● SELECT INTO문을 사용하기 위한 주의 사항

SELECT INTO문을 사용하는 경우에는 다음 사항에 주의하십시오.

#### ● 조회 결과를 한 행으로 한다

SELECT INTO문에서는 조회 결과가 한 행(row)일 필요가 있습니다. 만약 조회 결과가 복수 행인 경우에는 **TOO_MANY_ROWS 오류**(ORA-01422)가 발생합니다. 또한, 조회 결과가 아예 없는 경우에는 **NO_DATA_FOUND 오류**(ORA-01403)가 발생합니다※.

※ 오류에 대한 상세 설명은 83쪽을 참조하십시오.

#### ● 컬럼과 변수를 대응시킨다

열과 변수는 위치 대응합니다. 여러 컬럼을 지정하는 경우에는 컬럼과 같은 수의 변수가 필요합니다. 또한, 해당 컬럼과 변수의 데이터 타입은 동일해야만 합니다(그림 04-01).

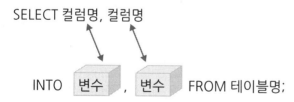

**그림 04-01** SELECT INTO문의 개념

그럼 SELECT INTO문 실행 예를 설명해보도록 하겠습니다. 다음 페이지의 리스트 04-01는 EMP 테이블※에서 EMPNO 컬럼의 값이 7369번인 사원의 이름과 입사일을 검색하여 변수에 대입합니다(❶).

※ EMP 테이블에 적재된 데이터에 대해서는 301쪽의 APPENDIX 01 '환경 설정과 샘플 오브젝트'를 참조하십시오.

**리스트 04-01** **SELECT INTO문의 실행 예**

```
SQL> DECLARE
  2    e_ename emp.ename%TYPE;
  3    e_hiredate emp.hiredate%TYPE;
  4  BEGIN
  5    SELECT ename,hiredate INTO e_ename,e_hiredate FROM emp
  6                                   WHERE empno = 7369;        ❶
  7    DBMS_OUTPUT.PUT_LINE(e_ename||' '||e_hiredate);
  8  END;
  9  /
SMITH 80/12/17

PL/SQL 처리가 정상적으로 완료되었습니다.
```

## ● SELECT INTO문의 사용 장면

SELECT INTO문은 조회 결과를 변수에 대입하는 경우에 매우 심플하고도 사용하기 쉬운 제어문이라는 걸 실감하셨으리라 생각됩니다. 하지만 여기서 잊지 말아야 할 것은 SELECT INTO문의 '조회문의 결과는 반드시 한 행(row)이어야만 한다'는 제한입니다. 이 때문에 사용 가능한 케이스는 주로 다음과 같은 경우에 한정됩니다.

- WHERE절의 조건에 기본 키(PRIMARY KEY 제약을 정의하는 컬럼)를 지정하는 경우
- SELECT절에 MAX나 COUNT 같은 그룹 함수를 사용하는 경우

이처럼 매우 편리한 SELECT INTO문이지만, 조회 결과에 따른 엄격한 제약도 있습니다. 그래서 조회 결과가 몇 행(row)이 될지 모르는 경우에는 다음에서 설명할 **커서**를 사용합니다.

# ● 커서

조회한 데이터를 변수에 대입하는 또 다른 방법으로 **커서(Cursor)**가 있습니다. 커서가 SELECT INTO문과 구분되는 최대 포인트는 다음과 같습니다.

- SELECT문의 조회 결과가 복수 행(0행, 1행의 경우도 포함)인 경우에도 처리가 가능

PL/SQL을 사용하는 데 있어서 복수 행의 결과를 리턴하는 SELECT문을 실행하는 케이스는 매우 빈번히 발생합니다. 그때를 위해 커서 처리를 확실히 이해해두는 것은 PL/SQL의 기초를 익히는 데 무척 중요한 부분입니다.

## ● 커서 처리의 흐름

커서를 사용하면 복수 행의 데이터를 처리하는 것이 가능합니다. 하지만 커서는 복수의 행을 변수에다 한꺼번에 대입하는 것이 아니라, 한 행씩 액세스(Access)해서 다시 한 행씩 변수에 대입하게 됩니다. 커서 처리의 흐름을 간단히 요약하면 커서는 그림 04-02, 그림 04-03의 ❶~❹의 순서로 처리됩니다.

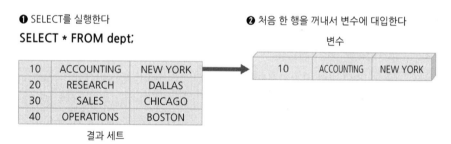

❶ SELECT를 실행한다

**SELECT * FROM dept;**

| 10 | ACCOUNTING | NEW YORK |
| 20 | RESEARCH | DALLAS |
| 30 | SALES | CHICAGO |
| 40 | OPERATIONS | BOSTON |

결과 세트

❷ 처음 한 행을 꺼내서 변수에 대입한다

변수

| 10 | ACCOUNTING | NEW YORK |

그림 04-02 커서의 개념

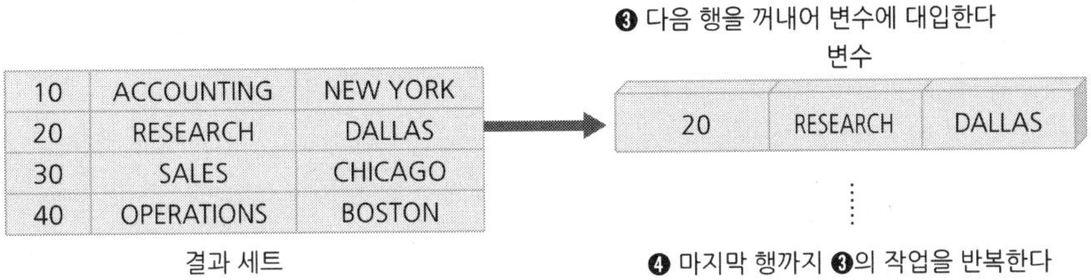

**❸ 다음 행을 꺼내어 변수에 대입한다**

변수

| 20 | RESEARCH | DALLAS |

| 10 | ACCOUNTING | NEW YORK |
| 20 | RESEARCH | DALLAS |
| 30 | SALES | CHICAGO |
| 40 | OPERATIONS | BOSTON |

결과 세트

**❹ 마지막 행까지 ❸의 작업을 반복한다**

**그림 04-03** 커서의 개념

이와 같이 다음 행, 다음 행의 취득을 반복하게 되므로 이 반복 작업을 수행하기 위해 **LOOP문**을 사용합니다. 일반적으로 조회 결과의 첫 행에만 액세스하는 경우는 드물며, 모든 행에 대한 처리 작업을 수행하려는 경우가 대부분이므로 '커서는 LOOP문과 세트로 사용한다'라고 기억해둡시다.

또한, SELECT문을 실행했을 때 식별되는 조회 결과를 **결과 세트**라고 합니다. 앞으로의 설명에서도 이 용어는 빈번히 사용할 것이므로, 이쪽도 확실히 기억해주시기 바랍니다.

그러면 커서의 사용 방법에 대해 설명해보겠습니다.

## 커서 사용 방법(개요)

커서는 복수의 행을 처리하는 만큼, SELECT INTO문에 비해 처리가 복잡합니다. 여기서는 우선 PL/SQL 블록 내에서 커서를 작성하는 대략적언 흐름을 설명합니다 (그림 04-04).

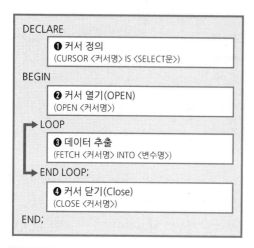

```
DECLARE
      ❶ 커서 정의
      (CURSOR <커서명> IS <SELECT문>)
BEGIN
      ❷ 커서 열기(OPEN)
      (OPEN <커서명>)
   LOOP
      ❸ 데이터 추출
      (FETCH <커서명> INTO <변수명>)
   END LOOP;
      ❹ 커서 닫기(Close)
      (CLOSE <커서명>)
END;
```

**그림 04-04** 커서 처리의 흐름

먼저 선언부에서 커서를 정의합니다(❶). 이것은 '이 커서를 PL/SQL 블록 안에서 사용하겠습니다'라는 선언이며, 커서에 이름을 붙이는 작업입니다. 실행하고자 하는 SELECT문의 정의도 여기서 수행합니다.

이어서 실행부에서 커서를 OPEN합니다(❷). 이 시점에서 SELECT문이 실행되고 그 **결과 세트**를 식별하게 됩니다. 그러나 아직 데이터는 한 행도 추출하지 않습니다.

LOOP문 내에서 드디어 결과 세트의 데이터를 추출합니다(❸). 첫 번째는 가장 위의 행을 추출합니다. 앞서 얘기한 바와 같이 복수 행의 데이터를 한 행씩 꺼내기 때문에 LOOP문을 이용해서 반복 실행합니다.

그리고 마지막으로 모든 행의 데이터를 추출한 다음 커서를 닫습니다(❹). 커서를 CLOSE함으로써 처리가 완료됩니다.

### ⬤ 커서 사용 방법(상세)

그러면 커서의 정의와 커서의 OPEN, 데이터의 추출, 커서를 닫기 등 각 단계에 대해 가가의 구체적인 작성 방법과 주의 사항을 설명하겠습니다. 앞서 설명한 각 단계가 리스트 04-02의 어느 부분에 해당하는지 계속 확인하면서 진행해주시기 바랍니다.

```
SQL> DECLARE
  2    CURSOR emp_cur IS SELECT empno,ename FROM emp
  3                               WHERE deptno = 10;                    ❶
  4    emp_rec emp_cur%ROWTYPE;
  5  BEGIN
  6    OPEN emp_cur;                                                    ❷
  7     LOOP
  8       FETCH emp_cur INTO emp_rec;                                   ❸
  9       EXIT WHEN emp_cur%NOTFOUND;
 10         DBMS_OUTPUT.PUT_LINE(emp_rec.empno||' '||emp_rec.ename);
 11     END LOOP;
 12     CLOSE emp_cur;                                                  ❹
 13  END;
 14  /
7782 CLARK
7839 KING
7934 MILLER

PL/SQL 처리가 정상적으로 완료되었습니다.
```

## ● ❶ 선언부: 커서 정의

선언부에서 실행하려는 조회문을 정의하고 사용할 커서의 이름을 지정합니다. 커서 이름은 명명 규칙(31쪽 참조)에 따라 정의하십시오(단 'SQL'이라는 이름은 암묵(暗默)적 커서에서 사용되고 있기 때문에 커서 이름으로 정의할 수 없습니다)※.

또한 이것은 어디까지나 실행부에서 사용하기 이전의 정의로써, 아직 데이터 조회는 실행하지 않습니다.

여기에서는 emp_cur라는 이름으로 커서를 정의하고 있습니다.

※ 암묵적 커서에 대한 상세 내용은 75쪽을 참조하십시오.

---

| 서식 | 커서 정의 |
| --- | --- |

CURSOR 〈커서명〉 IS 〈소회문〉;

## ● ❷ 실행부: 커서의 OPEN(OPEN문)

정의한 커서를 실행부에서 OPEN합니다. 여기서는 변수의 정의에 **%ROWTYPE 속성**
(23쪽 참조)을 사용하고 있습니다.

커서를 OPEN하면 조회문이 실행되어 결과 세트가 식별됩니다.

> **서식  커서 실행(OPEN문)**
>
> OPEN 〈커서명〉 ;

## ● ❸ 실행부: 데이터의 추출(FETCH INTO문)

결과 세트로부터 데이터를 한 행씩 꺼내 INTO절 뒤에 지정한 변수에 대입합니다※.
커서 OPEN 직후의 데이터 추출은 결과 세트의 첫 번째 행을, 그 다음에 두 번째 행
을 추출합니다. FETCH INTO문을 LOOP문으로 반복하여 최종적으로 모든 행을 추출
합니다.

또한, 여기서는 커서의 모든 행을 추출한 뒤 LOOP문을 종료하기 위한 조건으로
**%NOTFOUND 속성**(76쪽 참조)을 지정하고 있습니다.

※ 추출한 컬럼의 값과 대입할 변수의 데이터 타입은 일치해야만 합니다.

> **서식  데이터 추출(FETCH INTO문)**
>
> FETCH 〈커서명〉 INTO 〈변수명〉 [,〈변수명〉 · · · ];

## ● ❹ 실행부: 커서 닫기(CLOSE문)

사용을 완료한 커서를 CLOSE문으로 종료합니다. 닫힌 커서를 다시 OPEN하는 것
도 가능합니다.

> **서식  커서 종료(CLOSE문)**
>
> CLOSE 〈커서명〉 ;

## ● '〈커서명〉%ROWTYPE'으로 선언한 변수

%ROWTYPE에 대해서는 23쪽에서 자세한 내용을 설명했지만, 〈커서명〉%ROWTYPE을 지정하여 커서도 사용할 수 있습니다. 이 경우 실행되는 조회 쿼리문의 컬럼에 대응하는 변수가 됩니다.

리스트 04-02의 조회문에서 EMPNO 컬럼과 ENAME 컬럼을 선택하고 있기 때문에 변수 emp_rec는 'EMPNO'와 'ENAME'이라는 두 개의 필드를 가지는 변수가 됩니다.

%ROWTYPE 속성을 지정하면 각 컬럼에 대입할 변수를 개별적으로 준비할 필요가 없고, 데이터 타입도 조회 결과와 일치하게 되므로 FETCH INTO문의 대입 대상으로 사용하기에 매우 효율적입니다. 이 〈커서명〉%ROWTYPE은 앞으로 계속 활용하도록 합시다.


# ● 커서 FOR LOOP

지금까지 설명한 커서의 처리는 여러 과정을 거칠 필요가 있고, 지금까지 배운 내용과 비교하면 좀 어렵다고 느낀 분도 있을지 모릅니다. 그러나 **커서 FOR LOOP**를 사용하면 커서 처리에 필요했던 다음 절차들이 자동화되어 전체 처리도 단순화할 수 있습니다.

- OPEN문, FETCH문, CLOSE문의 지정
- 추출한 행 데이터를 저장하기 위한 변수의 정의


## ● 커서 FOR LOOP의 정의

그러면 커서 FOR LOOP를 정의하는 방법을 설명해보겠습니다.

커서 FOR LOOP를 정의하는 경우에는 **루프 인덱스**를 지정합니다. 루프 인덱스란, 추출한 데이터가 대입되는 변수입니다. 내부적으로는 〈커서명〉%ROWTYPE으로 선언되어 있습니다. 따라서 대입된 값은 <루프 인덱스명>.<필드명>으로 참조할 수 있습니다. 단, 루프 인덱스는 커서 FOR LOOP 내에서만 참조할 수 있다는 점에 유의하십시오.

---

**서식** **커서 FOR LOOP**

FOR 〈루프 인덱스명〉 IN 〈커서명〉 LOOP
    〈처리문〉
END LOOP;

---

## ● 커서 FOR LOOP 사용 방법

리스트 04-03은 리스트 04-02(63쪽 참조)를 커서 FOR LOOP 처리로 바꾸어 작성한 것입니다. 변수의 정의, OPEN문, FETCH문, CLOSE문이 없어져서 매우 심플하게 되어 있는 것을 볼 수 있습니다. 리스트 04-03에서는 커서 emp_cur을 암묵적으로 OPEN해서 루프 인덱스 emp_rec에 암묵적으로 FETCH하고 있습니다. 또한, 전체 행의 추출이 종료되면 자동적으로 LOOP를 종료한 후 커서를 닫고 있습니다 (❶).

**리스트 04-03** 커서 FOR LOOP의 실행 예

```
SQL> DECLARE
  2    CURSOR emp_cur IS SELECT empno,ename FROM emp
  3                                WHERE deptno = 10;
  4  BEGIN
  5    FOR emp_rec IN emp_cur LOOP
  6      DBMS_OUTPUT.PUT_LINE(emp_rec.empno||' '||emp_rec.ename);     ─❶
  7    END LOOP;
  8  END;
  9  /
7782 CLARK
7839 KING
7934 MILLER

PL/SQL 처리가 정상적으로 완료되었습니다.
```

커서 FOR LOOP문은 FETCH문에서 변수에 대입한 값을 LOOP문 밖에서 참조할 수 없다는 점을 제외하면 커서와 거의 차이가 없으므로, 커서 처리를 하는 경우는 일반 커서가 아닌 커서 FOR LOOP를 사용할 것을 추천합니다.

지금부터 커서의 응용 방법으로 다음 두 가지를 설명하겠습니다※.

- 파라미터 사용 커서
- FOR UPDATE 사용 커서

※ 커서의 응용 방법인 REF CURSOR에 대해서는 237쪽을 참조하십시오.

## ● 파라미터 사용 커서

리스트 04-03(66쪽 참조)을 한번 더 확인해보겠습니다. 선언부에서 정의된 쿼리의
WHERE절의 조건은 'DEPTNO = 10'으로 되어 있습니다. 즉, 이 프로그램이 실행
되면 항상 'DEPTNO = 10' 조건을 충족하는 행만 처리 대상이 될 것입니다. 이대로
라면 만약 'DEPTNO = 20'이라는 조건에서도 처리를 수행하려는 경우, 별도의 커
서를 정의하여 처리 작업을 작성하지 않으면 안됩니다.

이러한 문제를 해결하기 위해서 커서에 파라미터(Parameter)를 설정할 수 있습니다.
**파라미터가 있는 커서**를 사용하면 각각의 처리 요청에 대응하여 WHERE절의 조건
값을 동적으로 변경할 수 있게 되므로 프로그램을 보다 범용적으로 활용할 수 있습
니다.

### ● 파라미터 사용 커서의 정의

그럼 실제로 파라미터를 사용한 커서를 정의하는 방법을 설명해보겠습니다. 각 단계
가 리스트 04-05의 어느 부분에 해당하는지 계속 확인하면서 진행하세요※.

※ 이 프로그램은 여섯 번째 줄에서 SQL*Plus 치환 변수인 '&(앰퍼샌드)'를 사용하고 있습니다. 치환 변수에
대해서는 70쪽의 칼럼 'SQL*Plus의 치환 변수'를 참조하십시오.

**리스트 04-05** 파라미터 사용 커서의 실행 예

```
SQL> DECLARE
  2    CURSOR emp_cur(d_no NUMBER) IS SELECT empno,ename FROM emp
  3                                   WHERE deptno = d_no;         ─❶
  4    d_var  NUMBER;
  5  BEGIN
  6    d_var := &DEPTNO;
  7    FOR emp_rec IN emp_cur(d_var) LOOP ─────────────────────────❷
  8      DBMS_OUTPUT.PUT_LINE(emp_rec.empno||' '||emp_rec.ename);
  9    END LOOP;
 10  END;
 11  /
```

```
deptno의 값을 입력하십시오: 10
구   6:    d_var := &DEPTNO;
신   6:    d_var := 10;
7782 CLARK
7839 KING
7934 MILLER

PL/SQL 처리가 정상적으로 완료되었습니다.
```

## ● ❶ 선언부: 파라미터 사용 커서의 정의

커서 선언 시 WHERE절의 조건 값의 위치에 **형식 파라미터(formal parameter)**를 설정합니다. 형식 파라미터란, WHERE절에 조건 값을 지정하는 대신의 '임시' 조건 값입니다. 여기에서 선언된 커서 emp_cur에는 WHERE절의 조건 값의 위치에 d_no라는 형식 파라미터가 설정되어 있습니다※. 사용하는 형식 파라미터의 정의인 '(<파라미터명> <데이터 타입>)'은 커서명 뒤에 지정합니다.

※ 형식 파라미터의 데이터 타입에는 크기와 NOT NULL 제약을 지정할 수 없습니다. 그러나 파라미터를 콤마(,)로 구분해 여러 개를 설정하는 것은 가능합니다.

---

> 서식  **파라미터 사용 커서**
>
> CURSOR 〈커서명〉 (〈형식 파라미터명〉 〈데이터 타입〉)
> IS SELECT · · ·WHERE · · ·〈형식 파라미터명〉;

---

## ● ❷ 실행부: OPEN 시에 값을 대입

커서는 OPEN 시에 SELECT문을 실행합니다. 그러므로 파라미터 사용 커서를 사용하는 경우에는 OPEN 시에 WHERE절의 조건 값을 전달할 필요가 있습니다. 이 OPEN 시 전달할 값을 **실제 파라미터(actual parameter)**라고 합니다. 여기서는 변수 d_var에 저장된 값을 실제 파라미터(조건 값)로 전달하고 있습니다.

---

> 서식  **OPEN문에 의한 파라미터 사용 커서의 OPEN**
>
> OPEN 〈커서명〉 (〈실제 파라미터〉);

---

위 예에서는 OPEN문에 의한 커서 OPEN이 아니라 커서 FOR LOOP를 사용하고 있습니다. 만약 변수 **d_var**에 '10'이란 값이 저장되었다면, 커서 OPEN 시에 'WHERE deptno = 10'이 실행됩니다.

---

**서식** **커서 FOR LOOP문에 의한 파라미터 사용 커서의 OPEN**

```
FOR 〈루프 인덱스명〉 IN 〈커서명〉 (〈실제 파라미터〉) LOOP
  〈처리문〉
END LOOP;
```

---

### SQL*Plus의 치환 변수

SQL*Plus는 '&' 뒤에 지정된 문자를 변수로 인식합니다. 따라서 '&'를 포함한 SQL 또는 PL/SQL 블록을 SQL*Plus에서 실행하면 변수에 어떤 값을 입력하도록 요청합니다(❶). 그리고 그곳에서 입력된 값을 사용하여 프로그램의 처리가 계속됩니다.

**리스트 04-06** 치환 변수의 사용 예

```
SQL> SELECT * FROM dept WHERE deptno = &부서번호;
부서번호의 값을 입력하십시오: 10 ─────────────────────────────❶
구   1: SELECT * FROM dept WHERE deptno = &부서번호
신   1: SELECT * FROM dept WHERE deptno = 10


    DEPTNO DNAME          LOC
---------- -------------- --------------
        10 ACCOUNTING     NEW YORK
```

---

## ● FOR UPDATE 사용 커서

커서의 조회문에서는 일반 SQL문과 같이 **FOR UPDATE절**을 사용할 수 있습니다. FOR UPDATE절은 조회문의 검색 대상 행(Row)을 잠금(Lock) 수 있는 기능입니다. Oracle은 갱신 처리(INSERT문, UPDATE문, DELETE문)를 실행하면 처리 대상

행이 **배타적으로 잠기게 됩니다**(Row lock). 이렇게 잠긴(Lock이 걸린) 사용자의 처리 작업(Transaction)이 완료(Commit)될 때까지 다른 사용자가 해당 데이터를 변경할 수 없도록 방어합니다. 그러나 잠금 대기의 영향을 최소화하기 위해 조회문(SELECT)에서는 일반적으로 배타적 잠금이 발생하지 않습니다. 그래서 조회문에서도 배타적 잠금을 얻기 위해 **FOR UPDATE절**을 사용합니다. 이 기능은 PL/SQL에 특화된 기능은 아니므로 여기서는 그 특징만을 정리하겠습니다※.

※ FOR UPDATE 사용 커서에 대한 상세 설명은 74쪽의 칼럼 'FOR UPDATE절의 옵션'을 참조하십시오.

- 조회문(SELECT문) 수행 시에 배타적 잠금(Row lock)을 건다
- 갱신 처리 시의 잠금과 마찬가지로 트랜잭션 종료 시까지 배타적 잠금을 걸며, 검색 대상 행이 이미 다른 사용자에 의해 잠겨있는 경우 대기 상태가 된다

FOR UPDATE 사용 커서는 커서 OPEN 시(SELECT문이 실행되는 타이밍)에 대상이 되는 행을 잠그고 처리 트랜잭션이 완료되면 잠금을 해제합니다※.

※ 커서 CLOSE 시점은 아닙니다.

## ● WHERE CURRENT OF절

커서 처리에서 추출한(Fetch한) 현재의 행에 대한 갱신 처리를 수행하려는 경우가 있습니다. 리스트 04-07에서는 커서 FOR LOOP에서 추출한 행의 SAL 컬럼의 값이 2500보다 작은 경우, 해당 행에 대해 'SAL 열의 값을 100 증가'시키는 갱신 처리를 실행하고 있습니다(❶). 이 갱신 처리를 현재 행에 수행하기 위해서는 동일한 커서에서 꺼낸 EMPNO 컬럼의 값을 WHERE절의 조건에 지정합니다(❷).

**리스트 04-07** 커서를 통한 데이터의 갱신 처리 예

```
SQL> DECLARE
  2    CURSOR emp_cur IS SELECT sal,empno FROM emp
  3                              WHERE deptno = 10;
  4  BEGIN
  5    FOR emp_rec IN emp_cur LOOP
```

```
 6        IF emp_rec.sal < 2500 THEN ─────────────────────────────────❶
 7          UPDATE emp SET sal = sal+100
 8              WHERE empno = emp_rec.empno; ──────────────────────────❷
 9        END IF;
10     END LOOP;
11   END;
12   /
```

PL/SQL 처리가 정상적으로 완료되었습니다.

그러나 리스트 04-07에서 사용한 커서가 FOR UPDATE절을 사용하는 경우, 커서
처리에서 추출한 현재 행에 대한 갱신 처리에서 **WHERE CURRENT OF절**을 사용할 수
있습니다. WHERE CURRENT OF절은 커서 처리 내의 UPDATE문과 DELETE
문의 조건에 사용할 수 있습니다.

| 서식 | UPDATE 시의 WHERE CURRENT OF절 |
| --- |

UPDATE···WHERE CURRENT OF 〈커서명〉;

| 서식 | DELETE 시의 WHERE CURRENT OF절 |
| --- |

DELETE···WHERE CURRENT OF 〈커서명〉;

리스트 04-08이 리스트 04-07과 다른 점은 다음과 같습니다.

- 커서 정의의 조회 쿼리문에서 FOR UPDATE절을 사용(❶)
- 커서 정의의 조회 쿼리문에서 EMPNO 컬럼을 선택하지 않음※(❷)
- 추출한 현재 행에 대한 갱신 처리에서 WHERE CURRENT OF절을 사용(❷)

※ WHERE CURRENT OF절에서는 데이터를 현재 행에 갱신하므로 대상 행을 식별하기 위한 EMPNO 컬럼
  은 필요하지 않습니다.

**리스트 04-08** WHERE CURRENT OF절의 실행 예

```
SQL> DECLARE
  2    CURSOR emp_cur IS SELECT sal FROM emp
  3              WHERE deptno = 10 FOR UPDATE;  ───────────────❶
  4  BEGIN
  5    FOR emp_rec IN emp_cur LOOP
  6      IF emp_rec.sal < 2500 THEN
  7        UPDATE emp SET sal = sal+100
  8          WHERE CURRENT OF emp_cur;  ───────────────────❷
  9      END IF;
 10    END LOOP;
 11  END;
 12  /
```

PL/SQL 처리가 정상적으로 완료되었습니다.

## ● WHERE CURRENT OF절 사용의 장점

WHERE CURRENT OF절에는 다음과 같은 장점이 있습니다.

### ● 고속 액세스 가능

WHERE CURRENT OF절을 사용한 데이터 액세스는 ROWID※에 의해 수행됩니다. ROWID를 통한 특정 행(row)에 대한 액세스(Access)는 가장 빠른 데이터 액세스 방법입니다.

※ ROWID는 각 행에 하나씩 할당되는 행의 주소(Address)입니다.

### ● 코딩이 간소화됨

커서 처리에 있어서 현재 행에 대한 코드 작성이 통일됩니다.

이와 같이 WHERE CURRENT OF절은 장점이 많으므로 FOR UPDATE 사용 커서를 이용하는 경우에는 반드시 활용하도록 합시다.

FOR UPDATE절을 지정하여 조회문(SELECT문)을 실행하면 조회 대상 행을 배타적 잠금 처리할 수 있습니다. 이것은 PL/SQL만의 기능은 아니나, 다음의 옵션은 PL/SQL의 커서 정의에서도 사용할 수 있습니다.

> **서식** FOR UPDATE절
>
> 〈조회문〉 FOR UPDATE [OF 〈컬럼명〉] [NOWAIT | WAIT n];

**표 04-01** FOR UPDATE절의 옵션

| 옵션 | 개요 |
|------|------|
| OF 〈컬럼명〉 | 테이블의 결합(Join) 처리의 경우, 지정된 컬럼이 있는 테이블만 잠금 |
| NOWAIT | 검색 대상 행이 이미 다른 사용자에 의해 잠겨있는 경우, 대기하지 않고 오류를 리턴 |
| WAIT n | n은 초 단위로 지정한다. 검색 대상 행이 이미 다른 사용자에 의해 잠겨있는 경우, 지정된 초 수만큼 대기 |

FOR UPDATE절은 주로 다음과 같은 목적으로 사용합니다.

### ● 갱신 작업 수행 전의 잠금 처리

갱신 수행 전에 FOR UDPATE 절로 조회 쿼리를 수행함에 따라, 검색 결과를 다른 사용자가 변경할 수 없게 되므로, 항상 최신 상태임을 보증하게 됩니다.

### ● 잠금 대기 상태를 사전에 회피

FOR UPDATE절의 **NOWAIT·WAIT 옵션**을 사용하면, 다른 사용자에 의해 잠겨있는 행(row)에 액세스할 때 오류가 발생하므로 잠금 해제를 오랫동안 대기해야 하는 상황을 피할 수 있습니다. **리스트 04-09**에서는 다른 사용자에 의해 잠겨있는 행에 액세스했기 때문에 **ORA-00054**가 발생하고 있습니다.(❶)

**리스트 04-09** 다른 사용자가 잠근 행에 액세스

```
SQL> SELECT * FROM emp
2   WHERE deptno = 10 FOR UPDATE NOWAIT;

SELECT * FROM emp
*
행 1에서 오류가 발생했습니다. :
ORA-00054: 자원이 사용중이고, NOWAIT가 지정되어 있습니다 ─────────❶
```

# ● 커서의 종류

사실, 커서의 종류에는 **명시적 커서**와 **암묵적 커서**, 두 가지가 있습니다. 지금까지 설명해 온 커서는 모든 명시적 커서라 불리는 커서입니다. 명시적 커서는 그 이름과 같이 우리들이 명시적으로 커서 OPEN부터 커서 CLOSE까지의 일련의 처리를 작성하고 사용하는 커서입니다.

그에 반해 명시적 커서 이외의 모든 SQL 처리에서 암묵적으로 사용되는 커서를 **암묵적 커서**라고 부릅니다. PL/SQL에서는 DML문이나 SELECT INTO문 등의 SQL문을 처리하면 자동적으로 암묵적 커서가 생성되어 SQL문의 해석과 실행을 수행합니다.

**표 04-02** 명시적 커서와 암묵적 커서

| 종류 | 개요 |
|---|---|
| 명시적 커서 | 명시적으로 OPEN부터 CLOSE까지를 제어하는 커서 |
| 암묵적 커서 | 명시적 커서 이외의 모든 SQL 처리에서 내부적으로 사용되는 커서. SELECT INTO문과 UPDATE문, DELETE문, INSERT문 등이 있다 |

암묵적 커서는 PL/SQL에서 자동으로 관리되고 있기 때문에 따로 프로그램을 작성할 필요는 없습니다. 하지만 다음에 설명할 커서의 속성을 사용하면 명시적 커서와 같이 커서의 상태를 확인하는 것이 가능해집니다.

## ● 커서의 속성

커서 속성을 사용하면 커서의 현재 상태를 확인할 수 있으며, 그 정보를 바탕으로 다음 실행 내용을 결정하는 것이 가능합니다. 리스트 04-02(63쪽 참조)에서 사용된 **%NOTFOUND 속성**은 '직전의 FETCH문이 데이터 행을 추출한 경우에는 FALSE, 행을 추출하지 못한 경우에는 TRUE를 반환한다'라는 커서 속성입니다. 리스트 04-02의 경우 EXIT WHEN절과 %NOTFOUND 속성을 조합하여 '직전의 FETCH문에서 데이터 행을 추출할 수 없게 되면 LOOP를 빠져 나온다'라는 조건식을 실행하고 있습니다.

커서 속성은 명시적 커서 속성과 암묵적 커서 속성이 있습니다. 각각의 사용 방법은 다음과 같습니다.

### ● 명시적 커서 속성

명시적 커서 속성을 사용하는 경우, 명시적 커서 속성 앞에 커서명을 지정합니다.

| 서 식 | 명시적 커서 속성의 지정 |
| --- | --- |
| 〈커서명〉〈명시적 커서 속성〉 | |

커서 속성에서 자주 사용하게 될 속성은 **명시적 커서의 %NOTFOUND 속성**일 것입니다. 이를 기억해두면 기본적으로 문제는 없겠지만, 그 외에도 여러 커서 속성이 준비되어 있습니다. 필요에 따라 사용할 수 있도록 합시다.

**표 04-03** 명시적 커서 속성

| 종류 | 개요 |
| --- | --- |
| %NOTFOUND | 직전의 FETCH문이 데이터 행을 추출한 경우 FALSE, 행을 추출하지 못한 경우는 TRUE를 리턴 |
| %FOUND | 직전의 FETCH문이 데이터 행을 추출한 경우 TRUE, 행을 추출하지 못한 경우는 FALSE를 리턴(%NOTFOUND 속성과 반대) |

표 04-03 명시적 커서 속성(계속)

| 종류 | 개요 |
|---|---|
| %ROWCOUNT | 지금까지 추출된(FETCH문이 실행된) 행의 수 |
| %ISOPEN | 커서가 OPEN되어 있는 경우는 TRUE, CLOSE된 경우는 FALSE를 리턴 |

다음 페이지의 리스트 04-10에서는 명시적 커서 속성인 **%ROWCOUNT 속성**을 사용하여 추출된(FETCH된) 행의 수를 세고 있습니다(❶).

**리스트 04-10** 명시적 커서 속성의 사용 예

```
SQL> DECLARE
  2    CURSOR emp_cur IS SELECT empno,ename FROM emp
  3                              WHERE deptno = 10;
  4    emp_rec emp_cur%ROWTYPE;
  5  BEGIN
  6    OPEN emp_cur;
  7      LOOP
  8        FETCH emp_cur INTO emp_rec;
  9        EXIT WHEN emp_cur%NOTFOUND;
 10        DBMS_OUTPUT.PUT_LINE(emp_cur%ROWCOUNT); ─────────────❶
 11      END LOOP;
 12    CLOSE emp_cur;
 13  END;
 14  /
1
2
3

PL/SQL 처리가 정상적으로 완료되었습니다.
```

## 암묵적 커서 속성

암묵적 커서 속성을 사용하는 경우, 암묵적 커서 속성 앞에 'SQL'이라는 이름을 지정합니다. 하지만 암묵적 커서는 어디까지나 직전에 실행된 SQL문의 커서 속성만 확인할 수 있으므로 주의하십시오.

서 식 **암묵적 커서 속성의 지정**

SQL〈암묵적 커서 속성〉

표 04-04 **암묵적 커서 속성**

| 종류 | 개요 |
|---|---|
| %NOTFOUND | DML문(INSERT, UPDATE, DELETE)이 데이터 행에 영향을 미치지 않거나 (갱신되지 않음), SELECT INTO문의 한 행도 조회되지 않는 경우에 TRUE 를 리턴 |
| %FOUND | DML문이 데이터 행에 영향을 미치거나(갱신 처리됨) SELECT INTO문에서 데이터 행이 조회된 경우에 TRUE를 리턴(%NOTFOUND 속성의 반대) |
| %ROWCOUNT | DML문의 영향을 받은(갱신된) 행의 수, 또는 SELECT INTO문에서 조회된 행의 수를 리턴 |
| %ISOPEN | SQL 실행을 끝내면 자동으로 CLOSE되므로 항상 FALSE를 리턴 |

리스트 04-11에서는 암묵적 커서 속성인 %ROWCOUNT 속성을 사용하여 삭제 (DELETE)된 행의 수를 세고 있습니다(❶).

리스트 04-11 **암묵적 커서 속성의 사용 예**

```
SQL> BEGIN
  2    DELETE FROM emp WHERE deptno = 10;
  3    DBMS_OUTPUT.PUT_LINE(SQL%ROWCOUNT);                                ❶
  4  END;
  5  /
3

PL/SQL 처리가 정상적으로 완료되었습니다.
```

## ● 정리

PL/SQL에서는 SELECT문의 결과를 변수에 대입하여 처리할 수 있습니다. SELECT INTO문은 한 행의 결과를 변수에 대입하고, 커서는 복수 행의 결과를 한 행씩 변수에 대입합니다.

PL/SQL 블록 내에서 처리 도중 결과를 일단 저장하고 싶은 경우, 변수 또는 상수를 사용합니다. 또한, 변수나 상수를 대표하는 PL/SQL 객체에 식별자(이름)를 정의해야 합니다.

**표 04-05** SELECT INTO문과 커서의 특징

| SELECT INTO문 | 한 행의 결과를 변수에 대입한다. 조회 결과는 반드시 1행이어야만 한다. |
|---|---|
| 커서 | 복수 행의 결과를 변수에 대입한다. |

## ● 커서 사용(기본)

커서를 사용하려면 다음의 네 단계가 필요하지만, 커서 FOR LOOP(커서 전용의 LOOP 문)를 사용하면 '커서의 정의' 외의 작업이 모두 자동화됩니다.

### ● 커서의 정의
선언부에서 커서명과 사용할 SELECT문을 정의합니다.

### ● 커서 OPEN
실행부에서 커서를 OPEN합니다(OPEN문). 커서를 OPEN하면 조회문(SELECT문)이 실행됩니다.

### ● 데이터 추출(FETCH INTO문)
실행부에서 커서의 결과로부터 데이터를 한 행씩 추출하여 변수에 대입합니다(LOOP 문에서 실행).

## ● 커서 CLOSE(CLOSE문)

실행부에서 처리가 끝난 커서를 CLOSE문으로 종료합니다.

## ● 커서 사용(응용)

### ● 파라미터 사용 커서

WHERE절의 조건 값을 동적으로 변경할 수 있는 커서입니다.

SELECT문을 실행할 때(OPEN 시)에 조건 값을 변경할 수 있기 때문에 매번 다른 조건 값을 바꾸어서 조회 쿼리를 실행할 수 있습니다.

### ● FOR UPDATE 사용 커서

대상 행을 배타적 잠금(Row lock) 처리하는 커서입니다. 커서 작업 중에 조회 데이터가 갱신되지 않는 것을 보증합니다. 또한, WHERE CURRENT OF절을 사용하여 추출한(FETCH한) 현재 행에 대해 ROWID 액세스(Access)를 실행하는 것이 가능합니다.

## ● WHERE CURRENT OF절

WHERE CURRENT OF절은 커서 처리 내의 UPDATE문과 DELETE문 조건에 사용할 수 있습니다. WHERE CURRENT OF절을 사용하면 다음과 같은 장점이 있습니다.

- 고속 액세스(Access) 가능
- 코딩이 간소화됨

## 🔵 커서의 종류

커서의 종류에는 명시적 커서와 암묵적 커서, 두 가지가 있습니다.

**표 04-06** 명시적 커서와 암묵적 커서

| 종류 | 개요 |
|------|------|
| 명시적 커서 | 명시적으로 OPEN부터 CLOSE까지를 제어하는 커서 |
| 암묵적 커서 | 명시적 커서 이외의, 모든 SQL처리에서 내부적으로 사용되는 커서.<br>SELECT INTO문과 UPDATE문, DELETE문, INSERT문 등 |

## 🔵 커서의 속성

커서 속성을 사용하면 커서의 현재 상태를 확인할 수 있으며, 그 정보를 바탕으로 다음 실행 내용을 결정할 수 있습니다. 커서 속성에는 여러 종류가 있지만, 자주 사용할 기회가 많은 것은 **명시적 커서인 %NOTFOUND 속성**입니다.

# 예외 처리

지금까지 실제 처리 내용을 작성하는 실행부의 내용에 대해 설명했습니다. 이번 장에서는 PL/SQL에 예외※가 발생한 경우의 처리를 담당하는 **예외 처리부**에 대해 설명하려고 합니다. 일반 SQL과 마찬가지로 PL/SQL에서도 처리 중에 예외가 발생할 가능성이 있습니다. 만약 예외가 발생했을 때 PL/SQL 블록에 실행부밖에 없다면, PL/SQL은 **비정상 종료**(OS 측에 제어가 돌아가는)되어 버립니다. 따라서 예외가 발생했을 때 어떻게 대처할 것인가를 사전에 준비하는 것은 매우 중요한 일입니다.

※ PL/SQL은 실행 시 발생하는 오류(Error)나 경고(Warning)를 예외라고 합니다.

## ● 예외 발생

우선 실제로 예외가 발생하는 예제를 보도록 하겠습니다. 리스트 05-01을 살펴보면 ORA-01422 **오류**가 발생하여 PL/SQL 처리가 비정상 종료되었습니다. 이 오류는 SELECT INTO문이 복수의 행을 리턴했기 때문에 발생하고 있습니다(❶).

**리스트 05-01** 예외 발생에 의한 처리 종료

```
SQL> DECLARE
  2    e_empno NUMBER;
  3  BEGIN
  4    SELECT empno INTO e_empno FROM emp;
  5  END;
  6  /
DECLARE
*
1행에 오류:
```

ORA-01422: 실제 인출은 요구된 것보다 많은 수의 행을 추출합니다 ————————❶
ORA-06512:  4행

다음으로, 리스트 05-01을 수정하여 예외 처리를 할 수 있도록 한 것이 리스트 05-02입니다. 'BEGIN'~'END;' 사이에 EXCEPTION 키워드가 추가되어 있습니다(❷). 이 'EXCEPTION'~'END' 사이가 **예외 처리부**입니다. 여기서는 '예외 발생!'이라고 출력하는 예외 처리를 수행하여 PL/SQL 블록이 **정상 종료**되었는지에 대해 주목해주시기 바랍니다(❸).

**리스트 05-02** 예외 처리부의 추가

```
SQL> DECLARE
  2    e_empno NUMBER;
  3  BEGIN
  4    SELECT empno INTO e_empno FROM emp;
  5  EXCEPTION ————————————————————————————————————❷
  6    WHEN others THEN
  7      DBMS_OUTPUT.PUT_LINE('예외 발생!');
  8  END;
  9  /
예외 발생!

PL/SQL 처리가 정상적으로 완료되었습니다. ————————————————❸
```

## ● 예외 발생 시의 동작

우선, 예외가 발생했을 때의 기본적인 처리의 흐름을 정리해보겠습니다.

PL/SQL은 실행부에서 예외가 발생하면 즉시 예외 처리부로 제어가 이동합니다※. 또한, 예외 처리부가 없는 경우는 PL/SQL 블록이 그 시점에서 비정상 종료됩니다 (그림 05-01).

※ 선언부, 예외 처리부에서 예외가 발생했을 경우 PL/SQL 블록은 즉시 비정상 종료됩니다. 예외 처리부에서는 해당 PL/SQL 블록의 실행부에서 발생한 예외밖에 받을 수 없습니다.

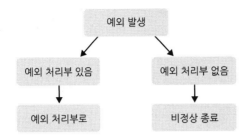

**그림 05-01** 예외 발생 시의 동작

또한, 예외 처리부가 있다 하더라도 발생한 예외에 대한 대처 방법이 없으면 PL/SQL 블록이 비정상 종료됩니다(그림 05-02).

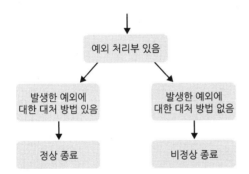

**그림 05-02** 예외 처리부에 대처 방법이 없는 경우

또한, 예외가 발생하면 제어가 즉시 예외 처리부로 이동하므로 그림 05-03의 처리1에서 예외가 발생했을 경우, 처리2와 처리3은 실행되지 않습니다(❶). 또한, 한 번 예외 처리부로 이동한 제어는 실행부로 돌아갈 수 없습니다※(❷).

※ 블록의 중첩(98쪽 참조)을 사용하면 실행부로 돌아가는 것이 가능합니다.

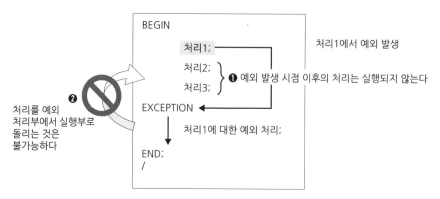

**그림 05-03** 예외 발생 시의 제어 이동

### PL/SQL 블록 내의 트랜젝션

트랜잭션 처리 중에 예외가 발생하면 예외 처리를 했는지, 안 했는지의 여부에 따라 트랜잭션(Transaction) 동작이 달라집니다.

#### ● 예외 처리를 하지 않은 경우

해당 PL/SQL 블록 내에서 업데이트를 수행한 프로세스는 **롤백**(Rollback)됩니다(비정상 종료).

#### ● 예외 처리한 경우

PL/SQL 블록의 **트랜젝션은 계속**됩니다.

## ● 예외 처리부의 작성 방법

그러면 예외 처리부의 구체적인 작성 방법을 설명해보겠습니다. 예외 처리부에서는 예외명을 지정하여 예외를 처리합니다. 발생한 예외에 대한 처리는 **예외 핸들러**(exception handler)에서 작성합니다.

또한, 예외 핸들러는 예외 처리부에 여러 개 작성하는 것이 가능하므로 발생한 예외에 맞추어서 각각 다른 예외 처리를 할 수 있습니다.

> **서식 예외 핸들러**
>
> WHEN 〈예외명〉 [ OR 〈예외명〉 · · · ] THEN 〈처리〉 ;

**THEN절** 다음의 처리는 실행부와 동일하게 작성 가능합니다. 예를 들어 IF문이나 LOOP문을 사용하거나, PL/SQL 블록을 중첩할 수도 있습니다.

또한 여러 가지 예외에 대해 동일한 처리를 수행하려는 경우, **WHEN절** 뒤에 **OR절**을 사용하여 여러 개의 예외명을 지정할 수도 있습니다.

## ⬤ 예외 처리의 실행 예

그러면 실행 예제를 살펴보겠습니다. 다음 페이지의 리스트 05-03의 예외 처리부에는 TOO_MANY_ROWS 예외(❶)와 NO_DATA_FOUND 예외(❷)의 처리가 작성되어 있습니다. 이 예제에서는 SELECT INTO문의 실행 시에 TOO_MANY_ROWS 예외가 발생하여 제어가 예외 처리부로 이동하는 예외 처리가 실행되고 있습니다.

**리스트 05-03 예외 핸들러의 작성 예**

```
SQL> DECLARE
  2    e_empno NUMBER;
  3  BEGIN
  4    SELECT empno INTO e_empno FROM emp;
  5  EXCEPTION
  6    WHEN too_many_rows THEN
  7      DBMS_OUTPUT.PUT_LINE('TOO_MANY_ROWS!');        ❶
  8    WHEN no_data_found THEN
  9      DBMS_OUTPUT.PUT_LINE('NO_DATA_FOUND!');        ❷
 10  END;
 11  /
TOO_MANY_ROWS!

PL/SQL 처리가 정상적으로 완료되었습니다.
```

## ● 예외의 종류

예외에는 몇 가지 종류가 있습니다. 그리고 그 종류에 따라 작성하는 방법도 달라집 니다. 우선 예외에는 어떤 종류가 있는지 확인해보겠습니다(그림 05-04).

예외는 우선 **내부 예외**와 **사용자 정의 예외**로 나눌 수 있습니다. 또한, 내부 예외는 **사전 정의된 내부 예외** 및 **이름 없는 내부 예외**로 나누어져 있습니다.

그러면 각각의 예외의 특징과 종류에 대해 설명해보겠습니다.

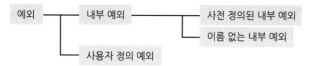

**그림 05-04** 예외의 종류

**표 05-01** 예외의 종류와 개요

| 종류 | 개요 |
| --- | --- |
| 내부 예외 | Oracle 내부에서 사전에 정의된 예외 |
| 사용자 정의 예외 | 사용자가 정의한 예외 |

## ● 내부 예외

내부 예외란, **Oracle 내부에서 사전에 미리 정의된 예외**입니다. 작성한 프로그램이 Oracle의 규칙을 위반하거나 시스템의 제한을 넘기거나 하는 경우에 자동적으로 내 부 예외가 호출됩니다. 내부 예외는 크게 두 종류로 분류됩니다.

**표 05-02** 내부 예외의 종류와 개요

| 종류 | 개요 |
|---|---|
| 사전 정의된 내부 예외 | 사전에 Oracle에 의해 이름이 정의되어 있는 내부 예외 |
| 이름 없는 내부 예외 | 사전에 이름이 정해지지 않은 내부 예외 |

## ● 사전 정의된 내부 예외

**사전 정의된 내부 예외**란, 사전에 Oracle에 의해 이름이 정의된 내부 예외입니다. 사전
정의된 내부 예외에는 어떤 것들이 있는지 확인해보겠습니다(표 05-03). Oracle 12c
R12.1에서는 22종류의 내부 예외가 준비되어 있습니다※. TOO_MANY_ROWS
예외나 NO_DATA_FOUND 예외처럼 비교적 발생하기 쉬운 예외에 대해서 사전
에 이름을 붙여 둔 것입니다.

※ 사전 정의된 내부 예외에 대한 상세한 내용은 'PL/SQL Language Reference' 매뉴얼(11g 이상) 또는 'PL/
SQL user's guide and reference' 매뉴얼(10g R2 이전)을 참조하십시오.

**표 05-03** 사전 정의된 내부 예외

| 에러 코드 | 에러 번호:리턴 값※ | 설명 |
|---|---|---|
| ACCESS_INTO_NULL | ORA-06530:-6530 | 프로그램이 초기화되지 않은 오브젝트의 속성에 값을 넣으려고 함 |
| CASE_NOT_FOUND | ORA-06592:-6592 | CASE문의 WHEN절에 아무것도 작성되어 있지 않고 ELSE절도 없는 경우 |
| COLLECTION_IS_NULL | ORA-06531:-6531 | 프로그램이 EXISTS 이외의 컬렉션 메소드(Collection Methods)를 초기화하지 않은 중첩 테이블이나 VARRAY에 적용하려 했거나, 또는 초기화되지 않은 중첩 테이블이나 VARRAY의 요소에 값을 대입하려고 함 |
| CURSOR_ALREADY _OPEN | ORA-06511:-6511 | 이미 OPEN되어 있는 커서를 다시 OPEN하려고 함 |
| DUP_VAL_ON_INDEX | ORA-00001:-1 | Unique 인덱스가 붙어있는 컬럼에 중복되는 값을 저장하려고 함 |

**표 05-03** 사전 정의된 내부 예외(계속)

| 에러 코드 | 에러 번호:리턴 값<sup></sup> | 설명 |
|---|---|---|
| INVALID_CURSOR | ORA−01001:−1001 | 잘못된 커서 작업을 수행하려고 함 |
| INVALID_NUMBER | ORA−01722:−1722 | 숫자 타입의 컬럼에 문자를 저장하려고 함 |
| LOGIN_DENIED | ORA−01017:−1017 | 틀린 사용자명과 패스워드로 Oracle에 Logon하려고 함 |
| NO_DATA_FOUND | ORA−01403: +100 | 조회 결과 한 행도 리턴되지 않음 |
| NO_DATA_NEEDED | ORA−06548:−6548 | 파이프라인 함수가 지정한 행 수 이상을 처리하려고 함 |
| NO_LOGGED_ON | ORA−01012:−1012 | Oracle에 Logon이 되지 않음 |
| PROGRAM_ERROR | ORA−06501:−6501 | PL/SQL에 내부적인 오류가 발생함 |
| ROWTYPE_MISMATCH | ORA−06504:−6504 | 커서 변수의 반환 데이터와 타입이 호환되지 않음 |
| SELF_IS_NULL | ORA−30625:−30625 | NULL 인스턴스에서 MEMBER 메소드를 호출하려고 함 |
| STORAGE_ERROR | ORA−06500:−6500 | PL/SQL의 메모리가 부족했거나 깨진 경우 |
| SUBSCRIPT_BEYOND _COUNT | ORA−06533:−6533 | 컬렉션 내의 요소 수보다 큰 인덱스 번호를 사용해서 중첩 테이블 또는 VARRAY의 요소를 참조하려 함 |
| SUBSCRIPT_OUTSIDE _LIMIT | ORA−06532:−6532 | 유효 범위 밖의 인덱스 번호를 사용해 중첩 테이블이나 VARRAY 요소를 참조하려 함 |
| SYS_INVALID_ROWID | ORA−01410:−1410 | 문자열이 올바른 ROWID를 표시하지 않아서 문자열로부터 범용 ROWID로 변환에 실패함 |
| TIMEOUT_ON_RESOURCE | ORA−00051:−51 | 대기 중에 타임아웃됨 |
| TOO_MANY_ROWS | ORA−01422:−1422 | SELECT INTO문이 복수의 행을 리턴함 |
| VALUE_ERROR | ORA−06502:−6502 | 산술 오류, 변환 오류, 잘림 오류, 제약 조건 오류가 발생함 |
| ZERO_DIVIDE | ORA−01476:−1476 | 숫자 데이터를 0으로 나누려고 함 |

※ 리턴 값은 SQLCODE 함수의 리턴 값을 나타냅니다. SQLCODE 함수에 대한 자세한 내용은 96쪽을 참조하십시오.

## ● 이름 없는 내부 예외

사전에 이름이 붙어 있지 않은 ORA-×××오류를 **이름 없는 내부 예외**라고 합니다. 이름이 붙지 않아서 예외 처리부에서 개별적으로 처리를 지정할 수 없으므로, 이름 없는 내부 예외에 대해서 명시적으로 이름을 붙일 필요가 있습니다. 우선, 선언부에서 예외명을 정의하고 PRAGMA EXCEPTION_INIT에서 Oracle 오류로 정의한 예외명을 연계합니다.

---

**서식** 이름 없는 내부 예외에 대한 이름 붙이기

〈예외명〉 EXCEPTION;
PRAGMA EXCEPTION_INIT(〈예외명〉,〈Oracle 에러 번호〉);

---

리스트 05-04에서는 먼저 선언부에서 예외 cursor_err를 정의하고 있습니다(❶). 그리고 그 예외에 대해 'PRAGMA EXCEPTION_INIT'에서 Oracle 오류를 연계합니다(❷). 바꾸어 말하면 ORA-1002※에 cursor_err이라는 예외명을 붙이는 것입니다. 이 예제에서는 FOR UPDATE 사용 커서(70~71쪽 참조)의 처리 도중에 COMMIT문을 기술했기 때문에 예외가 발생합니다(❸).

※ ORA-1002은 잘못된 커서 조작으로 발생하는 예외입니다.

**리스트 05-04** PRAGMA EXCEPTION_INIT 의 사용 예

```
SQL> DECLARE
  2    CURSOR emp_cl IS SELECT sal FROM emp
  3            WHERE deptno = 10 FOR UPDATE;
  4    cursor_err EXCEPTION; ───────────────────────❶
  5    PRAGMA EXCEPTION_INIT(cursor_err,-1002); ─────❷
  6  BEGIN
  7    FOR r IN emp_cl LOOP
  8      UPDATE emp
  9      SET sal = r.sal * 1.2
 10            WHERE CURRENT OF emp_cl;
 11      COMMIT; ────────────────────────────────────❸
 12    END LOOP;
```

```
13   EXCEPTION
14     WHEN cursor_err THEN
15       DBMS_OUTPUT.PUT_LINE('내부 에러가 발생!');
16   END;
17   /
내부 에러가 발생!

PL/SQL 처리가 정상적으로 완료되었습니다.
```

## ● 사용자 정의 예외

**사용자 정의 예외**는 Oracle 오류가 아닌 사용자 자신이 작성하는 예외입니다. 예를 들어 '어떤 데이터가 100 이하인 경우에는 예외로 처리하고 싶다'라는 경우, 이 처리를 사용자 정의 예외로 정의할 수가 있습니다.

그럼 이어서 사용자 정의 예외의 작성 방법을 설명하도록 하겠습니다. 우선 선언부에서 임의의 예외명을 정의합니다. 다음으로 사용자 정의 예외는 자동적으로 호출되는 것이 아니므로 실행부에서 **RAISE문**을 사용하여 예외를 명시적으로 호출합니다.

| 서 식 | 사용자 정의 예외의 정의 — 선언부 |
| --- |

〈예외명〉 EXCEPTION;

| 서 식 | 사용자 정의 예외의 정의 — 실행부 |
| --- |

RAISE 〈예외명〉;

리스트 05-05에서는 선언부에서 사용자 정의 예외 err을 정의합니다(❶). 그리고 실행부에서 변수 no의 값이 100보다 작은 경우, RAISE문에서 사용자 정의 예외 err를 호출합니다(❷). 예외가 호출된 시점에 처리는 예외 처리부로 이동되어 예외 처리를 수행합니다(❸).

**사용자 정의 예외의 사용 예**

```
SQL> DECLARE
  2    no  NUMBER;
  3    err EXCEPTION; ─────────────────────────────────── ❶
  4  BEGIN
  5    no := 90;
  6    IF no <= 100 THEN
  7      RAISE err; ───────────────────────────────────── ❷
  8    END IF;
  9  EXCEPTION
 10    WHEN err THEN
 11      DBMS_OUTPUT.PUT_LINE('사용자 정의 예외!'); ──────── ❸
 12  END;
 13  /
사용자 정의 예외!

PL/SQL 처리가 정상적으로 완료되었습니다.
```

## 🔵 사용자 정의 오류 메시지

지금까지는 예외 처리부에서의 예외에 대한 대처 방법을 작성하여 PL/SQL 블록을
정상 종료(PL/SQL 블록의 트랜잭션은 계속)할 수 있는 방법을 설명해 왔습니다. 그러
나 중간에 예외가 발생한 시점에서 해당 PL/SQL 블록의 처리를 모두 취소하고 싶
은 경우도 있습니다.

이럴 때 RAISE_APPLICATION_ERROR를 사용하면 사용자가 직접 지정하는 'ORA ××
×' 형식의 오류 코드*와 오류 메시지**를 출력하고 해당 PL/SQL 블록을 비정상 종
료시키는 것이 가능합니다. 이렇게 하면 PL/SQL 블록의 처리를 롤백하고 직접 지
정한 오류 코드와 메시지를 사용자 측에 리턴할 수 있습니다.

※ 사용할 수 있는 오류 번호는 −20000에서 −20999까지의 음수 정수 값입니다.
※※ 오류 메시지는 2,048Bytes 이내의 문자열로 지정하십시오.

서 식  **RAISE_APPLICATION_ERROR의 정의**

RAISE_APPLICATION_ERROR(〈오류 번호〉,'〈오류 메시지〉');

리스트 05-06에서는 변수 e_empno에 대입되는 값이 1000을 초과하는 경우에 'ORA-20001, empno 값이 잘못되었습니다'라는 사용자 정의 오류 메시지가 리턴되도록 작성되어 있습니다(❶).

**리스트 05-06** RAISE_APPLICATION_ERROR의 사용 예

```
SQL> DECLARE
  2    e_empno NUMBER;
  3  BEGIN
  4    SELECT empno INTO e_empno FROM emp
  5                    WHERE empno = 7369;
  6    IF e_empno > 1000 THEN
  7      RAISE_APPLICATION_ERROR(-20001,'empno 값이 잘못되었습니다!'); ──❶
  8    END IF;
  9  END;
 10  /
DECLARE
*
1행에 오류:
ORA-20001: empno값이 잘못되었습니다!
ORA-06512:  7행
```

## ● OTHERS 핸들러

OTHERS 핸들러(OTHERS handler)를 사용하면 예외 처리부에서 예외명이 지정되지 않은 모든 예외들을 처리할 수 있습니다.

리스트 05-07에서는 예외 처리부에서 NO_DATA_FOUND 예외에 대한 예외 처리를 기술하고, 만약 그 외의 예외가 발생했을 경우 OTHERS 핸들러의 처리가 수행됩니다(❶).

**리스트 05-07** OTHERS 핸들러의 사용 예

```
SQL> DECLARE
  2    e_empno number;
  3  BEGIN
  4    SELECT empno INTO e_empno FROM emp;
  5  EXCEPTION
  6    WHEN no_data_found THEN
  7      DBMS_OUTPUT.PUT_LINE('사전 정의 예외 발생');
  8    WHEN others THEN ─────────────────────────────────────── ❶
  9      DBMS_OUTPUT.PUT_LINE('예외를 others로 처리');
 10  END;
 11  /
예외를 others로 처리

PL/SQL 처리가 정상적으로 완료되었습니다.
```

OTHERS 핸들러를 사용하면 모든 예외에 대응이 가능하므로, PL/SQL 블록은 **반드시 정상 종료**됩니다. 어떤 예외가 발생했을 경우에도 정상 종료가 되는 것은 좋고 나쁨이 있다고 생각합니다만, 예측 불가능한 예외에 대한 대비로써 OTHERS 핸들러는 큰 힘을 발휘합니다. OTHERS 핸들러 작성상의 주의점으로는 리스트 05-07과 같이 예외 처리부의 마지막에 기술한다는 점을 들 수 있습니다.

## 오류 보고 함수

OTHERS 핸들러를 사용할 경우에는 모든 예외를 처리할 수 있게 되는 한편, 항상 정상 종료가 이루어지기 때문에 어떤 예외가 발생했는지 정확히 알 수 없게 됩니다. 그것을 조사하기 위한 **오류 보고 함수**※이라는 편리한 기능이 있습니다. 오류 보고 함수는 그 이름과 같이 발생한 예외에 대한 정보를 제공해주는 함수입니다. SQLCODE **함수**와 SQLERRM **함수**가 있습니다.

표 05-04 오류 보고 함수

| 함수명 | 개요 |
|---|---|
| SQLCODE 함수 | 에러 번호를 리턴하는 함수 |
| SQLERRM 함수 | 에러 메시지를 리턴하는 함수 |

※ 오류 보고 함수는 일반 SQL에서는 사용할 수 없습니다(PL/SQL만 사용 가능).

리스트 05-08에서는 **SQLCODE 함수**와 **SQLERRM 함수**를 사용하여 발생한 예외 오류 번호와 메시지를 표시하고 있습니다(❶). 여기서는 DBMS_OUTPUT을 사용하여 SQL*Plus 화면에 그 내용을 표시하고 있습니다만, 함수의 리턴 값을 변수에 대입하고 오류 기록용 테이블에 적재할 수도 있습니다.

**리스트 05-08** SQLCODE 함수 SQLERRM 함수의 출력 예

```
SQL> DECLARE
  2    e_empno number;
  3  BEGIN
  4    SELECT empno INTO e_empno FROM emp;
  5  EXCEPTION
  6    WHEN no_data_found THEN
  7      DBMS_OUTPUT.PUT_LINE('사전 정의 예외 발생');
  8    WHEN others THEN
  9      DBMS_OUTPUT.PUT_LINE(sqlcode);     ┐
 10      DBMS_OUTPUT.PUT_LINE(sqlerrm);     ┘                                    ❶
 11  END;
 12  /
-1422
ORA-01422: 실제 인출은 요구된 것보다 많은 수의 행을 추출합니다

PL/SQL 처리가 정상적으로 완료되었습니다.
```

## ● 예외 처리와 블록의 중첩

예외가 발생하여 처리가 예외 처리부로 이동하면, 제어는 실행부에 돌아오지 않으므로 블록은 처리 도중에 종료됩니다. 리스트 05-09에서는 커서 DEPT 테이블※의 DEPTNO 컬럼 값을 추출하고 있습니다(❶). 추출한 DEPT 테이블의 DEPTNO 컬럼 값이 '30'이면 사용자 정의 예외를 호출합니다(❷). 표시된 메시지를 보면 커서의 처리에서 첫 번째와 두 번째 행은 실행부에서 처리를 수행하고, 예외 처리는 세 번째 행에서 이루어진 것을 알 수 있습니다(❸). 이 PL/SQL 블록은 정상 종료가 되었지만, 가령 결과 세트에 네 번째 행 이후의 데이터가 있더라도 처리 작업은 수행되지 않습니다.

※ DEPT 테이블의 데이터에 대해서는 301쪽의 'APPENDIX 01 환경 설정과 샘플 오브젝트'를 참조하십시오.

**리스트 05-09** 예외 발생 시의 처리 이동 예

```
SQL> DECLARE
  2    err EXCEPTION;
  3    CURSOR dept_cur IS SELECT deptno FROM dept; ──────────────❶
  4  BEGIN
  5    FOR r IN dept_cur LOOP
  6      IF r.deptno = 30 THEN
  7        RAISE err; ─────────────────────────────────────❷
  8      ELSE
  9        DBMS_OUTPUT.PUT_LINE(r.deptno);
 10      END IF;
 11    END LOOP;
 12  EXCEPTION
 13    WHEN err THEN
 14      DBMS_OUTPUT.PUT_LINE('예외가 발생');
 15  END;
 16  /
 10 ┐
 20 ┤─────────────────────────────────────────────────❸
예외가 발생 ┘

PL/SQL 처리가 정상적으로 완료되었습니다.
```

그러나 블록의 중첩을 사용하면 커서 처리 도중에 예외가 발생해도 나머지 결과 세트를 처리할 수 있게 됩니다. 다음 페이지의 리스트 05-10에서는 리스트05-09의 PL/SQL 블록이 LOOP문에 둘러싸여 중첩되었습니다(❹). 이 중첩에 의해 예외 처리부로 처리가 옮겨진 후에도 다시 블록의 선두부터 처리하는 것이 가능합니다(커서는 LOOP 전에 OPEN되어 있기 때문에 데이터 행의 추출은 예외 처리 후에 이어서 수행됩니다). 또한, DBMS_OUTPUT 출력(40 값을 출력) 내용을 보아도 예외 발생 후에 처리가 계속되고 있는 것을 확인할 수 있습니다(❺).

**리스트 05-10** 블록의 중첩

```
SQL> DECLARE
  2    err EXCEPTION;
  3    CURSOR dept_cur IS SELECT deptno FROM dept;
  4  BEGIN
  5    FOR r IN dept_cur LOOP
  6      BEGIN
  7        IF r.deptno = 30 THEN
  8          RAISE err;
  9        ELSE
 10          DBMS_OUTPUT.PUT_LINE(r.deptno);                    ❹
 11        END IF;
 12      EXCEPTION
 13        WHEN err THEN
 14          DBMS_OUTPUT.PUT_LINE('예외가 발생');
 15      END;
 16    END LOOP;
 17  END;
 18  /
10
20
예외가 발생
40                                                              ❺

PL/SQL 처리가 정상적으로 완료되었습니다.
```

## ● 정리

예외 처리부의 기술에 의해 예외가 발생해도 처리를 계속하여 정상적으로 PL/SQL 블록을 종료하는 것이 가능합니다.

예외는 다음과 같이 두 종류로 나눌 수 있습니다.

- 내부 예외
- 사용자 정의 예외

### ● 내부 예외

Oracle 오류는 내부 예외로 처리됩니다.

**표 05-05** 내부 예외의 종류와 개요

| 종류 | 개요 |
|------|------|
| 사전 정의된 내부 예외 | 사전에 Oracle에 의해 이름이 정의되어 있는 내부 예외 |
| 이름 없는 내부 예외 | 사전에 이름이 정해지지 않은 내부 예외. 오류 번호를 직접 지정할 수 없기 때문에 사용자가 선언부에서 Oracle 오류에 대한 예외명을 선언 |

### ● 사용자 정의 예외

내부 예외와 달리 사용자가 직접 정의하는 예외입니다. 사용자 정의 예외는 RAISE 문을 사용하여 자유롭게 호출할 수 있습니다. RAISE문을 실행하면 제어가 예외 처리부로 이동합니다.

## ● OTHERS 핸들러

OTHERS 핸들러를 사용하면 정의한 내부 예외 및 사용자 정의 예외, 예기치 않은 미정의 예외 등 모든 예외에 대응하여 처리를 실행할 수 있습니다.

OTHERS 핸들러가 받은 예외 내용은 두 개의 오류 보고 함수를 사용하여 확인할 수 있습니다.

**표 05-06** 오류 보고 함수

| 함수명 | 개요 |
|---|---|
| SQLCODE 함수 | 에러 번호를 리턴하는 함수 |
| SQLERRM 함수 | 에러 메시지를 리턴하는 함수 |

# 실전편

## Stored 프로그램 실전 활용

드디어 지금부터 실전적인 PL/SQL의 사용 방법에 대해 설명하겠습니다. 기초편에서 익힌 문법이나 서식만으로도 충분히 PL/SQL 프로그램을 사용하고, 다양한 목적의 처리를 작성할 수는 있습니다. 하지만 실제로 업무에서 사용하기에는 불편한 부분도 많을 것입니다. 그러므로 실전편에서는 실무에서 활용할 수 있는 다음 기능에 대해 설명합니다.

# 실전편

Stored 프로그램 실전 활용

# CHAPTER 06
# Stored 서브
# 프로그램의 개요

기초편에서는 PL/SQL 블록을 SQL*Plus와 같은 애플리케이션에서 Oracle에 직접 전송하고 실행하는 방법을 설명했습니다. 그러나 PL/SQL은 프로그램 이름을 지정, Oracle에 저장하여 실행하게끔 할 수도 있습니다.

PL/SQL에서는 이렇게 저장된 PL/SQL 블록을 **Stored 서브 프로그램**(Stored Sub programs)이라고 부릅니다. 이번 장에서는 먼저 Oracle에 PL/SQL 블록을 저장하는 것에 어떤 장점이 있는가를 설명하고, 이후 실제로 저장하는 방법을 설명하려고 합니다.

## ● Stored 서브 프로그램의 장점

Stored 서브 프로그램에는 다음과 같은 장점들이 있습니다.

- 공유 사용에 의한 생산성 향상
- 성능 향상
- 메모리 영역 절약
- 네트워크 전송량 감소

### ● 공유 사용에 의한 생산성 향상

Stored 서브 프로그램을 사용하면 여러 애플리케이션에서 동일한 프로그램을 공유할 수 있기 때문에 생산성이 향상됩니다(그림 06-01). 또한, 사양 변경 등에 따른 프로그램의 수정(유지보수)도 용이합니다. 수정 대상인 Stored 서브 프로그램을 고친 뒤, 다시 저장하는 것만으로도 변경 후의 프로그램을 공유할 수 있습니다.

CHAPTER 06 Stored 서브 프로그램의 개요 **103**

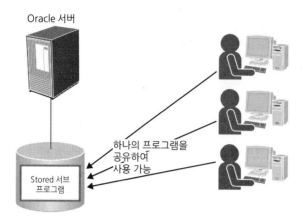

Oracle 서버

하나의 프로그램을
공유하여
사용 가능

Stored 서브
프로그램

**그림 06-01** 공유에 의한 생산성 향상

### ● 성능 향상

Stored 서브 프로그램은 컴파일된 상태로 데이터베이스에 저장되므로, 실행할 때마다 컴파일할 필요가 없어 성능이 향상됩니다.

### ● 메모리 영역 절약

Stored 서브 프로그램을 실행하면 프로그램이 메모리에 올라갑니다. 메모리에 상주하는 프로그램은 다른 애플리케이션에서도 공유하여 사용됩니다. 따라서 실행할 때마다 새로운 메모리 영역을 획득할 필요가 없습니다.

### ● 네트워크 전송량 감소

Stored 서브 프로그램을 실행하는 경우, 애플리케이션은 프로그램 이름을 지정하여 실행합니다. PL/SQL 블록을 전송하는 경우에 비해서 데이터 전송량이 줄어들게 됩니다.

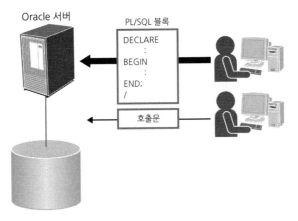

그림 06-02 네트워크 전송량 감소

## ● Stored 서브 프로그램을 작성해보자

그럼 지금부터 정말 간단한 Stored 서브 프로그램을 작성해보겠습니다. Stored 서
브 프로그램에는 Stored 프로시저(Procedure)와 Stored 함수(Function)라는 두 종류의 프
로그램이 있는데, 여기서는 우선 간단한 Stored 프로시저를 작성해서 실제로 실행해
보도록 하겠습니다.

### ● Stored 서브 프로그램 작성

리스트 06-01은 DBMS_OUTPUT을 실행하는 PL/SQL 블록을 Stored 프로시저
로 작성합니다※. 마지막에 '프로시저가 생성되었습니다.'라는 메시지가 표시되어 있
습니다. 이제 out_put이라는 Stored 프로시저가 생성되어 Oracle에 저장됩니다.

※ 작성은 Oracle 프로시저를 저장하는 작업이며, 프로그램의 실행은 아닙니다.

```
SQL> CREATE PROCEDURE out_put
  2  IS
  3  BEGIN
  4    DBMS_OUTPUT.PUT_LINE('100');
  5  END;
  6  /

프로시저가 생성되었습니다.
```

## ● Stored 서브 프로그램 실행

Stored 서브 프로그램은 프로그램 이름을 지정한 뒤 실행합니다. 리스트 06-02에서는 PL/SQL 블록에 리스트 06-01에서 작성한 프로시저 out_put을 실행하고 있습니다. '100'이라는 결과와 함께 'PL/SQL 처리가 정상적으로 완료되었습니다.'라는 메시지가 표시되어 있습니다. 이것으로 프로시저가 실행되었음을 알 수 있습니다.

**리스트 06-02** Stored 서브 프로그램 실행 예

```
SQL> BEGIN
  2    out_put;
  3  END;
  4  /
100

PL/SQL 처리가 정상적으로 완료되었습니다.
```

이제 Stored 프로그램을 실행할 수 있게 되었습니다. 그러나 프로시저를 작성하고 등록하는 것만으로는 다른 사용자가 이 프로시저를 실행할 수 없습니다. 다른 사용자가 이 프로시저를 실행하기 위해서는 프로시저를 공유할 필요가 있습니다.

# ● Stored 서브 프로그램 공유화

Stored 서브 프로그램을 복수의 사용자가 공유하는 경우에는 다른 사용자에게 실행 권한을 부여해야만 합니다.

Oracle은 테이블이나 뷰 등의 모든 데이터베이스 오브젝트(Object)를 사용자(User) 단위로 관리합니다. 오브젝트를 다른 사용자와 공유할 경우, 오브젝트를 작성한 사용자가 권한을 부여해야 합니다.

권한은 SELECT 권한과 DELETE 권한 등의 종류가 있고, 오브젝트에 대해 어떤 조작을 허가할지에 대해서도 세밀하게 선택할 수 있습니다. Stored 서브 프로그램을 공유화하는 경우의 권한은 **실행 권한(EXECUTE 권한)**입니다.

---

| 서 식 | 실행 권한 부여 |
| --- | --- |

GRANT EXECUTE ON 〈서브 프로그램명〉 TO 〈사용자명〉;

---

리스트 06-03에서는 프로시저 out_ put의 EXECUTE 권한을 사용자 USR1에 부여합니다.

---

**리스트 06-03** EXECUTE 권한 부여

```
SQL> GRANT EXECUTE ON out_put TO usr1;

권한이 부여되었습니다.
```

---

Stored 서브 프로그램의 실행 권한은 UPDATE 권한과 DELETE 권한 등의 오브젝트 권한과는 달리 조작 범위를 제한할 수 있기 때문에 보안 향상 테크닉으로도 사용됩니다.

예를 들어 그림 06-03과 같이 EMP 테이블의 UPDATE 권한을 부여하는 경우, 권한이 부여된 사용자는 EMP 테이블을 자유로이 갱신할 수 있습니다.

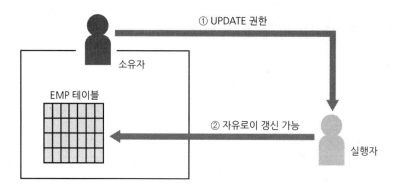

① UPDATE 권한

소유자

EMP 테이블

② 자유로이 갱신 가능

실행자

**그림 06-03** EMP 테이블의 UPDATE 권한 부여

그에 비해 다음 페이지의 그림 06-04과 같이 EMP 테이블을 갱신하는 프로시저의 실행 권한을 부여한 경우, 부여받은 사용자는 EMP 테이블에 대한 처리가 들어간 프로시저로 실행 가능한 갱신 작업만 허용됩니다. 따라서 EMP 테이블에 대한 UPDATE문을 작성하여 직접 자유로이 실행하는 것은 불가능해집니다.

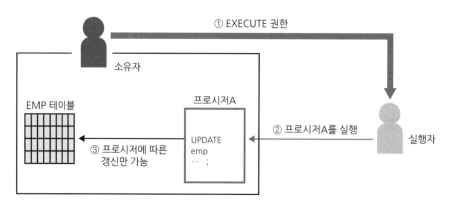

① EXECUTE 권한

소유자

EMP 테이블

프로시저A

UPDATE
emp
… ;

② 프로시저A를 실행

실행자

③ 프로시저에 따른
갱신만 가능

**그림 06-04** 서브 프로그램(프로시저A) EXECUTE 권한 부여

일반적으로 Stored 서브 프로그램은 소유자의 권한으로 실행됩니다. 그러나 Stored 서브 프로그램에 특별한 정의를 함으로써, EXECUTE 권한을 부여 받은 실행자의 권한으로 실행할 수도 있습니다(314쪽 참조).

# ● Stored 서브 프로그램 등록 및 조회

Stored 서브 프로그램을 작성하면 **데이터 딕셔너리**(Data dictionary, Oracle 관리 테이블)에 프로그램 이름과 작성자, 소스 코드 등 프로그램에 관련한 데이터가 자동으로 등록됩니다. 그리고 일단 데이터 딕셔너리에 등록된 Stored 서브 프로그램은 데이터 딕셔너리의 **USER_SOURCE 뷰**에서 정보를 확인할 수 있게 됩니다.

리스트 06-04에서는 USER_SOURCE 뷰를 조회하여 리스트 06-01에서 작성한 프로시저 out_put의 소스 코드를 확인합니다.

**리스트 06-04** 소스 코드 조회

```
SQL> SELECT text FROM user_source
  2  WHERE name = 'OUT_PUT';

TEXT
--------------------------------------------
PROCEDURE out_put
IS
BEGIN
  DBMS_OUTPUT.PUT_LINE('100');
END;
```

## USER_SOURCE 뷰

사용자가 소유한 Stored 오브젝트의 소스 코드를 표시합니다.

**표 06-01** USER_SOURCE 뷰의 주요 컬럼

| 칼럼명 | 개요 |
|--------|------|
| NAME | 오브젝트명 |
| TYPE | 오브젝트 타입(PROCEDURE, FUNCTION 등) |
| LINE | 이 소스의 행 번호 |
| TEXT | 저장된 오브젝트의 소스 코드 |

## ● Stored 서브 프로그램의 디버그

Stored 서브 프로그램 생성 시에 오류가 발생했을 때는 그 원인을 파악하여 수정 (Debug, 디버그)합니다. 우선, 생성에 실패했을 때 어떠한 오류가 리턴되는가를 살펴 보도록 하겠습니다.

리스트 06-05에서는 프로시저 out_put을 생성할 때 '경고: 컴파일 오류와 함께 프 로시저가 생성되었습니다.'라는 메시지가 표시되어 있습니다. 이 메시지는 컴파일에 실패했음을 나타냅니다.

컴파일에 실패한 오브젝트를 실행하면 당연히 오류가 발생하므로 프로시저를 수정하 고 다시 생성해야 합니다.

**리스트 06-05** 컴파일 오류

```
SQL> CREATE OR REPLACE PROCEDURE out_put
  2  IS
  3  BEGIN
  4    DBMS_OUTPUT.PUT_LINE('100')
  5  END;
  6  /

경고: 컴파일 오류와 함께 프로시저가 생성되었습니다.
```

그러나 이러한 경고 메시지만으로는 프로그램의 어디에 문제가 있는지 판단하기 어 렵습니다. 그래서 다음 세 가지 방법으로 오류 내용을 특정한 뒤 소스 코드를 수정합 니다.

- SHOW ERRORS 커맨드에 의한 오류 정보 표시
- USER_ERRORS 뷰의 조회를 통한 오류 정보 표시
- DBMS_OUTPUT을 사용한 디버그

## ● SHOW ERRORS

SQL*Plus를 사용하는 경우에는 **SHOW ERRORS 커맨드**※로 오류 상세 내용을 확인할
수 있습니다.

※ SHOW ERRORS는 'SHO ERR'로 축약할 수 있습니다.

**표 06-02** SHOW ERRORS 커맨드

| 커맨드 | 개요 |
|---|---|
| SHOW ERRORS | 마지막으로 생성 또는 변경된 프로그램의 컴파일 오류를 표시 |
| SHOW ERRORS 〈오브젝트 타입〉 〈이름〉 | 지정한 프로그램의 컴파일 오류를 표시 |

리스트 06-06에서는 리스트 06-05에서 컴파일 오류가 발생한 프로시저 out_put
오류의 상세 내용을 표시합니다.

**리스트 06-06** SHOW ERRORS 커맨드 실행 예

```
SQL> SHOW ERRORS
PROCEDURE OUT_PUT에 대한 오류:

LINE/COL ERROR
-------- -------------------------------------------------------------
5/1      PLS-00103: 심볼 "END"를 만났습니다 다음 중 하나가 기대될 때::=
         . ( % ;
         심볼이 ";" 계속하기 위하여 "END"로 치환되었습니다
```

LINE 컬럼의 숫자 '5'가 오류 발생 원인이 된 행을 나타냅니다. 표시된 숫자는 오류
가 발생한 정확한 행을 나타내지는 않지만, 하나의 기준이 될 것입니다. 다섯 번째
행과 그 앞뒤를 의심해 프로그램을 다시 확인해보겠습니다.

리스트 06-05에서 네 번째 줄의 DBMS_OUTPUT을 실행하는 구문의 마지막에 ';'
을 기술하고 있지 않아 오류가 발생합니다. 거기에 ';'를 추가하여 프로시저 out_put
을 재생성하도록 하겠습니다.

리스트 06-07에서는 프로시저 out_put을 지정하여 오류 상세 내용을 확인합니다.
성공적으로 재생성되었으므로 오류 정보는 표시되지 않습니다.

**리스트 06-07** SHOW ERRORS 커맨드 실행 예

```
SQL> SHOW ERRORS procedure out_put
오류가 없음.
```

## ● USER_ERRORS

데이터 딕셔너리의 USER_ERRORS 뷰를 참조하는 것으로, SHOW ERRORS 커맨드
와 동일한 정보를 얻을 수 있습니다. USER_ERRORS 뷰는 컴파일이 정상적으로 이
루어지면 오류 정보가 자동으로 삭제됩니다.

리스트 06-08에서는 프로시저 out_put의 오류 정보를 USER_ERRORS 뷰를 사용
하여 조회합니다.

**리스트 06-08** USER_ERRORS 뷰 사용 예

```
SQL> SELECT line,text FROM user_errors
  2  WHERE name = 'OUT_PUT';

LINE  TEXT
----  ----------------------------------------------------------------
   5  PLS-00103: 심볼 "END"를 만났습니다 다음 중 하나가 기대될 때::= . ( % ;
심볼이 ";" 계속하기 위하여 "END"로 치환되었습니다
```

## ⬤ DBMS_OUTPUT

Stored 서브 프로그램이 문제없이 컴파일되었다고 해도 프로그램이 의도한 대로 처리 작업을 수행할 수 없다면 아무런 의미가 없습니다. 만약 처리 후의 결과에서 의도한 대로 작업이 수행되지 않은 것으로 나타났을 경우, 프로그램을 수정하고 다시 작성(디버그)해야만 합니다. PL/SQL은 블록 내의 처리 경과를 확인하는 방법으로 DBMS_OUTPUT을 사용합니다.

리스트 06-09에서는 EMP 테이블에서 SAL 컬럼과 COMM 컬럼의 값을 꺼내(❶, ❷, ❸) 두 개의 합산을 총 급여액 total_sal로 출력하는(❷) 프로시저를 작성합니다.

**리스트 06-09** DBMS_OUTPUT 사용 예

```
SQL> CREATE OR REPLACE PROCEDURE debug_test
  2  IS
  3    sal_col    emp.sal%TYPE;
  4    comm_col   emp.comm%TYPE;
  5    total_sal  emp.sal%TYPE;
  6  BEGIN
  7    SELECT sal,comm INTO sal_col,comm_col FROM emp          ❶
                            WHERE empno = 7369;
  9    total_sal :=sal_col + comm_col;
```

```
 10     DBMS_OUTPUT.PUT_LINE(total_sal);  ──────────────────────────── ❷
 11   END;
 12   /
```

프로시저가 생성되었습니다.

여기서는 프로시저가 정상적으로 생성되어 있습니다만, 리스트 06-10에서 프로시저
를 실행하면 아무런 메시지도 표시되지 않습니다(❸).

**리스트 06-10** 프로시저 debug_test 실행

```
SQL> EXECUTE debug_test
                                                                 ──── ❸
PL/SQL 처리가 정상적으로 완료되었습니다.
```

그래서 리스트 06-11에서는 세 개의 변수를 DBMS_OUTPUT을 사용하여 출력해,
대입된 값을 확인할 수 있도록 수정하였습니다.

**리스트 06-11** 변수 값을 출력

```
SQL> CREATE OR REPLACE PROCEDURE debug_test
  2  IS
  3    sal_col   emp.sal%TYPE;
  4    comm_col  emp.comm%TYPE;
  5    total_sal emp.sal%TYPE;
  6  BEGIN
  7    SELECT sal,comm INTO sal_col,comm_col FROM emp
  8                              WHERE empno = 7369;
  9    DBMS_OUTPUT.PUT_LINE('sal_col: '||sal_col);
 10    DBMS_OUTPUT.PUT_LINE('comm_col: '||comm_col);
 11    total_sal := sal_col + comm_col;
 12    DBMS_OUTPUT.PUT_LINE('total_sal: '||total_sal);
 13    DBMS_OUTPUT.PUT_LINE(total_sal);
 14  END;
 15  /
```

프로시저가 생성되었습니다.

리스트 06-11에서 수정한 프로시저를 다음 페이지의 리스트 06-12에서 실행합니다. DBMS_OUTPUT의 출력 값을 살펴보면 변수 comm_col과 변수 total_sal에는 어떠한 값이 저장되어 있지 않고 값이 NULL인 것을 발견할 수 있습니다(❹). 변수 total_sal에는 변수 sal_col과 변수 comm_col의 합계 값이 대입되기 때문에 변수 comm_col 값이 NULL인 경우는 변수 total_sal도 NULL이 되어 버립니다※.

※ NULL 값의 취급에 대해서는 116쪽의 칼럼 'NULL 값에 대하여'를 참조하십시오.

**리스트 06-12** 프로시저 debug_test 실행

```
SQL> EXECUTE debug_test
sal_col: 800
comm_col: ┐
total_sal: ┘                                                    ❹

PL/SQL 처리가 정상적으로 완료되었습니다.
```

이 결과를 확인한 후 리스트 06-13에서는 SELECT INTO문의 COMM 컬럼에 NVL 함수를 사용하여 NULL을 '0'으로 치환합니다(❺).

**리스트 06-13** NVL 함수를 통한 값 변경

```
SQL> CREATE OR REPLACE PROCEDURE debug_test
  2  IS
  3    sal_col    emp.sal%TYPE;
  4    comm_col   emp.comm%TYPE;
  5    total_sal  emp.sal%TYPE;
  6  BEGIN
  7    SELECT sal,NVL(comm,0) INTO sal_col,comm_col FROM emp ────❺
  8                                    WHERE empno = 7369;
  9      total_sal :=sal_col + comm_col;
 10      DBMS_OUTPUT.PUT_LINE(total_sal);
 11  END;
 12  /

프로시저가 생성되었습니다.
```

리스트 06-14에서는 수정한 프로시저 debug_test를 실행합니다. 이번에는 의도한 대로의 결과가 표시됩니다.

**리스트 06-14** 프로시저의 실행

```
SQL> EXECUTE debug_test
800

PL/SQL 처리가 정상적으로 완료되었습니다.
```

---

**NULL 값에 대하여**  COLUMN

**NULL 값**이란 '데이터 누락'을 의미합니다. NULL 값을 포함한 산술식은 반드시 NULL로 계산되기 때문에 다루는데 주의가 필요합니다. 예를 들어, **리스트 06-15**의 변수 var1은 초기값이 설정되어 있지 않기 때문에 NULL 값입니다(❶). 이 변수를 계산에 포함한 조건식(var1 + 10 = 10)을 지정하고 있습니다만(❷), THEN 다음의 처리는 수행되지 않습니다. NULL 값은 '0' 값과는 달리, 값 자체가 존재하지 않는 상태이기 때문에 계산식에 NULL을 포함하면 결과는 모두 NULL이 됩니다.

**리스트 06-15** NULL 값의 계산 결과

```
SQL> DECLARE
  2    var1 NUMBER(1); ──────────────────────────────❶
  3  BEGIN
  4    IF var1 + 10 = 10 THEN ──────────────────────❷
  5      DBMS_OUTPUT.PUT_LINE(var1);
  6    END IF;
  7  END;
  8  /

PL/SQL 처리가 정상적으로 완료되었습니다.
```

NULL 값을 포함하는 계산식에서도 NULL 값을 포함하지 않는 경우와 동일하게 계산 처리를 수행하고 싶은 경우가 있습니다. 그때는 변수에 값을 대입하거나, **리스트 06-13**처럼 **NVL 함수**나 **REPLACE 함수** 등의 치환 변수를 사용하여 NULL 값을 일반 데이터로 변환해야만 합니다.

## ● 정리

### ● Stored 서브 프로그램의 장점

- 공유 사용에 의한 생산성 향상
- 성능 향상
- 메모리 영역 절약
- 네트워크 전송량 감소

### ● Stored 서브 프로그램 공유화

Stored 서브 프로그램은 작성한 사용자가 실행 권한(EXECUTE 권한)을 다른 사용자에게 부여하여 공유할 수 있습니다.

### ● Stored 서브 프로그램 등록과 조회

Stored 서브 프로그램을 생성하면 데이터 딕셔너리(Data dictionary)에 해당 소스 코드가 등록됩니다. 따라서 데이터 딕셔너리의 USER_SOURCE 뷰에서 소스 코드 등의 정보를 조회할 수 있게 됩니다.

### ● Stored 서브 프로그램 디버그

Stored 서브 프로그램의 작성 시의 디버그

- SHOW ERRORS 커맨드 실행
- USER_ERRORS 뷰 조회

Stored 서브 프로그램 작성 후의 디버그

- DBMS_OUTPUT 패키지를 사용한 값 조회

자, 이것으로 Stored 서브 프로그램의 기초는 확실히 습득하셨으리라 생각됩니다. 다음 장부터는 드디어 프로시저와 함수에 대한 자세한 설명에 들어갑니다. PL/SQL 에서는 매우 중요한 기능이므로 제대로 습득할 수 있도록 합시다.

# 프로시저와 함수

Stored 서브 프로그램에는 Stored **프로시저**(Procedure, 이후 프로시저)와 Stored **함수** (Function, 이후 모두 함수라 함)라는 두 종류의 프로그램이 있다는 것은 앞 장에서 조금 설명했습니다. 모두 Oracle에 저장된 PL/SQL 프로그램인 것은 맞지만, 각각 다른 특징을 가지고 있습니다.

이번 장에서는 프로시저와 함수의 작성 방법과 각각의 기능의 차이에 대해 설명하려고 합니다. 실제로 프로그램을 실행해 가면서 읽으셔야 확실히 이해하실 수 있을 것입니다. 또한, 이번 장의 마지막에서 여러 개의 프로그램 간에 상호 관계가 있을 때, 그 관계성을 관리하는 방법에 대해서도 설명할 것입니다.

우선은 프로시저부터 설명하도록 하겠습니다. 여기서 중요한 점은 작성 방법만 이해하는 것이 아니라, 실제 사용 장면을 생각하면서 그 특징을 이해하는 것입니다. 반드시 실제로 사용할 수 있는 힘을 기를 수 있도록 합시다.

## ● 프로시저 작성

**프로시저**란 특정 처리 작업을 실행하기 위한 Stored **서브 프로그램**입니다. 함수와의 차이는 뒤에서 다시 설명할 것이므로 현시점에서는 PL/SQL 블록에 이름을 붙여 Oracle에 저장한 프로그램으로 이해하도록 하겠습니다.

### ● 프로시저의 구성 요소

프로시저는 **정의부**와 **본체**의 두 부분으로 구성되어 있습니다. 정의부에는 프로시저의 **호출에 필요한 모든 정보**를 작성하고, 본체에는 **처리 내용**을 작성합니다.

**프로시저 작성**

```
CREATE [ OR REPLACE ] PROCEDURE 〈프로시저명〉      } 정의부
{ IS | AS }
  〈선언부〉
BEGIN
  〈실행부〉                                          본체
[ EXCEPTION
  〈예외 처리부〉 ]
END [ 〈프로시저명〉 ];
```

## ⬤ 정의부

정의부는 다음의 항목으로 정의합니다.

**표 07-01** 정의부의 정의 항목

| 항목 | 개요 |
|---|---|
| 프로시저명 | PROCEDURE 키워드 뒤에 원하는 이름을 지정 |
| OR REPLACE 옵션(생략 가능) | 동일한 이름의 프로시저가 이미 생성된 경우, 덮어쓰기 (Overwrite)로 생성 |

## ⬤ 본체

프로시저도 이름 없는 PL/SQL 블록과 동일하게 **선언부, 실행부, 예외 처리부**로 구성됩니다. 하지만 다음에 언급하는 사항들은 이름 없는 PL/SQL과 다르므로 주의하시기 바랍니다.

- 선언부는 DECLARE 대신 **IS** 또는 **AS**※로 시작한다
- 선언부가 필요하지 않더라도 IS나 AS는 생략할 수 없다

※ IS와 AS의 사용에 차이는 없습니다. 어느 쪽으로도 지정이 가능합니다.

다음의 리스트 07-01에서는 pro_sample 이라는 프로시저를 작성합니다. IS 밑, 본

체의 선언부에 DECLARE절이 없다는 것에 주의하십시오.

또한, END절 뒤에서 프로시저명을 지정합니다(❶). 이 지정은 필수는 아니지만 '프로시저 pro_sample은 여기까지'라는 것을 명시적으로 표시하는 주석과 같은 역할을 합니다.

**리스트 07-01** 프로시저 작성 예

```
SQL> CREATE OR REPLACE PROCEDURE pro_sample
  2  IS
  3     no NUMBER := 10;
  4  BEGIN
  5     no := no + 100;
  6     DBMS_OUTPUT.PUT_LINE(no);
  7  END pro_sample; ─────────────────────────────────── ❶
  8  /

프로시저가 생성되었습니다.
```

## ● 프로시저 실행

그러면 작성한 프로시저를 실행해보겠습니다. 프로시저를 실행하는 방법은 실행 형태에 따라 다릅니다. 실행 형태별로 각각의 방법을 설명하겠습니다.

### ● PL/SQL 블록에서 프로시저를 실행

PL/SQL 블록에서 프로시저를 실행하는 경우에는 실행부에서 직접 프로시저명을 지정하여 실행합니다. 물론 다른 프로시저에서 실행하는 것도 가능합니다.

**서식** 프로시저 실행

```
BEGIN
  〈프로시저명〉;
END;
```

## ● SQL*Plus에서 프로시저를 실행

SQL*Plus에서 프로시저를 실행하는 경우에는 EXECUTE 커맨드※를 사용합니다.

※ EXECUTE 커맨드는 'EXEC'로 축약할 수 있습니다.

| 서 식 | 프로시저 실행 |
| --- | --- |

EXECUTE 〈프로시저명〉

리스트 07-02에서는 리스트 07-01에서 작성한 프로시저 pro_sample을 SQL* Plus에서 실행합니다.

**리스트 07-02** SQL*Plus에서의 프로시저 실행

```
SQL> EXECUTE pro_sample
110

PL/SQL 처리가 정상적으로 완료되었습니다.
```

## ● 파라미터의 개념

커서 처리※는 파라미터를 이용해서 프로그램의 범용성을 끌어올릴 수 있었습니다. 프로시저도 파라미터를 사용하여 프로그램 실행 시에 다른 프로그램에 값을 전달하는 것이 가능합니다(그림 07-01).

※ 커서 처리에서 파라미터를 사용하는 방법은 68쪽을 참조하십시오.

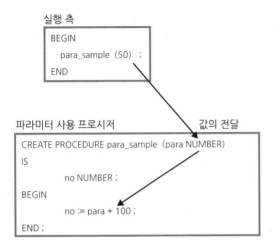

실행 측

```
BEGIN
    para_sample (50) ;
END
```

파라미터 사용 프로시저                                    값의 전달

```
CREATE PROCEDURE para_sample (para NUMBER)
IS
         no NUMBER ;
BEGIN
         no := para + 100 ;
END ;
```

**그림 07-01** 파라미터의 개념

리스트 07-03에서는 그림 07-01의 프로시저 para_sample을 실제로 작성합니다. 프로시저에는 para라는 파라미터 한 개를 준비합니다(❶). 파라미터의 상세한 지정 방법은 뒤에서 설명할 것이므로 우선은 프로시저 para_sample 실행 결과(리스트 07-04)를 확인하시기 바랍니다. 리스트 07-04에서는 프로시저 para_sample 실행 시에 파라미터에 '50'을 전달합니다(❷).

프로시저 para_sample 내의 파라미터 para에 전달된 값에 '100'을 더하고 있기 때문에 DBMS_OUTPUT의 출력 결과가 '150'으로 되어 있는 것을 확인할 수 있습니다.

**리스트 07-03** 프로시저 para_sample 작성

```
SQL> CREATE OR REPLACE PROCEDURE para_sample(para NUMBER) ──────❶
  2  IS
  3    no NUMBER;
  4  BEGIN
  5    no := para + 100;
  6    DBMS_OUTPUT.PUT_LINE(no);
  7  END;
  8  /

프로시저가 생성되었습니다.
```

```
SQL> EXECUTE para_sample(50) ─────────────────────────────────❷
150

PL/SQL 처리가 정상적으로 완료되었습니다.
```

## ● 파라미터 지정 방법

프로시저에서 파라미터를 지정하려면, 우선 정의부에서 프로시저명 뒤에 '()'로 지정하고 그 안에 **파라미터명**과 **그 파라미터의 데이터 타입**을 정의합니다*. 다음에 파라미터명과 데이터 타입 사이에 **파라미터 모드**를 지정합니다**.

※ 파라미터의 데이터 타입에는 자릿수나 NOT NULL 제약을 지정할 수 없습니다.
※※ 세 개의 파라미터 모드(IN, OUT IN OUT) 중 하나를 선택합니다(129~130쪽 참조).

또한, 파라미터는 다음과 같은 특징이 있습니다.

- 콤마(,)로 구분하여 복수의 파라미터를 지정할 수 있음
- 파라미터에 기본(Default)값을 지정할 수 있음
- 파라미터의 데이터 타입에 레코드 타입과 컬렉션 데이터 타입을 지정할 수 있음

---

**서식** **파라미터 설정**

```
CREATE [ OR REPLACE ] PROCEDURE 〈프로시저명〉
 [ ( 〈파라미터명〉 { IN | OUT | IN OUT } 〈데이터 타입〉
  [ { := | DEFAULT } 〈기본값〉 ]
 [ ,〈파라미터명〉 { IN | OUT | IN OUT } 〈데이터 타입〉
  [ { := | DEFAULT } 〈기본값〉··· ] ) ]
{ IS | AS }
···
END [ 〈프로시저명〉 ] ;
```

※ 디폴트 파라미터 모드 IN을 사용하는 경우, 모드의 지정을 생략할 수 있습니다.

## ● 파라미터 종류

파라미터 사용 커서(68쪽 참조)에서 설명한 바와 같이, 파라미터는 **형식 파라미터**(formal parameter)나 **실제 파라미터**(actual parameter)와 같이 두 종류로 나눌 수 있습니다.

**표 07-02** 파라미터 종류

| 종류 | 개요 |
|------|------|
| 형식 파라미터 (formal parameter) | 정의부에서 선언되어 서브 프로그램 본체에서 참조되는 변수 |
| 실제 파라미터 (actual parameter) | 실행 시에 전달되는 값, 변수 또는 식 |

형식 파라미터와 실제 파라미터의 구체적인 차이를 리스트 07-05을 보면서 설명하겠습니다. 리스트 07-05에서는 삼각형의 면적을 계산하는 프로시저 triangle을 작성하고 있습니다. 이 프로시저에는 base(밑변)와 height(높이)의 두 개의 파라미터가 정의되어 있습니다(❶). 이 두 개의 파라미터가 바로 **형식 파라미터**입니다. 그리고 이 프로시저가 실행될 때 파라미터 base에 '10', 파라미터 height에 '20'의 값을 전달합니다(❷). 여기에서 전달되는 값이 **실제 파라미터**입니다.

**리스트 07-05** 삼각형의 면적을 계산하는 프로시저

```
SQL> CREATE OR REPLACE PROCEDURE triangle(base NUMBER,height NUMBER)──❶
  2  IS
  3    area NUMBER;
  4  BEGIN
  5    area := (base * height)/2;
  6    DBMS_OUTPUT.PUT_LINE(area);
  7  END;
  8  /

프로시저가 생성되었습니다.

SQL>
```

```
SQL> EXECUTE triangle(10,20) ─────────────────────────── ❷
100

PL/SQL 처리가 정상적으로 완료되었습니다.
```

또한, 실제 파라미터에는 리스트 07-06과 같이 변수도 지정할 수 있습니다(❸).

**리스트 07-06** 실제 파라미터에 변수를 지정

```
SQL> DECLARE
  2    no1 NUMBER := 10;
  3    no2 NUMBER := 20;
  4  BEGIN
  5    triangle(no1,no2); ─────────────────────────── ❸
  6  END;
  7  /
100

PL/SQL 처리가 정상적으로 완료되었습니다.
```

## ⬤ 파라미터의 기본값

형식 파라미터는 미리 기본(Default)값을 설정할 수 있습니다. 프로시저를 실행할 때 파라미터에 값을 지정하지 않는 경우에는 사전에 설정한 기본값이 사용됩니다.

파라미터에 기본값을 설정하려면 형식 파라미터를 정의할 때 DEFAULT 키워드를 지정합니다. 다음 페이지의 리스트 07-07에서는 두 개의 형식 파라미터에 기본값을 설정합니다.

**리스트 07-07** 형식 파라미터의 기본값 설정 예

```
SQL> CREATE OR REPLACE PROCEDURE triangle(base NUMBER DEFAULT 10,
  2                                        height NUMBER DEFAULT 20)
  3  IS
```

```
 4    area NUMBER;
 5  BEGIN
 6    area := (base * height)/2;
 7    DBMS_OUTPUT.PUT_LINE(area);
 8  END;
 9  /

프로시저가 생성되었습니다.
```

리스트 07-07과 같이 파라미터에 기본값을 설정한 경우, 해당 기본값을 사용하려면 실제 파라미터 값을 지정하지 않고 실행합니다※.

리스트 07-08에서는 리스트 07-07에서 만든 프로시저 **triangle**을 실행하고 있습니다만, 첫 번째의 실행 예에서는 실제 파라미터를 지정하지 않기 때문에 파라미터는 두 개 모두 기본값을 사용하고 있습니다(❶). 두 번째 실행 예에서는 파라미터 **base**는 '15', 파라미터 **height**는 기본값을 사용합니다(❷).

※ 기본값이 설정되어 있지 않은 파라미터에 대해서 실제 파라미터를 생략하면 오류가 발생합니다.

**리스트 07-08** **기본값의 활용 예**

```
SQL> EXECUTE triangle ─────────────────────────────────❶
100

PL/SQL 처리가 정상적으로 완료되었습니다.

SQL>
SQL> EXECUTE triangle(15) ────────────────────────────❷
150

PL/SQL 처리가 정상적으로 완료되었습니다.
```

## ● 실제 파라미터의 설정 방법

실제 파라미터를 지정하는 방법에는 다음 세 종류가 있습니다.

**표 07-03** 실제 파라미터의 설정 방법

| 설정 방법 | 개요 |
|---|---|
| 위치 표기법 | 형식 파라미터의 순서와 실제 파라미터의 순서를 대응시키는 방법 |
| 이름 표기법 | 화살표(=>)를 사용하여 형식 파라미터와 실제 파라미터를 대응시키는 방법 |
| 혼합 표기법 | 처음에는 위치 표기법으로 지정하고, 남은 파라미터를 이름 표기법으로 지정하는 방법 |

여러 개의 파라미터 대부분을 기본값 그대로 실행하려는 경우에는 **이름 표기법**을 사용하면 기본값이 설정되지 않은 파라미터만을 지정할 수 있으므로 편리합니다.

또한, 필수 파라미터 뒤에 옵션(option) 파라미터가 계속되는 경우에는 **혼합 표기법**을 사용하면 옵션을 지정할 때만 파라미터를 지정할 수 있습니다.

이와 같이 실제 파라미터의 설정 방법의 특징을 알아두면 상황에 따라 적절한 방법으로 파라미터를 설정할 수 있습니다. 각각의 특징을 기억해두시기 바랍니다.

다음부터는 각각의 설정 방법을 설명하겠습니다.

### ● 위치 표기법에 따른 실제 파라미터 지정

리스트 07-09에서는 프로시저 triangle에 **위치 표기법**으로 실제 파라미터를 지정합니다. 위치 표기법은 작성 시에 정의한 형식 파라미터의 순서(base, height)로 실제 파라미터를 지정하기 때문에 형식 파라미터가 어떤 순서로 정의되어 있는지를 파악해둘 필요가 있습니다[※].

※ 파라미터 정보 확인 방법은 133쪽을 참조하십시오.

**리스트 07-09** 위치 표기법에 따른 실제 파라미터의 지정 예

```
SQL> EXECUTE triangle(10,20)
100

PL/SQL 처리가 정상적으로 완료되었습니다.
```

● 이름 표기법에 따른 실제 파라미터 지정

다음 페이지의 리스트 07-10에서는 **이름 표기법**으로 프로시저 triangle에 실제 파라미터를 지정합니다. 이름 표기법에서는 형식 파라미터를 직접 지정하므로 형식 파라미터의 순서를 고려할 필요는 없습니다.

**리스트 07-10** 이름 표기법에 따른 실제 파라미터 지정 예

```
SQL> EXECUTE triangle(height=>20,base=>10)
100

PL/SQL 처리가 정상적으로 완료되었습니다.
```

● 혼합 표기법에 따른 실제 파라미터 지정

리스트 07-11에서 파라미터 base는 위치 표기법을, 파라미터 height는 이름 표기법을 사용하여 실제 파라미터를 지정합니다.

**리스트 07-11** 혼합 표기법에 따른 실제 파라미터 지정 예

```
SQL> EXECUTE triangle(10,height=>20)
100

PL/SQL 처리가 정상적으로 완료되었습니다.
```

## ⬤ 파라미터의 모드

형식 파라미터에는 값을 받아들이는 **IN 모드**, 값을 리턴하는 **OUT 모드**, 그리고 IN과 OUT을 한 개의 파라미터로 수행하는 **IN OUT 모드**, 이렇게 세 개의 모드(mode)가 있습니다.

표 07-04 파라미터의 모드

| 모드(mode) | 개요 |
| --- | --- |
| IN | 호출한 쪽에서 값을 받는다(디폴트) |
| OUT | 호출한 쪽에 값을 리턴 |
| IN OUT | 호출한 쪽에서 값을 받고, 다시 호출한 쪽에 값을 리턴 |

그림 07-02 파라미터의 모드

● IN 모드

기본 모드로써 모드가 지정되지 않은 파라미터는 IN 모드입니다. 지금까지 보여온 예제의 파라미터가 모두 IN 모드입니다.

● OUT 모드

OUT 모드의 파라미터는 프로그램이 종료한 시점에서 파라미터에 대입되는 값을 호출한 쪽 프로그램으로 리턴합니다.

리스트 07-12에서는 파라미터 base와 파라미터 height는 IN 모드, 파라미터 area는 OUT 모드로 사용하고 있습니다(❶). 실행부를 확인하면 파라미터 area에 계산결과가 대입되어 있습니다(❷).

이처럼 OUT 모드의 파라미터는 변수와 같이 값을 대입하는 것이 가능합니다. 그리고 프로그램 종료 시에 OUT 모드의 파라미터에 대입된 값을 리턴합니다. 또한, IN 모드의 파라미터는 프로그램 내에서 **상수**로 취급되기 때문에 값을 대입할 수 없습니다.

OUT 모드의 설정 예

```
SQL> CREATE OR REPLACE PROCEDURE triangle(
  2                    base   IN  NUMBER DEFAULT 10,
  3                    height IN  NUMBER DEFAULT 20,
  4                    area   OUT NUMBER) ─────────────────────①
  5  IS
  6  BEGIN
  7    area := (base * height)/2; ──────────────────────────②
  8  END;
  9  /

프로시저가 생성되었습니다.
```

다음 페이지의 리스트 07-13에서는 리스트 07-12에서 만든 프로시저 **triangle**을 실행합니다. 프로시저 **triangle**에서는 OUT 모드로 리턴되는 값이 있기 때문에 그것을 대입하기 위한 변수 **var**를 정의하고, 실행 시에 파라미터로 설정할 필요가 있습니다 (**③**). DBMS_OUTPUT의 출력 결과를 보면 변수 **var**에 OUT 모드의 리턴 값 '300' 이 대입되어 있는 것을 알 수 있습니다.

**리스트 07-13** OUT 모드의 실행 예

```
SQL> DECLARE
  2    var NUMBER;
  3  BEGIN
  4    triangle(20,30,var); ──────────────────────────────③
  5    DBMS_OUTPUT.PUT_LINE(var);
  6  END;
  7  /
300

PL/SQL 처리가 정상적으로 완료되었습니다.
```

● **IN OUT 모드**

**IN OUT 모드**는 한 개의 파라미터로 IN과 OUT의 양쪽의 역할을 수행합니다. 리스트 07-14의 파라미터 **no**는 IN OUT 모드로 작성되어 있습니다(**①**). 실행부에서는 파라미터 no에 IN **모드**로 전달된 값에 '100'을 더하고, 그것을 다시 파라미터 no에 대입하고 있습니다. 이 프로그램이 종료한 시점에서 파라미터 no에 대입되어 있는 값이 OUT **모드**로 실행한 쪽에 반환됩니다.

**리스트 07-14** IN OUT 모드의 설정 예

```
SQL> CREATE OR REPLACE PROCEDURE inout_sample(no IN OUT NUMBER) ————❶
  2  IS
  3  BEGIN
  4    no := no + 100;
  5  END;
  6  /

프로시저가 생성되었습니다.
```

다음 페이지의 리스트 07-15에서는 리스트 07-14에서 작성한 프로시저 inout_sample을 실행하고 있습니다. 변수 var에 '100'을 대입한 후 IN **모드의 실제 파라미터**로 지정합니다(❷). 변수 var에는 프로시저 inout_sample 실행 후의 파라미터 no 값이 OUT **모드**에서 리턴되는 것을 DBMS_OUTPUT의 출력에서 확인할 수 있습니다(❸).

**리스트 07-15** IN OUT 모드의 실행 예

```
SQL> DECLARE
  2    var NUMBER;
  3  BEGIN
  4    var := 100;
  5    inout_sample(var); ————————————————————————————————❷
  6    DBMS_OUTPUT.PUT_LINE(var);
  7  END;
  8  /
200 ——————————————————————————————————————————————————————❸

PL/SQL 처리가 정상적으로 완료되었습니다.
```

지금까지 파라미터를 어떻게 설정해야 하는가에 대해서 설명했습니다. 이제 스스로 실제 프로시저를 작성하고 실행하는 쪽의 프로그램을 작성하는 경우는 문제없이 수행할 수 있을 거라고 생각합니다.

그러나 프로시저를 다른 누군가가 만들고 있는 경우는 어떻게 해아 할까요? 실행하고 싶은 프로시저에 설정되어 있는 파라미터를 알지 못하면 실제 파라미터로 전달할 값의 수와 데이터 타입을 판단할 수가 없습니다. 그래서 지금부터는 실행하려는 프로시저에 어떤 파라미터가 설정되어 있는지 확인하는 방법을 설명하겠습니다.

## ● 파라미터 정보 확인

데이터 딕셔너리의 **USER_ARGUMENTS 뷰**※를 참조하여, 서브 프로그램 내의 파라미터 정보를 얻을 수 있습니다. 리스트 07-16에서는 리스트 07-12에서 만든 프로시저 triangle의 파라미터 정의를 참조합니다.

※ Oracle 12c R12.1 버전에서는 USER_ARGUMENTS 뷰에있는 **DEFAULT_VALUE 컬럼**이 사용되지 않습니다. 따라서 파라미터의 기본값으로 무엇이 설정되어 있는지를 참조할 수 없습니다.

**리스트 07-16** 파라미터 정보 확인

```
SQL> SELECT argument_name,data_type,in_out,position
  2  FROM  USER_ARGUMENTS
  3  WHERE object_name = 'TRIANGLE'
  4  ORDER BY 4;

ARGUMENT_N DATA_TYPE  IN_OUT     POSITION
---------- ---------- ---------- ----------
BASE       NUMBER     IN                  1
HEIGHT     NUMBER     IN                  2
AREA       NUMBER     OUT                 3
```

프로시저 또는 함수의 파라미터 정보를 표시합니다.

**표 07-05** USER_ARGUMENTS 뷰의 주요 컬럼

| 컬럼명 | 개요 |
|---|---|
| OBJECT_NAME | 프로시저 또는 함수명 |
| ARGUMENT_NAME | 파라미터명 |
| IN_OUT | 파라미터의 모드(IN, OUT, IN/OUT) |
| POSITION | 파라미터 리스트 내의 위치, 함수 리턴 값의 경우는 NULL |

또한 SQL*Plus의 DESCRIBE 명령※으로도 파라미터 정의를 확인할 수 있습니다.

※ 형식 파라미터에 기본값이 설정되어있는 경우 Default 컬럼에 'DEFAULT'라는 값이 표시됩니다.

**리스트 07-17** DESCRIBE 명령 실행 예

```
SQL> DESCRIBE triangle
PROCEDURE triangle
 인수명      유형                        내부/외부   기본?
 ---------  ----------------------      --------    --------
 BASE        NUMBER                      IN          DEFAULT
 HEIGHT      NUMBER                      IN          DEFAULT
 AREA        NUMBER                      OUT
```

# 함수 작성

**함수**는 값을 계산하고 처리한 다음, 결과를 한 개만 리턴하는 서브 프로그램입니다. 다음 페이지의 리스트 07-18에서는 함수의 일종인 SYSDATE 함수와 LENGTHB 함수를 SQL문에서 사용합니다. 이런 함수는 Oracle에 의해 사전에 준비되어 있으며, 내장

함수 또는 SQL 함수※라고 합니다.

이렇게 사전 정의된 함수는 그 내부적인 구조(예를 들어, SYSDATE 함수가 어떻게 작성되었는지 등)를 몰라도 함수의 역할만 이해하면 SQL에서 쉽게 사용할 수 있습니다.

※ 내장 함수의 상세 내용은 'SQL language reference' 매뉴얼(11g 이상) 또는 'SQL Reference'(10g R2 이전)의 'Function' 항목을 참조하십시오.

**리스트 07-18** 내장 함수의 실행 예

```
SQL> SELECT sysdate FROM dual;

SYSDATE
---------
15/02/22

SQL> SELECT LENGTHB('어시스트') FROM dual;

LENGTHB('어시스트')
-------------------
                  8
```

이와 같이 편리한 SQL 함수는 많이 준비되어 있습니다만, 우리도 거기에 독자적인 기능을 더한 오리지널 함수를 작성할 수 있습니다. 우선, 구체적인 작성 방법에 들어가기 앞서 함수와 프로시저의 가장 큰 차이를 명확히 구분 짓겠습니다.

### ● 함수는 SQL문에서 실행 가능하다

프로시저는 SQL문 내에서 실행할 수 없지만, 함수는 일반 SQL 함수와 마찬가지로 **SQL문에서 실행할 수 있습니다.** 이 가장 큰 차이점을 의식하면서 함수를 작성해보겠습니다.

### ● 함수의 구성 요소

함수는 프로시저와 동일하게 **정의부**와 **본체**로 구성되어 있으며, 함수는 반드시 실행 쪽에 하나의 값을 리턴해야 하기 때문에 RETURN절과 RETURN문을 작성할 필요가 있습니다.

표 07 - 06 RETURN절과 RETURN문

| 종류 | 개요 |
|---|---|
| RETURN절[RETURN〈데이터 타입〉] | 함수에서 리턴할 값의 데이터 타입을 정의부에서 정의 |
| RETURN문[RETURN(〈리턴 값〉)] | 함수에서 리턴할 값을 본체에서 정의 |

서 식 **함수 작성**

```
CREATE [ OR REPLACE ] FUNCTION 〈함수명〉
  [ ( 〈파라미터명〉 [ IN ] 〈데이터 타입〉
    [ { := | DEFAULT } 〈기본값〉 ]
    [ ,〈파라미터명〉 [ IN ] 〈데이터 타입〉          정의부
      [ { := | DEFAULT } 〈기본값〉 ] · · · ] ) ]
RETURN 〈데이터 타입〉
{ IS | AS }
  〈선언부〉
BEGIN
  〈실행부〉                                        본체
  RETURN ( 〈리턴값〉 );
[ EXCEPTION
  〈예외 처리〉]
END [ 〈함수명〉 ];
```

## ● 정의부

정의부에서는 다음 항목을 정의합니다.

표 07 - 07 정의부의 정의 항목

| 항목 | 개요 |
|---|---|
| 함수명 | FUNCTION 키워드의 뒤에 원하는 이름을 지정 |
| OR REPLACE 옵션 (생략 가능) | 동일한 명칭의 함수가 작성되어 있는 경우, 덮어쓰기(Overwrite)로 작성함 |
| 파라미터(생략 가능) | 실행하는 쪽에서 값을 받아들이기 위해서 사용 |

표 07-07 정의부의 정의 항목(계속)

| 항목 | 개요 |
|---|---|
| RETURN절 | 리턴 값의 데이터 타입을 지정. 데이터 길이, 소수점 등의 지정은 할 수 없음 |

## ● 본체

함수도 이름 없는 PL/SQL 블록이나 프로시저처럼 **선언부, 실행부, 예외 처리부**로 구성되어 있습니다. 그러나 함수는 RETURN문의 리턴 값을 결정하기 위해 일련의 처리를 작성할 필요가 있습니다. 리스트 07-19는 프로시저의 예로써 설명했던 프로시저 triangle(리스트 07-07)과 동일한 프로그램을 함수 triangle2로 작성하고 있습니다. 리턴 값은 수치 데이터이므로 정의부의 **RETURN절**에서 NUMBER 타입을 지정합니다(❶). 본체에서는 실제로 반환하는 값을 **RETURN문**※에 지정합니다. 여기서는 RETURN문 내에서 계산을 직접 수행하고, 그 결과를 리턴 값으로 지정합니다(❷).

※ RETURN문이 실행되면 함수는 즉시 종료됩니다.

**리스트 07-19** 함수의 작성 예

```
SQL> CREATE OR REPLACE FUNCTION triangle2(
  2    base IN NUMBER DEFAULT 10, height IN NUMBER DEFAULT 20)
  3  RETURN NUMBER ──────────────────────────────────────────❶
  4  IS
  5  BEGIN
  6    RETURN((base * height)/2); ──────────────────────────❷
  7  END;
  8  /

함수가 생성되었습니다.
```

## ● 함수 실행

그러면 위에서 작성한 함수를 실행해보겠습니다. 리스트 07-20에서는 작성한 함수 triangle2를 실행하고 있습니다. 함수에서는 반드시 한 개의 값이 리턴되므로 리턴 값을 받기 위한 변수 var가 필요합니다(❶).

**리스트 07-20** 함수의 실행 예

```
SQL> DECLARE
  2    var NUMBER;
  3  BEGIN
  4    var := triangle2(30,50); ──────────────────────❶
  5    DBMS_OUTPUT.PUT_LINE(var);
  6  END;
  7  /
750

PL/SQL 처리가 정상적으로 완료되었습니다.
```

함수의 특징으로서 SQL문에서 직접 사용이 가능하다는 장점이 있었습니다. 리스트 07-21에서는 SELECT문에서 함수 triangle2를 사용하고 있습니다.

**리스트 07-21** SQL문에서 함수를 사용

```
SQL> SELECT triangle2(30,50) FROM dual;

TRIANGLE2(30,50)
----------------
             750
```

## ● RETURN문의 주의 사항

RETURN문이 실행되면 함수는 즉시 종료됩니다. 따라서 RETURN문은 실행부의 마지막에 작성하도록 합니다. 또한, RETURN문이 처리되지 않을 가능성이 있는 코드 작성은 하지 말기를 권합니다.

예를 들면 리스트 07-22에서는 CASE문에서 여러 개의 RETURN문을 기술하고 있
는데(❶) CASE문의 조건이 충족되지 않은 경우, 이 RETURN문은 처리되지 않습
니다.

**리스트 07-22** 잘못된 RETURN문 지정 예

```
SQL> CREATE OR REPLACE FUNCTION f_return1(var1 VARCHAR2)
  2   RETURN NUMBER
  3   IS
  4   BEGIN
  5     CASE var1
  6       WHEN 'A' THEN RETURN(1); ┐
  7       WHEN 'B' THEN RETURN(2); ┘                              ❶
  8       ELSE NULL;
  9     END CASE;
 10   END;
 11   /

함수가 생성되었습니다.
```

따라서 다음 페이지의 리스트 07-23처럼 RETURN문 처리가 실행되지 않고 함수가
종료되는 경우는 **실행 시에 오류가 발생**합니다(❷).

**리스트 07-23** 함수 실행 오류

```
SQL> SELECT f_return1('A') FROM dual;

F_RETURN1('A')
--------------
             1

SQL>
SQL> SELECT f_return1('D') FROM dual;
SELECT f_return1('D') FROM dual
       *
```

리스트 07-22을 반드시 RETURN문이 실행되도록 수정한 것이 리스트 07-24입니다. 리턴하고 싶은 값을 일단 변수 return_val에 대입하고, 실행부의 마지막에 작성된 RETURN문에서 변수 return_val을 리턴합니다(❸).

**리스트 07-24** RETURN문의 사용 예

```
SQL> CREATE OR REPLACE FUNCTION f_return1(var1 VARCHAR2)
  2  RETURN NUMBER
  3  IS
  4    return_val NUMBER;
  5  BEGIN
  6    CASE var1
  7      WHEN 'A' THEN return_val := 1;
  8      WHEN 'B' THEN return_val := 2;
  9      ELSE NULL;
 10    END CASE;
 11    RETURN(return_val); ————————————————————————————————————  ❸
 12  END;
 13  /

함수가 생성되었습니다.
```

이걸로 이 함수는 정상적으로 실행되었습니다. 함수를 만들 때는 이렇게 RETURN문이 반드시 실행되는지 그 여부를 확인하십시오.

# ● SQL문에서 함수를 사용할 경우의 제한

함수의 중요한 장점으로 SQL문에서 사용 가능한 점을 설명했습니다. 그러나 함수의 작성 방법에 따라서 SQL문에서 사용하지 못하는 경우도 있습니다.

## ● 파라미터 모드에서 OUT, IN OUT 모드를 사용하는 함수

함수의 파라미터에 OUT, IN OUT 모드를 사용해서는 안됩니다. 함수는 '한 개의 값을 반환'하는 것이 목적이며, 그 값은 RETURN문으로 반환합니다※. 그러나 OUT, IN OUT 모드를 사용하면 복수의 값을 실행 측에 반환하게 되므로 SQL문에서는 사용할 수 없습니다.

※ 함수는 값을 RETURN문으로 반환합니다. 만약 복수의 값을 반환하는 프로그램을 작성하는 경우에는 OUT 모드를 프로시저로 지정해야 합니다.

## ● 형식 파라미터(formal parameter), RETURN절의 데이터 타입에 PL/SQL에서만 사용할 수 있는 데이터 타입을 사용하는 함수

BOOLEAN 타입과 같은 SQL문에서 사용되지 않는 데이터 타입을 반환하는 경우, 그 함수는 SQL문에서 사용할 수 없습니다.

## ● COMMIT, ROLLBACK, DDL 처리를 수행하는 함수

함수 내에서 트랜잭션을 제어하는 커맨드※를 실행하는 경우, SQL문에서 사용할 수 없습니다. 함수는 처리 결과를 반환하기 위해서만 사용되어야 하며, 함수 내에서 트랜잭션을 제어해서는 안됩니다.

※ DDL 처리(CREATE/ALTER문 등)를 실행하면 암묵적으로 커밋이 수행됩니다.

## ● DML 처리를 수행하는 함수

함수 내에서 INSERT문 등의 갱신 처리를 수행한다면, SQL문에서 사용할 수 없습니다. 예외적으로 사용 가능한 케이스도 있으나 테이블에 대한 갱신 처리는 함수를 호출하는 쪽에서 수행되어야 하며, 함수 내에서 갱신 처리를 하는 것은 그다지 추천하지 않습니다.

## ● 프로시저와 함수의 용도

프로시저, 함수 모두 특정 처리를 실행하는 Stored 서브 프로그램이지만, SQL문에
서의 사용 여부와 반환 값의 지정 방법 등에 차이가 있습니다.

**표 07-08** 프로시저와 함수의 특징

| | 프로시저 | 함수 |
|---|---|---|
| 반환 값의 수 | 복수 | 한 개 |
| 반환 값의 지정 | OUT, IN OUT 파라미터 | RETURN문 |
| 파라미터 모드 | IN, OUT, IN OUT | IN<br>(SQL에서 사용하기 위해, OUT, IN OUT 파라<br>미터의 사용은 권장하지 않음) |
| SQL에서 사용 | 불가능 | 가능 |
| 트랜잭션 제어<br>(COMMIT 등) | 가능 | 불가능<br>(SQL에서 사용하기 위해 권장하지 않음) |
| 갱신 처리<br>(DML문의 기술) | 가능 | 불가능<br>(SQL에서 사용하기 위해 권장하지 않음) |

Stored 서브 프로그램을 작성할 때는 이 두 오브젝트의 특성에 맞추어서 최적의 것
을 선택합시다.

## ● 의존성이란?

Stored 서브 프로그램은 프로그램 내에서 다른 프로시저나 함수를 호출하거나 테이
블 또는 뷰를 참조할 수 있습니다.

예를 들어, 다음 페이지의 그림 07-03에서 절차 pro1은 함수 fun1을 호출하고 함수 fun1
은 tab1 테이블을 참조합니다. 이 세 개의 오브젝트는 서로 관계를 가진 채 존재합니

다.

여기서 만약 tab1 테이블을 삭제한다면 관련 함수 fun1과 프로시저 pro1은 사용할
수 없게 됩니다. 이로부터 알 수 있듯이 오브젝트 간의 관계성을 파악하는 것은 매우
중요합니다.

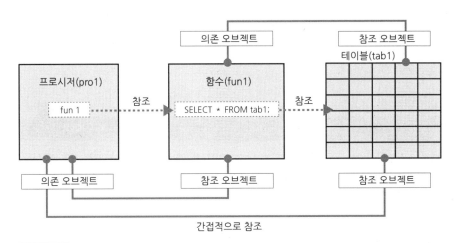

**그림 07-03** 오브젝트의 관계성

프로시저 pro1과 함수 fun1과 같이 소스 정의에서 다른 오브젝트를 참조하는 오브
젝트를 **의존 오브젝트**라고합니다. 또한, tab1 테이블처럼 참조되는 오브젝트를 **참조 오
브젝트**라고 합니다. 그림 07-03의 세 개의 객체는 다음과 같은 관계에 있습니다.

**표 07-09** 오브젝트의 관계

| 오브젝트 | 의존 관계 |
| --- | --- |
| 프로시저 pro1 | 함수 fun1과 tab1 테이블의 의존 오브젝트 |
| 함수 fun1 | tab1 테이블의 의존 오브젝트이자, 프로시저 pro1의 참조 오브젝트 |
| tab1 테이블 | 프로시저 pro1과 함수 fun1의 참조 오브젝트 |

또한, 의존 오브젝트의 의존성은 다음의 두 종류가 있습니다.

**표 07-10** 직접 의존과 간접 의존

| 종류 | 개요 |
|---|---|
| 직접 의존 | 프로그램 내에서 직접 참조하는 오브젝트에 대한 의존성 |
| 간접 의존 | 프로그램 내에서 간접적으로 참조하는 오브젝트에 대한 의존성 |

그림 07-03의 경우 프로시저 pro1이 직접적으로 의존하는 함수 fun1은 tab1 테이블을 참조합니다. 따라서 프로시저 pro1은 tab1 테이블에 간접적으로 의존하는 의존 오브젝트가 됩니다.

---

## 프로그램의 범용성

범용성이 높은 서브 프로그램은 코드를 단순화하는 데 매우 유용합니다. 프로그램 내에서 반복 실행되는 처리나, 복수의 프로그램이 공통으로 수행하는 처리는 별도의 프로그램으로 분리할 것을 권합니다.

예를 들면, **그림 07-04**에서는 프로시저A와 B가 같은 계산 처리를 실행하고 있습니다. 그래서 공통되는 부분(계산 처리)을 함수C로 프로시저로부터 분리 작성합니다. 함수C는 두 개의 프로시저에서 공유하여 사용할 수 있으므로 각 프로시저는 계산 처리를 따로 작성하지 않아도 함수를 호출하여 계산 처리를 실행할 수 있습니다. 또한, 계산 처리 내용에 변경 사항이 생겼을 경우에도 함수C만 수정하면 결과적으로 프로시저A, B에 변경 내용이 반영됩니다.

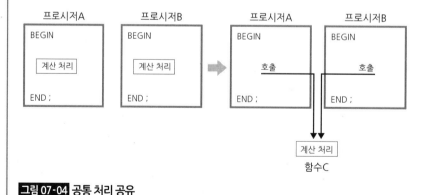

**그림 07-04** 공통 처리 공유

# ● 의존 오브젝트 확인

오브젝트 간의 종속 관계는 다음의 데이터 딕셔너리 뷰에서 확인할 수 있습니다.

- USER_DEPENDENCIES 뷰
- DEPTREE 뷰 또는 IDEPTREE 뷰

## ● USER_DEPENDENCIES 뷰 참조

USER_DEPENDENCIES 뷰를 참조하면 **직접 의존** 관계에 있는 오브젝트의 정보를 확인할 수 있습니다. 특정 오브젝트에 대한 직접 의존 관계를 표시하려면 WHERE 조건절 컬럼에 참조 오브젝트명을 가진 REFERENCED_NAME 컬럼을 지정합니다.

리스트 07-25에서는 tab1 테이블의 종속 오브젝트를, 리스트 07-26에서는 함수 fun1의 종속 오브젝트를 확인하고 있습니다.

**리스트 07-25** tab1 테이블의 의존 관계

```
SQL> SELECT name,type FROM user_dependencies
  2  WHERE referenced_name = 'TAB1';

NAME     TYPE
-------  -----------------
FUN1     FUNCTION
```

**리스트 07-26** 함수 fun1의 의존 관계

```
SQL> SELECT name,type FROM user_dependencies
  2  WHERE referenced_name = 'FUN1';

NAME     TYPE
-------  -----------------
PRO1     PROCEDURE
```

**USER_DEPENDENCIES 뷰**

사용자의 스키마 내 오브젝트 간의 의존성을 표시합니다.

**표 07-11** USER_DEPENDENCIES 뷰의 주요 컬럼

| 컬럼명 | 개요 |
|---|---|
| NAME | 오브젝트명 |
| TYPE | 오브젝트 타입(PROCEDURE, FUNCTION 등) |
| REFERENCED_NAME | 부모 오브젝트명 |

### 🔵 DEPTREE 뷰 또는 IDEPTREE 뷰 참조

USER_DEPENDENCIES 뷰를 참조하면 직접 의존 관계에 있는 오브젝트 정보만 확인이 가능합니다. 반면, **DEPTREE 뷰 또는 IDEPTREE 뷰**를 참조하면 **간접 의존 오브젝트**를 포함한 모든 의존 오브젝트를 확인할 수 있습니다※.

※ DEPTREE 뷰 또는 IDEPTREE 뷰에 대한 상세 내용은 320쪽의 'APPENDIX 06 의존성 확인'을 참조하십시오.

## 🔴 의존성의 문제점과 재컴파일

참조 오브젝트의 정의를 변경하면 그 종속 오브젝트도 다시 컴파일해야 합니다. 예를 들어 tab1 테이블의 컬럼을 제거하거나 OR REPLACE절을 사용하여 함수 fun1을 다시 작성하는 경우, 종속된 오브젝트는 새로운 정의에 대응하기 위해 재컴파일할 필요가 있습니다. 그러나 종속 오브젝트를 변경해도 참조 오브젝트는 영향을 받지 않습니다. 만약 함수 fun1을 변경한 경우라 할지라도 그 참조 오브젝트인 tab1 테이블의 재컴파일은 필요하지 않습니다.

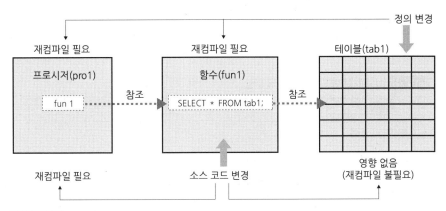

**그림 07-05** 의존성의 문제

## ● USER_OBJECTS 뷰의 STATUS 컬럼

Oracle은 이러한 의존성 문제를 해결할 수 있도록 데이터 딕셔너리에 오브젝트의 상태를 등록합니다. 따라서 사용자는 USER_OBJECTS 뷰의 STATUS 컬럼을 참조하여 오브젝트의 현재 상태를 확인할 수 있습니다. 리스트 07-27에서는 tab1 테이블, 함수 fun1, 프로시저 pro1의 STATUS를 확인하고 있습니다. STATUS 컬럼은 사용 가능한 상태임을 나타내는 'VALID'가 표시되어 있습니다.

**리스트 07-27** USER_OBJECTS 뷰의 STATUS 컬럼

```
SQL> SELECT object_name,object_type,status FROM user_objects
2  WHERE object_name IN ('TAB1','PRO1','FUN1')
3  ORDER BY 1 DESC;

OBJECT_NAME    OBJECT_TYPE    STATUS
-------------  -------------  -------
TAB1           TABLE          VALID
PRO1           PROCEDURE      VALID
FUN1           FUNCTION       VALID
```

현재 사용자가 소유한 오브젝트 정보를 확인할 수 있습니다.

**표 07-12** USER_OBJECTS 뷰의 주요 컬럼

| 컬럼명 | 개요 |
|---|---|
| OBJECT_NAME | 오브젝트명 |
| OBJECT_TYPE | 오브젝트 타입(TABLE, VIEW 등) |
| STATUS | 오브젝트의 상태(VALID 또는 INVALID) |

STATUS 컬럼이 표시하는 값은 VALID 또는 INVALID, 두 종류입니다.

**표 07-13** USER_OBJECTS 뷰의 STATUS 컬럼

| 값 | 개요 |
|---|---|
| VALID | 사용 가능한 상태 |
| INVALID | 사용 불가. 또는 재컴파일이 필요한 상태 |

오브젝트의 정의를 변경하면 해당 오브젝트의 종속 오브젝트(간접 의존 포함)의 STATUS가 VALID에서 INVALID로 바뀝니다. 그림 07-06에서는 tab1 테이블을 변경하면 함수 fun1과 프로시저 pro1이 재컴파일이 필요한 INVALID 상태로 변경됩니다. 또한, 함수 fun1의 정의를 변경하면 프로시저 pro1가 INVALID로 됩니다. 이때 함수 fun1의 참조 오브젝트인 tab1 테이블은 종속 오브젝트의 변경의 영향을 받지 않기 때문에 STATUS 컬럼의 값은 변하지 않고 VALID 상태입니다※.

※ Oracle 11g R11.1부터는 참조 오브젝트의 정의 변경이 프로그램의 처리에 영향을 주지 않는 경우, 종속 오브젝트는 INVALID되지 않습니다. 예를 들어, 프로그램이 참조하지 않는 컬럼 정의 변경이 발생한 경우는 재컴파일이 불필요합니다. 그러나 트리거(193쪽 참조)는 참조 오브젝트의 어떤 부분이라도 정의 변경이 발생할 경우 INVALID 상태가 됩니다.

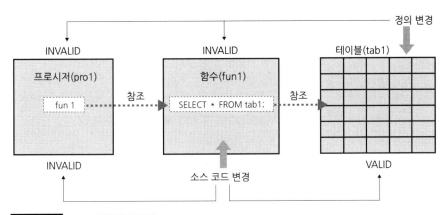

**그림 07-06** STATUS 컬럼의 변화

그럼 실제로 오브젝트를 변경하여 STATUS 컬럼의 값이 변경되는 것을 확인합시다.
리스트 07-28에서는 tab1 테이블의 정의 변경을 수행하고 있습니다(❶). 변경 후에
USER_OBJECTS 뷰를 조회하여 오브젝트 세 개의 STATUS 컬럼을 확인해봅니다. 함
수 fun1과 프로시저 pro1이 재컴파일이 필요한 상태(INVALID)로 바뀐 것을 확인할
수 있습니다(❷).

**리스트 07-28** STATUS 컬럼 값의 변화

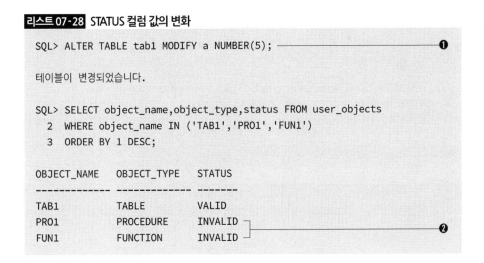

```
SQL> ALTER TABLE tab1 MODIFY a NUMBER(5);                          ❶

테이블이 변경되었습니다.

SQL> SELECT object_name,object_type,status FROM user_objects
  2  WHERE object_name IN ('TAB1','PRO1','FUN1')
  3  ORDER BY 1 DESC;

OBJECT_NAME    OBJECT_TYPE    STATUS
-------------  -------------  -------
TAB1           TABLE          VALID
PRO1           PROCEDURE      INVALID ⌐
FUN1           FUNCTION       INVALID ⌐                            ❷
```

**표 07-14** tab1 테이블 정의 변경 후의 각 STATUS 컬럼 값

| 오브젝트 | STATUS 컬럼 값 |
|---|---|
| 테이블 tab1 | ALTER문이 정상적으로 실행되었기 때문에 VALID |
| 프로시저 pro1 | 의존 오브젝트(함수 fun1)가 INVALID로 변경되었기 때문에 INVALID |
| 함수 fun1 | 의존 오브젝트(tab1 테이블)의 정의 변경에 의해 INVALID |

## ● 오브젝트의 자동 컴파일

STATUS 컬럼의 값이 INVALID인 오브젝트를 실행하면 Oracle이 자동으로 오브젝트를 재컴파일한 후에 실행합니다. 따라서 오브젝트의 상태가 INVALID 상태라도 보통은 정상적으로 처리가 가능합니다.

리스트 07-29에서는 리스트 07-28에서 INVALID된 프로시저 pro1을 실행하고 있습니다(❶). 여기에서는 내부적으로 프로시저 pro1에 대한 자동 재컴파일이 완료된후 처리가 실행됩니다. 따라서 실행 후의 STATUS는 VALID로 돌아갑니다(❷).

**리스트 07-29** 오브젝트 자동 컴파일

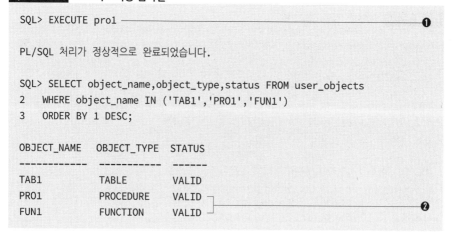

```
SQL> EXECUTE pro1 ─────────────────────────────────────────────❶

PL/SQL 처리가 정상적으로 완료되었습니다.

SQL> SELECT object_name,object_type,status FROM user_objects
2    WHERE object_name IN ('TAB1','PRO1','FUN1')
3    ORDER BY 1 DESC;

OBJECT_NAME   OBJECT_TYPE   STATUS
-----------   -----------   ------
TAB1          TABLE         VALID
PRO1          PROCEDURE     VALID ┐
FUN1          FUNCTION      VALID ┘                               ❷
```

**표 07-15** 자동 컴파일에 의한 STATUS 컬럼 값의 변화

| 오브젝트 | STATUS 컬럼 값 |
|---|---|
| 테이블 tab1 | 컴파일 수행에 의해 VALID |
| 프로시저 pro1 | 자동 컴파일이 실행되었기 때문에 VALID |
| 함수 fun1 | 프로시저 pro1에서 호출되었을 때, 자동 컴파일이 실행되었기 때문에 VALID |

## 🔵 자동 컴파일의 문제점

자동 컴파일에는 다음과 같은 문제점이 있습니다.

### ● 실행 시에 컴파일된다

즉시 실행 가능한 VALID 오브젝트와 비교하면 재컴파일을 실행하는 것만으로도 부하가 발생합니다.

### ● 재컴파일이 반드시 성공하는 것은 아니다

참조 오브젝트의 변경 내용에 따라 재컴파일이 실패하는 경우도 있습니다※. 이 경우에는 실행했을 때 오류가 발생합니다.

※ 재컴파일에 실패하는 케이스에 대해서는 뒤에서 설명하겠습니다.

이러한 문제를 미연에 방지하기 위해서라도 INVALID 객체는 가급적 수동으로 재컴파일하는 것을 추천합니다.

## 🔵 오브젝트의 수동 컴파일

**수동 컴파일**을 수행하면 재컴파일이 실패해도 문제를 분석하여 실행 시의 오류를 미연에 방지할 수 있습니다. 또한 재컴파일이 실패했을 경우 오류가 리턴되므로, 문제점을 수정하고 프로그램을 다시 작성할 수도 있습니다. 수동 재컴파일은 다음과 같이 세 가지 단위로 실행 가능합니다.

- 오브젝트 단위
- 스키마 단위
- 데이터베이스 단위

## ● 오브젝트 단위로 재컴파일

**오브젝트** 단위로 오브젝트를 재컴파일할 때는 **ALTER문**을 사용합니다.

| 서식 **오브젝트 단위 재컴파일** |
| --- |
| ALTER 〈오브젝트 종류〉 〈오브젝트명〉 COMPILE; |

| 리스트 07-30 **오브젝트 단위 재컴파일** |
| --- |
| ```
SQL> ALTER PROCEDURE pro1 COMPILE;

프로시저가 변경되었습니다.
``` |

## ● 스키마 단위로 재컴파일

**스키마** 단위로 오브젝트를 컴파일하려면 **DBMS_UTILITY** 패키지의 **COMPILE_SCHEMA 프로시저**를 사용합니다. 스키마 단위로 재컴파일을 실행하면 사용자가 소유한 프로시저, 함수, 패키지, 트리거를 모두 다시 컴파일할 수 있습니다.

리스트 07-31에서는 사용자 SCOTT이 소유한 오브젝트를 다시 컴파일합니다※.

※ 관리자는 재컴파일할 사용자를 자유롭게 선택할 수 있습니다. 일반 사용자는 자기 자신 외에는 지정이 불가능합니다.

| 서식 **스키마 단위 재컴파일** |
| --- |
| EXECUTE DBMS_UTILITY.COMPILE_SCHEMA(〈스키마명〉) |
```

스키마 단위 재컴파일

```
SQL> EXECUTE DBMS_UTILITY.COMPILE_SCHEMA('SCOTT')

PL/SQL 처리가 정상적으로 완료되었습니다.
```

또한, 두 번째 파라미터로 'FALSE'를 지정하여 INVALID 오브젝트만을 대상으로
한 재컴파일을 수행할 수도 있습니다.

INVALID 오브젝트 재컴파일

```
SQL> EXECUTE DBMS_UTILITY.COMPILE_SCHEMA('SCOTT',FALSE)

PL/SQL 처리가 정상적으로 완료되었습니다.
```

### ● 데이터베이스 단위로 INVALID 오브젝트를 재컴파일

utlrp.sql 스크립트를 SYS 사용자로 실행하면 Oracle 내의 INVALID 오브젝트를 모두
재컴파일할 수 있습니다.

**FILE** %ORACLE_HOME%\RDBMS\ADMIN\utlrp.sql

데이터베이스 단위로 재컴파일

```
SQL> @%ORACLE_HOME%\RDBMS\ADMIN\utlrp.sql
```

COMPILE_SCHEMA 프로시저와 utlrp.sql 스크립트를 사용한 재컴파일에서는
컴파일이 실패한 오브젝트가 있어도 작업이 완료됩니다. 따라서 재컴파일 실행 후
USER_OBJECTS 뷰 또는 DBA_OBJECTS 뷰를 사용하여 재컴파일이 성공했는지 여부를
확인해야만 합니다.

리스트 07-34에서는 리스트 07-31에서 수행한 스키마 단위의 재컴파일이 성공하고
있는지 여부를 확인하고 있습니다. 여기에서는 WHERE절 조건에 INVALID을 지
정하고 있기 때문에 해당 개체의 재컴파일이 모두 성공한 것을 확인할 수 있습니다.

```
SQL> SELECT object_name,object_type FROM user_objects
  2  WHERE  status = 'INVALID';

선택된 레코드가 없습니다.
```

## 재컴파일 실패 케이스

다음과 같은 경우는 재컴파일을 수동으로 실행한다 해도 실패합니다. 컴파일이 실패했을 경우에는 새로운 정의에 대응할 수 있도록 소스 코드를 변경하고 다시 컴파일해야 합니다.

- 참조 오브젝트의 삭제, 명칭 변경
- 참조 컬럼의 삭제, 데이터 타입 변경
- 참조 오브젝트의 파라미터 변경

재컴파일의 실패를 미연에 방지하기 위해서라도 오브젝트 작성 시에는 다음 표 07-16의 사항을 고려하는 것이 좋습니다.

**표 07-16** 오브젝트 작성 시 주의점

| 주의점 | 효과 |
| --- | --- |
| %ROWTYPE 속성을 사용하여 변수를 선언 | 테이블 정의 변경에 대응 가능 |
| %TYPE 속성을 사용하여 변수를 선언 | 컬럼 정의 변경에 대응 가능 |
| INSERT문은 컬럼 목록을 포함 | 선택되지 않은 컬럼 추가, 삭제에 대응 가능 |

## ● Stored 서브 프로그램 삭제

그럼 이번 장의 마지막으로 Stored 서브 프로그램의 삭제 방법을 설명하겠습니다. 불필요한 오브젝트를 방치해두는 것은 보안에도 악영향을 미치므로 이런 오브젝트는 삭제하는 편이 좋습니다. 그러나 서브 프로그램을 삭제할 때는 다른 오브젝트에 미치는 영향이 없는지 충분히 고려하기 바랍니다.

프로시저나 함수는 다음 구분으로 삭제 가능합니다.

---

서식  **프로시저 삭제**

DROP PROCEDURE 〈프로시저명〉;

---

서식  **함수 삭제**

DROP FUNCTION 〈함수명〉;

---

다음 페이지의 리스트 07-35에서는 함수 fun1을 삭제합니다(❶). 삭제하면 함수 fun1을 참조하는 프로시저 pro1의 STATUS 컬럼 값은 INVALID됩니다(❷). 그러므로 프로시저 pro1을 재컴파일해야 합니다(❸). 하지만 당연히 참조 오브젝트인 함수 fun1이 존재하지 않기 때문에 재컴파일에 실패합니다. 이러한 일이 발생하지 않도록 오브젝트를 삭제할 때는 다른 오브젝트에 미치는 영향을 고려한 후에 삭제하기 바랍니다.

**리스트 07-35** Stored 서브 프로그램 삭제

```
SQL> DROP FUNCTION fun1;                                              ❶

함수가 삭제되었습니다.

SQL> SELECT object_name,object_type,status FROM user_objects
2    WHERE object_name = 'PRO1';

OBJECT_NAME   OBJECT_TYPE   STATUS
------------- ------------- -------
PRO1          PROCEDURE     INVALID                                   ❷

SQL> ALTER PROCEDURE pro1 COMPILE;                                    ❸

경고: 컴파일 오류와 함께 프로시저가 변경되었습니다.

SQL> SHOW ERRORS
PROCEDURE PRO1에 대한 오류:

LINE/COL ERROR
-------- ----------------------------------------
5/2      PL/SQL: Statement ignored
5/7      PLS-00201: FUN1 식별자가 정의되어야 합니다.
```

# 정리

## 프로시저

특정 처리를 실행하기 위한 Stored 서브 프로그램입니다. 프로시저에 파라미터를 지정할 수 있으며, 프로그램 간에 값을 전달할 수 있습니다.

## 함수

값을 계산하고 처리한 후에 결과를 한 개만 반환하는 Stored 서브 프로그램입니다. 함수는 프로시저와 달리 SQL문에서 수행할 수 있습니다.

## 파라미터 모드

파라미터는 다음의 세 가지 모드가 있습니다※. 값을 주고받는 처리 방법에 따라 선택할 수 있습니다.

※ 함수의 경우 반환 값은 RETURN문으로 지정하기 때문에 기본적으로 IN 모드만 사용합니다.

**표 07-17** 파라미터의 모드

| 모드 | 개요 |
|---|---|
| IN | 호출한 쪽에서 값을 받는 기본 파라미터 모드. 값을 정하지 않고 프로시저를 작성(저장)하면 실행할 때마다 값을 변경할 수 있음 |
| OUT | 실행한 쪽의 프로그램에서 값을 반환. 실행 쪽은 파라미터의 위치에 변수를 지정하여 프로시저에서 반환된 값을 받을 수 있음 |
| IN OUT | IN 모드와 OUT 모드 양쪽의 역할을 수행 |

## ● 의존성

프로시저나 함수의 정의 내용 중에서 다른 오브젝트를 참조하는 경우, 참조 오브젝트가 변경될 때마다 재컴파일해야 합니다. 오브젝트의 의존성과 재컴파일이 필요한 상태 여부는 데이터 딕셔너리 뷰를 사용하여 확인 가능합니다.

**표 07-18** 재컴파일 종류

| 종류 | 개요 |
|------|------|
| 자동 컴파일 | Oracle이 자동적으로 재컴파일 수행 |
| 수동 컴파일 | ALTER문 등으로 사용자가 수동으로 재컴파일 수행 |

# CHAPTER

# 08 패키지

이전 장의 '의존성'에 관한 설명을 읽고서 프로그램 관리에 불안을 느끼게 된 분들도 있을 것입니다. 하지만 안심하십시오. PL/SQL은 복잡하게 되기 쉬운 Stored 서브 프로그램을 그룹화하여 사용할 수 있는 **패키지(Package)**라는 기능을 제공합니다. 이번 장에서는 이 패키지를 사용할 때의 장점부터 그 구체적인 작성 방법까지 설명합니다. 패키지를 사용하면 관리 측면의 장점뿐만 아니라, 개별 프로시저나 함수만으로는 사용할 수 없는 많은 기능을 사용할 수 있게 되므로 반드시 잘 사용할 수 있도록 집중하여 학습해주시기 바랍니다.

## ● 패키지란?

**패키지(Package)**란, 복수의 서브 프로그램들을 하나로 통합(패키지화)하는 오브젝트입니다. 통합 관리하면 오브젝트 간 **의존성 관리** 등을 간단히 처리할 수 있게 됩니다. 그림 08-01에서는 패키지를 사용하여 여러 Stored 서브 프로그램을 하나로 통합하고 있습니다.

패키지를 사용하여 여러 개의 서브 프로그램을 하나로 통합할 수 있다

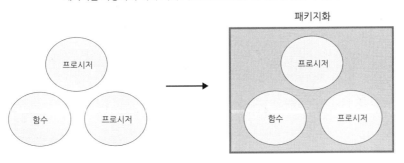

**그림 08-01** 패키지의 개념

패키지는 Oracle에 저장되는 오브젝트이므로 이름을 정의해야 합니다. 또한, 패키지는 프로시저나 함수와는 달리 정의부와 본체를 **별도로 작성**해야만 합니다. 예를 들어, 그림 08-02에서 두 개의 프로시저를 통합한 패키지 test_pack를 만들고 있습니다. 이것을 보면 정의부와 본체가 별도로 구성되어 있는 것을 알 수 있습니다.

패키지 TEST_PACK

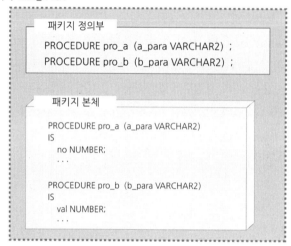

패키지 정의부

PROCEDURE pro_a (a_para VARCHAR2) ;
PROCEDURE pro_b (b_para VARCHAR2) ;

패키지 본체

PROCEDURE pro_a (a_para VARCHAR2)
IS
  no NUMBER;
  . . .

PROCEDURE pro_b (b_para VARCHAR2)
IS
  val NUMBER;
  . . .

**그림 08-02** 패키지의 구조

**정의부**는 본체에 포함된 프로그램명 등을 기술합니다. 지금까지 각 Stored 서브 프로그램의 정의부에서 기술한 내용을 통합하여 기술하는 것이 패키지의 정의부라고 생각하면 좋을 것입니다. 그리고 패키지 본체는 패키지에 포함된 프로그램의 소스 코드를 개별적으로 기술합니다.

그러면 우선 패키지의 장점에 대해서 확인해보겠습니다.

# ● 패키지의 장점

패키지를 사용하면 다음과 같은 장점이 있습니다.

- 애플리케이션 설계의 용이성
- 정보의 은폐
- 성능 향상
- 오브젝트의 지속성

## ● 애플리케이션 설계의 용이성

정의부에는 본체의 서브 프로그램을 실행하는 데 필요한 정보를 기술합니다. 즉, 이 정의부만 정의되어 있으면 패키지 내의 오브젝트를 실행하는 프로그램은 패키지 본체가 미완성이라 하더라도 정상적으로 컴파일됩니다. 그림 08-03에서는 패키지 test_pack의 정의부밖에 작성하지 않은 상태지만, 실행 측의 프로그램 call_pro는 프로시저 pro_a를 실행하는 데 필요한 정보를 정의부에서 얻을 수 있기 때문에 프로시저 pro_a의 본체가 작성되어 있지 않아도 성공적으로 컴파일됩니다.

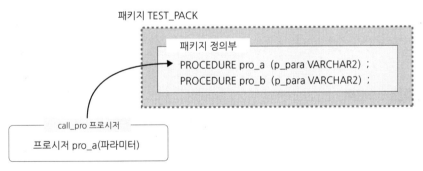

패키지 TEST_PACK

```
패키지 정의부
PROCEDURE pro_a (p_para VARCHAR2) ;
PROCEDURE pro_b (p_para VARCHAR2) ;
```

call_pro 프로시저
프로시저 pro_a(파라미터)

**그림 08-03** 패키지 내 오브젝트 호출

이와 같이 패키지화하면 패키지 본체는 실행 쪽의 프로그램에서 **직접 참조하지 않습니다**. 즉, 패키지 본체의 정의를 변경해도 실행 측의 프로그램을 다시 컴파일할 필요가 없기 때문에 각 프로그램 간의 의존성 관리가 간단해집니다.

## ● 정보 은폐

앞서 설명한 것처럼 패키지는 보통 실행 측의 프로그램에서 패키지 내의 오브젝트를 참조할 수 있도록 오브젝트 정보를 정의부에 정의합니다. 반면, 패키지 본체에서만 오브젝트를 작성하는 것도 가능합니다.

그림 08-04에서는 패키지 test_pack에 프로그램을 정의하고 있습니다. 프로시저 pro_a는 패키지 정의부에 정의되어 있기 때문에 실행 측의 프로그램에서 실행할 수 있습니다. 그러나 프로시저 pro_z는 패키지 본체에만 정의되어 있기 때문에 실행 측의 프로그램에서 실행할 수 없습니다.

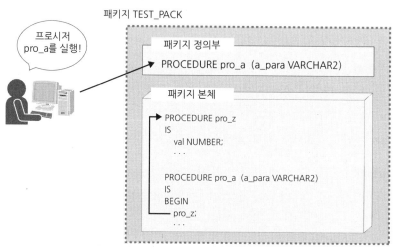

**그림 08-04** 정보 은폐

이와 같이 패키지 본체에 오브젝트를 정의하면 실행 측 프로그램에서 객체를 참조할수 없습니다. 이 특징을 살려서 공개할 수 없는 정보는 패키지 본체에만 정의하여 **은폐하는 것**이 가능합니다. 이 구조를 이용하여 보안상 위험한 데이터를 처리하는 프로그램이 있다고 해도, 그 존재를 숨김으로써 악의적인 사용자의 공격을 피할 수 있습니다.

## ● 성능 향상

패키지를 사용하면 패키지 내의 오브젝트가 처음 실행될 때 메모리에 패키지 전체가 한꺼번에 호출되기 때문에 두 번째 이후는 성능이 향상됩니다.

그림 08-05는 패키지를 사용하지 않는 경우의 처리 흐름을 나타내고 있습니다. 먼저 사용자가 프로시저A를 실행합니다. 그 후, 프로그램 내에 기술된 프로그램인 프로시저B를 호출하고, 최종적으로는 프로시저C까지 호출합니다. 이와 같이 그때 그때 프로그램 호출을 하고 I/O도 빈번하게 발생하므로 그다지 효율적이지가 않습니다.

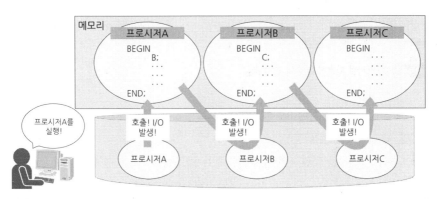

**그림 08-05** 패키지를 사용하지 않은 경우의 처리 흐름

이와 달리, 그림 08-06은 패키지를 사용한 경우입니다. 이번에는 패키지화했기 때문에 사용자가 프로시저A를 실행하는 타이밍에 패키지 전체가 호출됩니다. 따라서 모든 처리가 메모리에 있는 오브젝트에 액세스 가능하게 되므로 성능 또한 향상됩니다.

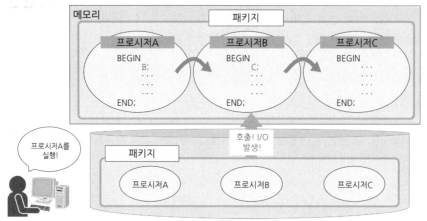

패키지 내의 오브젝트 한 개를 호출하면 패키지 내의
모든 오브젝트가 메모리로 호출된다

**그림 08-06** 패키지를 사용한 경우의 처리 흐름

이와 같이 어떤 처리를 실행하면서 다음 프로그램을 호출할 때, 디스크에서 호출보
다 I/O를 감소시켜 성능을 향상할 수 있습니다[※].

※ 단, 패키지 내의 특정 오브젝트만 메모리에 호출하는 것은 불가능합니다.

## ● 오브젝트의 지속성

패키지의 정의부에서는 서브 프로그램 이외에도 변수나 상수, 커서, 예외를 정의할
수 있습니다. 정의부에 정의된 이러한 오브젝트는 **공용 오브젝트**(Public Object)라고합
니다.

공용 오브젝트는 그것을 사용하는 각 세션에서 **지속적**으로 유효하게 사용 가능합니
다. 예를 들어, 정의부에서 정의된 변수에 값을 대입하고 프로그램을 종료해도 해당
세션을 종료하지 않으면 그 변수의 값이 보존된 상태로 유지됩니다.

# ● 패키지 작성 — 정의부

패키지를 만들려면 **정의부(Specification part)**와 **본체**를 따로 작성해야 합니다※. 우선은 정의부 작성 방법부터 설명하도록 하겠습니다. 정의부는 패키지에 포함된 오브젝트의 프로그램명 등을 기술합니다. 정의부에서 선언된 오브젝트(공용 오브젝트)는 패키지 내의 프로그램뿐만 아니라 패키지 외부 프로그램에서도 참조가 가능합니다.

※ 단, 패키지명은 정의부와 본체가 동일해야 합니다.

---

**서식** 패키지 작성 — 정의부

```
CREATE [ OR REPLACE ] PACKAGE 〈패키지명〉
{ IS | AS }
 〈정의부〉
END [ 〈패키지명〉 ] ;
```

---

그러면 실제로 패키지를 작성해보겠습니다. 다음 페이지의 리스트 08-01에서는 패키지 test_pack의 정의부를 작성하고 있습니다. 이 패키지의 정의부에서는 세 개의 공용 오브젝트가 선언됩니다.

**리스트 08-01** 패키지 정의 — 정의부

```
SQL> CREATE OR REPLACE PACKAGE test_pack
  2  IS
  3          PROCEDURE employee_ename(name VARCHAR2);
  4          PROCEDURE employee_empno(eno NUMBER);
  5          pub_no NUMBER:=0;
  6  END;
  7  /

패키지가 생성되었습니다.
```

**표 08-01** 선언된 공용 오브젝트

| 오브젝트의 종류 | 오브젝트명 |
|---|---|
| 프로시저 | employee_ename |
| 프로시저 | employee_empno |
| 변수 | pub_no |

이제 패키지 정의부는 작성할 수 있게 되었습니다. 그럼 드디어 패키지 본체를 작성해보겠습니다.

---

**패키지 정보 확인**

작성한 패키지의 정의부 정보는 SQL*Plus의 **DESCRIBE 명령**으로 확인할 수 있습니다. DESCRIBE 명령을 사용하면 **리스트 08-02**와 같이 대상 패키지의 정의부에 존재하는 서브프로그램 및 파라미터 정보를 확인할 수 있습니다.

**리스트 08-02** DESCRIBE 명령 실행 예

```
PROCEDURE EMPLOYEE_EMPNO
  인수명          유형            내부/외부    기본?
  -----------  --------------  ---------   ---------
  ENO            NUMBER          IN
PROCEDURE EMPLOYEE_ENAME
  인수명          유형            내부/외부    기본?
  -----------  --------------  ---------   ---------
  NAME           VARCHAR2        IN
```

---

## ● 패키지 작성 — 본체

패키지 본체(Package Body)에는 정의부에서 기술한 프로그램의 소스 코드를 기술합니다. 또한, **정의부**에서 선언하지 않은 개체를 **전용 오브젝트**(Private object)로 작성하는 것도 가능합니다. 전용 오브젝트는 패키지 내에서만 사용할 수 있습니다.

```
CREATE [ OR REPLACE ] PACKAGE BODY 〈패키지명〉
{ IS | AS }
 〈본체〉
END [ 〈패키지명〉 ];
```

리스트 08-03은 리스트 08-01(165쪽 참조)에서 작성한 test_pack의 본체입니다. 사원의 급여액을 출력하는 프로그램들을 통합하고 있습니다. 프로시저 employee_ename는 파라미터에 사원 이름을 전달받아 급여액을 검색하는 경우 사용하며, 프로시저 employee_empno는 사원 번호를 전달받아 급여액을 검색하는 경우에 사용합니다.

또한, 패키지의 본체에는 전용 오브젝트인 변수 pri_no가 선언되어 있습니다. 전용 변수 pri_no는 이 패키지 내에서만 사용 가능합니다(❶).

**리스트 08-03** 패키지 정의 — 본체

```
SQL> CREATE OR REPLACE PACKAGE BODY test_pack
  2  IS
  3    pri_no NUMBER:=0; ──────────────────────────────────── ❶
  4
  5    PROCEDURE employee_ename(name VARCHAR2)
  6      IS
  7      BEGIN
  8        SELECT sal INTO pri_no FROM emp
  9                      WHERE ename = name;
 10        DBMS_OUTPUT.PUT_LINE(pri_no);
 11      END employee_ename;
 12    PROCEDURE employee_empno(eno NUMBER)
 13      IS
 14      BEGIN
 15        SELECT sal INTO pub_no FROM emp
 16                      WHERE empno = eno;
 17        DBMS_OUTPUT.PUT_LINE(pub_no);
 18      END employee_empno;
 19  END;
 20  /

패키지 본문이 생성되었습니다.
```

## ● 패키지 오브젝트의 사용 방법

패키지 내의 오브젝트를 사용하려면 대상 오브젝트 앞에 패키지명을 명시합니다.

**패키지 내 오브젝트 지정 방법**

〈패키지명〉.〈오브젝트명〉;

리스트 08-04에서는 리스트 08-03에서 작성한 패키지 test_pack 내에 있는 프로시저 employee_empno를 실행하고 있습니다(❶). 실행 결과, 해당 사원의 급여액이 표시되어 있었습니다.

**리스트 08-04** 패키지 내 오브젝트 지정

```
SQL> BEGIN
  2     test_pack.employee_empno(7369);                                    ❶
  3   END;
  4   /
800

PL/SQL 처리가 정상적으로 완료되었습니다.
```

**호출 가능한 프로그램 지정** `12.1`
COLUMN

Oracle 12c에서는 임의의 프로그램을 특정 프로그램에서만 호출 가능하도록 지정할 수 있게 되었습니다.

특정 프로그램에서만 호출이 가능하게 하려면, 프로그램의 정의부에 **ACCESSIBLE BY**절을 지정합니다. 이 절을 지정하면 지정한 프로그램 이외에는 호출할 수 없게 됩니다. 프로그램 소유자 또는 실행 권한이 부여된 사용자라도 다른 프로그램에서 호출할 수 없습니다.

이 지정은 예를 들어 'API를 제공하는 메인 패키지에 대한 액세스는 허용하지만, 그 API 내의 개별 기능을 제공하는 헬퍼 패키지(Helper Package)에는 액세스를 허용하지 않는 경우' 등에서 사용할 수 있습니다(악의성 유용을 방지하는 목적 등).

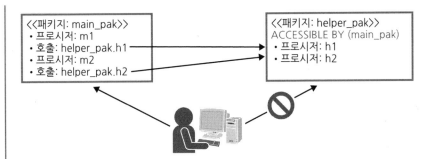

**그림 08-07** 호출 가능한 프로그램 지정

**리스트 08-05**에서는 패키지 helper_pak의 정의부에 ACCESSIBLE BY절을 지정하여 패키지 main_pak 외에는 호출할 수 없도록 지정합니다(❶). 따라서 클라이언트는 패키지 main_pak 내의 프로그램은 직접 조작할 수 있지만(❷), 패키지 helper_pak 내의 프로그램은 패키지 main_pak을 경유하지 않으면 조작할 수 없습니다(❸).

**리스트 08-05** 호출 가능한 프로그램 지정

```
SQL> CREATE OR REPLACE PACKAGE helper_pak
  2    ACCESSIBLE BY (main_pak) ─────────────────────────────────────❶
  3  IS
  4    PROCEDURE h1;
  5    PROCEDURE h2;
  6  END;
  7  /

패키지가 생성되었습니다.

SQL>
SQL> CREATE OR REPLACE PACKAGE BODY helper_pak
  2  IS
  3
  4    PROCEDURE h1
  5      IS
  6      BEGIN
  7        DBMS_OUTPUT.PUT_LINE('Helper procedure h1');
  8    END;
  9
 10    PROCEDURE h2
```

```
11     IS
12     BEGIN
13       DBMS_OUTPUT.PUT_LINE('Helper procedure h2');
14   END;
15 END;
16 /
```

패키지 본문이 생성되었습니다.

```
SQL>
SQL> CREATE OR REPLACE PACKAGE main_pak
 2 IS
 3   PROCEDURE m1;
 4   PROCEDURE m2;
 5 END;
 6 /
```

패키지가 생성되었습니다.

```
SQL>
SQL> CREATE OR REPLACE PACKAGE BODY main_pak
 2 IS
 3
 4   PROCEDURE m1
 5     IS
 6     BEGIN
 7       DBMS_OUTPUT.PUT_LINE('MAIN procedure p1');
 8       helper_pak.h1;
 9   END;
10
11   PROCEDURE m2
12     IS
13     BEGIN
14       DBMS_OUTPUT.PUT_LINE('MAIN procedure p2');
15       helper_pak.h2;
16   END;
17 END;
18 /
```

패키지 본문이 생성되었습니다.

```
SQL>
SQL> EXECUTE main_pak.m1 ──────────────────────────────── ❷
MAIN procedure p1
Helper procedure h1

PL/SQL 처리가 정상적으로 완료되었습니다.

SQL>
SQL> EXECUTE helper_pak.h1 ──────────────────────────────── ❸
BEGIN helper_pak.h1; END;


       *
1행에 오류:
ORA-06550: 줄 1, 열7:PLS-00904: HELPER_PAK 오브젝트를 액세스하기 위한 권한이
부족합니다
ORA-06550: 줄 1, 열7:PL/SQL: Statement ignored
```

## ● 오브젝트의 지속성

**공용 변수**(패키지 정의부에서 정의된 변수) 등은 패키지의 외부에서 호출할 수 있습니다. 또한, 세션을 통해 그 변경 내용이 적용됩니다. 다음 페이지의 리스트 08-06에서는 패키지 pub_pack의 정의부에 정의된 공용 변수 pub_no에 '1000'을 대입하고 있습니다(❶). 다음 프로그램은 종료되었지만, 공용 변수에 대입된 값은 **세션이 끊어질 때까지 유효**하므로 다음의 프로그램 내에서도 값에 액세스할 수 있습니다. 여기에서는 변수 pub_no의 출력 결과가 1000이 가산되어 '2000'으로 되어 있는 것을 알 수 있습니다(❷).

**리스트 08-06** 오브젝트의 지속성

```
SQL> CREATE OR REPLACE PACKAGE pub_pack
  2 IS
  3    pub_no NUMBER;
  4 END;
  5 /

패키지가 생성되었습니다.

SQL>
SQL> BEGIN
  2    pub_pack.pub_no:=1000;                                        ❶
  3    DBMS_OUTPUT.PUT_LINE(pub_pack.pub_no);
  4 END;
  5 /
1000

PL/SQL 처리가 정상적으로 완료되었습니다.

SQL>
SQL> BEGIN
  2    DBMS_OUTPUT.PUT_LINE(pub_pack.pub_no + 1000);
  3 END;
  4 /
2000                                                                 ❷

PL/SQL 처리가 정상적으로 완료되었습니다.
```

## ● 오버로드

**오버로드**(Overload)란, 같은 이름의 서브 프로그램을 정의할 수 있는 기능입니다. 파라미터의 수와 순서, 데이터 타입이 다른 경우에 오버로드를 사용할 수 있습니다※.

앞에서 나온 리스트 08-03(167쪽 참조)은 사원의 급여액을 출력하는 패키지였습니다. 사원 이름을 파라미터로 전달하여 급여액을 검색하려면 프로시저 employee_ename 을, 사원 번호를 파라미터로 전달하여 급여액을 검색하려면 프로시저 employee_ empno를 사용하듯이 전달받는 파라미터에 따라 다른 이름의 프로그램을 호출하지 않으면 안 되었습니다. 이와 같은 경우에 **오버로드**를 사용하면 같은 이름의 프로그램에서 다른 데이터 타입의 파라미터를 정의할 수 있습니다.

리스트 08-07, 리스트 08-08에서는 리스트 08-03(167쪽 참조)에서 사용한 패키지를 오버로드로 기술하고 있습니다. 패키지 내에 작성된 두 개의 프로시저명은 모두 employee로 정의되어 있습니다. 이와 같이 오버로드를 사용하는 것으로 파라미터에 사원 이름이 전달되든(❶), 사원 번호가 전달되든(❷), 결과적으로는 대상 사원의 급여액을 검색하여 출력하는 프로그램을 하나의 프로그램으로 통합하여 구현할 수 있습니다※※.

※ 오버로드는 동일한 타입의 서브 프로그램이 아니면 사용할 수 없습니다(프로시저와 함수로 오버로드를 사용할 수 없습니다).
※※ 오버로드는 Oracle이 파라미터 데이터 타입의 차이를 자동적으로 판단하여 적절한 프로그램을 실행합니다.

**리스트 08-07** 패키지 오버로드 — 정의부

```
SQL> CREATE OR REPLACE PACKAGE over
  2  IS
  3    PROCEDURE employee(name VARCHAR2); ─────────────────────────❶
  4    PROCEDURE employee(eno NUMBER); ───────────────────────────❷
  5    pub_no NUMBER:=0;
  6  END;
  7  /

패키지가 생성되었습니다.
```

**리스트 08-08** 패키지의 오버로드 — 본체

```
SQL> CREATE OR REPLACE PACKAGE BODY over
  2  IS
  3    pri_no NUMBER:=0;
  4
  5  PROCEDURE employee(name VARCHAR2)
  6  IS
```

```
 7  BEGIN
 8    SELECT sal INTO pri_no FROM emp
 9              WHERE ename = name;
10    DBMS_OUTPUT.PUT_LINE(pri_no);
11  END employee;
12
13  PROCEDURE employee(eno NUMBER)
14  IS
15  BEGIN
16    SELECT sal INTO pub_no FROM emp
17              WHERE empno = eno;
18    DBMS_OUTPUT.PUT_LINE(pub_no);
19    END employee;
20  END;
21  /
```

패키지 본문이 생성되었습니다.

## ● 오버로드한 프로시저 실행

리스트 08-09에서는 오버로드된 프로시저 employee를 실행하고 있습니다. 동일한
프로시저를 지정하여 파라미터 값으로 문자형인 사원 이름을 전달해도(❶), 숫자형인
사원 번호를 전달해도(❷) 결과적으로 대응 가능하다는 것을 알 수 있습니다.

**리스트 08-09** 오버로드한 패키지의 실행 예

```
SQL> EXECUTE over.employee('SMITH') ─────────────────────────❶
800

PL/SQL 처리가 정상적으로 완료되었습니다.

SQL> EXECUTE over.employee(7369) ────────────────────────────❷
800

PL/SQL 처리가 정상적으로 완료되었습니다.
```

## ● 패키지 재컴파일

패키지가 의존하는 오브젝트의 정의가 변경된 경우, **패키지를 재컴파일해야 합니다.** 패키지는 정의부와 본체로 구성되어 있기 때문에 패키지 전체를 재컴파일할 수도, 본체만 재컴파일할 수도 있습니다. 만약 패키지 본체만 변경하고 정의부는 변경점이 없다면, 패키지 본체만 컴파일합니다※. 이 경우 패키지에 액세스하는 다른 프로그램을 다시 컴파일할 필요가 없습니다.

※ 본체만 다시 컴파일하려면 'BODY'를 지정합니다.

---

| 서 식 | 패키지 재컴파일 |
| --- | --- |

ALTER PACKAGE 〈패키지명〉 COMPILE [ BODY ] ;

---

### ● 패키지 의존 관계의 확인과 재컴파일

그러면 실제로 패키지 test_pack을 호출하는 프로시저 call_test_pack을 작성하고 패키지의 의존 관계와 재컴파일 방법을 확인하겠습니다.

우선, 리스트 08-10에서는 프로시저 call_test_pack을 작성하고 있습니다.

**리스트 08-10** 프로시저 call_test_pack 작성

```
SQL> CREATE OR REPLACE PROCEDURE call_test_pack
  2  IS
  3  BEGIN
  4    test_pack.employee_empno(7369);
  5  END;
  6  /

프로시저가 생성되었습니다.
```

다음의 리스트 08-11에서는 패키지 test_pack의 본체만 컴파일하고 있습니다. 이 경우 의존 오브젝트인 프로시저 call_test_pack의 STATUS는 VALID 상태입니다 (❶).

**리스트 08-11** 패키지 재컴파일(본체만)

```
SQL> ALTER PACKAGE test_pack COMPILE BODY;

패키지 본문이 변경되었습니다.

SQL> SELECT object_name,object_type,status
  2  FROM   user_objects
  3  WHERE  object_name IN ('TEST_PACK','CALL_TEST_PACK');

OBJECT_NAME     OBJECT_TYPE     STATUS
--------------- --------------- -------
TEST_PACK       PACKAGE BODY    VALID
TEST_PACK       PACKAGE         VALID
CALL_TEST_PACK  PROCEDURE       VALID ─────────────────────────────❶
```

한편, 다음의 리스트 08-12에서는 전체 패키지(정의부 포함)를 재컴파일했기 때문에 의존 오브젝트인 프로시저 call_test_pack도 INVALID로 되어 있습니다(❷).

**리스트 08-12** 패키지 재컴파일(전체)

```
SQL> ALTER PACKAGE test_pack COMPILE;

패키지가 변경되었습니다.

SQL>
SQL> SELECT object_name,object_type,status
  2  FROM   user_objects
  3  WHERE object_name IN ('TEST_PACK','CALL_TEST_PACK');

OBJECT_NAME     OBJECT_TYPE     STATUS
--------------- --------------- -------
TEST_PACK       PACKAGE BODY    VALID
```

```
TEST_PACK        PACKAGE      VALID
CALL_TEST_PACK   PROCEDURE    INVALID ─────────────────────── ❷
```

※ Oracle 10g R10.2까지는 정의부가 재컴파일(또는 재작성)되면 변경 내용에 관계없이 의존 오브젝트가
   INVALID가 되므로 반드시 오브젝트의 재컴파일이 필요합니다.
   Oracle 11g R11.1부터는 참조된 패키지 오브젝트(예를 들어, 참조하는 변수의 타입이나 파라미터의 수 등)이 변
   경된 경우에만 의존 오브젝트가 INVALID로 됩니다. 의존 오브젝트가 직접 참조하지 않는 패키지 오브젝
   트의 변경은 의존 오브젝트에 영향을 주지 않기 때문에 다시 컴파일할 필요는 없습니다.

## ● 패키지 삭제

패키지를 삭제할 때는 다음 명령을 실행합니다.

| 서식 **패키지 삭제** |
| --- |
| DROP PACKAGE [ BODY ] 〈패키지명〉; |

패키지를 삭제하면 해당 패키지 내의 오브젝트를 참조하는 다른 프로그램은 STATUS
가 INVALID로 됩니다. 따라서 패키지 삭제 시에는 반드시 의존 관계를 확인한 뒤
에 실행해야만 합니다.

또한, 패키지 내의 오브젝트를 개별적으로 삭제하는 것은 불가능합니다. 이 경우 패
키지 정의부와 본체를 재작성할 필요가 있습니다.

패키지 정의부와 본체는 별도로 구성되어 있기 때문에 본체만 삭제하는 것도 가능합
니다※. 본체만 삭제한 경우, 패키지의 정의부가 영향을 받지 않는 한 패키지를 참조
하는 다른 프로그램의 STATUS는 VALID 상태가 유지됩니다.

※ 본체만 삭제하는 경우는 'BODY'를 지정합니다.

사전에 이름이 정해져 있는 내부 예외는 **22종류**밖에 없습니다(89~90쪽 참조). 그 외의 이름 없는 내부 예외를 처리하기 위해서는 매번 프로그램에서 예외명을 정의할 필요가 있습니다. 그 때문에 패키지를 사용하는 것입니다. 패키지의 정의부에서 이름 없는 내부 예외에 대한 예외명을 정의하면 정의된 예외명은 **공용 오브젝트**가 되고, 어떤 프로그램에서도 공통의 예외명을 사용하여 처리할 수 있게 됩니다. 이렇게 하면 각각의 프로그램에서 매번 예외명을 정의할 필요가 없어지며, 예외 처리가 무척 간단해집니다.

**리스트 08-13**에서는 패키지의 정의부에서 이름 없는 내부 예외에 예외명을 정의하고 있습니다(❶). 따라서 프로시저 err_test 내에서 예외명을 정의할 필요 없이, 패키지 정의부에 정의된 예외명을 사용하여 처리하는 것이 가능합니다(❷).

**리스트 08-13** 이름 없는 내부 예외에 예외명을 정의함

```
SQL> CREATE OR REPLACE PACKAGE err_pack
  2 IS
  3   null_error EXCEPTION;
  4   PRAGMA EXCEPTION_INIT(null_error,-01400);
  5   fetch_out EXCEPTION;
  6   PRAGMA EXCEPTION_INIT(fetch_out,-1002);      ───┐
  7   lock_error EXCEPTION;                           │─❶
  8   PRAGMA EXCEPTION_INIT(lock_error,-00060);    ───┘
  9 END;
 10 /

패키지가 생성되었습니다.

SQL> CREATE OR REPLACE PROCEDURE err_test
  2 IS
  3 BEGIN
  4   INSERT INTO dept VALUES(null,'SE','TOKYO');
  5 EXCEPTION
  6   WHEN err_pack.null_error THEN ────────────────────❷
  7     DBMS_OUTPUT.PUT_LINE('NULL_ERROR!');
  8 END;
  9 /

프로시저가 생성되었습니다.
```

```
SQL> EXECUTE err_test
NULL_ERROR!

PL/SQL 처리가 정상적으로 완료되었습니다.
```

# 유틸리티 패키지

지금까지는 사용자가 작성하는 패키지를 소개했습니다만, Oracle에는 사전에 준비되어 있는 패키지들도 있습니다. 이러한 패키지들을 **유틸리티 패키지**(Utility Package)라고 부릅니다.

실은 지금까지의 예제에 나와 있던 DBMS_OUTPUT.PUT_LINE도 유틸리티 패키지 중하나입니다. 자세한 내용은 설명하지 않았지만, **DBMS_OUTPUT 패키지** 내에 존재하는 **PUT_LINE 프로시저**를 사용하여 프로그램 내의 데이터를 출력해 왔습니다. 이와 같이 Oracle은 패키지의 상세 내용을 몰라도 어떤 기능이 있는지만 알면 쉽게 사용할 수 있는 유틸리티 패키지가 많이 준비되어 있습니다.

다음 페이지의 리스트 08-14에서는 **DBMS_LOCK 패키지**의 **SLEEP 프로시저**※를 사용하여 현재 시간을 1초마다 표시하고 있습니다. 이 프로시저는 그 이름 그대로 프로그램의 처리를 지정한 초 동안 정지시키는 프로시저입니다.

※ DBMS_LOCK 패키지를 사용하려면 SYS 사용자로부터 EXECUTE 권한이 부여되어야만 합니다.

**리스트 08-14** 유틸리티 패키지의 실행 예

```
SQL> CREATE OR REPLACE PROCEDURE lock_pro
  2  IS
  3  BEGIN
  4    FOR i in 1..5 LOOP
  5      DBMS_OUTPUT.PUT_LINE(TO_CHAR(SYSDATE,'HH24:MI:SS'));
```

```
6      DBMS_LOCK.SLEEP(1);
7    END LOOP;
8  END;
9  /
```

프로시저가 생성되었습니다.

```
SQL> EXECUTE lock_pro
18:18:02
18:18:03
18:18:04
18:18:05
18:18:06
```

PL/SQL 처리가 정상적으로 완료되었습니다.

대부분의 유틸리티 패키지는 Oracle DB 생성 시에 **catproc.sql 스크립트**에 의해 자동으로 생성되며, 모든 사용자에게 사용 권한이 부여됩니다※.

※ 일부 패키지는 사용자가 생성하고 권한을 부여해야 합니다. 이러한 패키지를 사용하는 경우는 'PL/SQL Packages and Types Reference' 매뉴얼의 해당 패키지 항목에서 확인하십시오.

## ● UTL_FILE 패키지

Oracle은 수많은 유틸리티 패키지가 준비되어 있습니다만, 여기서는 그중 하나로 **UTL_FILE 패키지**의 사용 방법을 대표적인 예로서 설명하겠습니다.

또한, UTL_FILE 패키지 외에도 표 08-02에 있는 유틸리티 패키지 사용 방법을 'APPENDIX 11 유틸리티 패키지'(363쪽 참조)에서 설명합니다.

**표 08-02** 주요 유틸리티 패키지 일람

| 패키지명 | 개요 |
|---|---|
| DBMS_SQL | 8i 이전 Oracle에서 동적 SQL, 데이터 정의문을 실행 |
| DBMS_ALERT | 데이터베이스 이벤트 알림을 프로그램 간에 비동기적으로 송수신함 |
| DBMS_PIPE | 동일한 인스턴스에 연결된 세션 간에 통신을 수행 |
| DBMS_JOB | Stored 서브 프로그램을 정기적으로 실행 |
| DBMS_SCHEDULER | Stored 서브 프로그램을 정기적으로 실행 |
| DBMS_LOCK | 사용자가 애플리케이션 잠금(Lock)을 실행 |
| UTL_MAIL※ | Stored 서브 프로그램에서 메일을 송신 |

※ UTL_MAIL패키지는 Oracle 10g R10.1 이후부터 사용 가능합니다.

**UTL_FILE 패키지**를 사용하면 OS 파일의 읽고 쓰기가 가능합니다. 액세스 가능한 디렉터리를 설정하여 그 디렉터리에서 파일에 대한 읽기 및 쓰기를 수행합니다.

## ● 사용 전의 준비

UTL_FILE 패키지를 사용하기 전, 액세스를 허용할 디렉터리를 **디렉터리 오브젝트 (Directory Object)**로 설정합니다※.

※ 디렉터리를 생성하려면 CREATE ANY DIRECTORY 시스템 권한이 있어야 합니다.

### ● 디렉터리 오브젝트 생성 및 권한 부여

디렉터리 오브젝트를 생성할 때는 **CREATE DIRECTORY**※ 명령을 사용합니다. 디렉터리 오브젝트는 사용자에 대해 읽기 및 쓰기 권한을 부여할 수 있기 때문에, 보안 수준 (Security Level)을 제어할 수 있습니다.

※ CREATE DIRECTORY는 AS 키워드를 지정합니다. IS 키워드는 사용할 수 없습니다.

> **서식** 디렉터리 오브젝트의 생성
>
> CREATE [ OR REPLACE ] DIRECTORY 〈디렉터리명〉
> AS '〈디렉터리 위치(Path)〉' ;

디렉터리 오브젝트를 생성한 후, 그 디렉터리에 대한 읽기(READ) 및 쓰기(WRITE) 권한을 부여합니다.

리스트 08-15에서는 관리자로 디렉터리 오브젝트를 생성한 뒤, 사용자 SCOTT에게 디렉터리에 대한 읽기 및 쓰기 권한을 부여하고 있습니다.

**리스트 08-15** 디렉터리 오브젝트의 생성과 권한 부여

```
SQL> CREATE OR REPLACE DIRECTORY utl_data
  2  AS 'C:\work';

디렉토리가 생성되었습니다.

SQL> GRANT READ,WRITE ON DIRECTORY utl_data TO scott;

권한이 부여되었습니다.
```

또한, Oracle 9i R9.0.1까지는 초기화 파라미터 UTL_FILE_DIR로 액세스할 수 있는 디렉터리를 설정합니다. 그러나 디렉터리 오브젝트처럼 사용자별로 읽기와 쓰기를 제어할 수는 없습니다.

## UTL_FILE 패키지의 사용 방법

UTL_FILE 패키지에 포함된 주요 프로시저와 함수의 사용 방법을 살펴보겠습니다.

다음 페이지의 리스트 08-16에서는 DEPT 테이블의 데이터를 OS 파일에 기록하는 프로시저를 작성하고 있습니다. 파라미터의 상세 내용은 뒤에서 설명할 것이므로 여기서는 일단 전체 흐름을 파악하도록 합시다.

먼저 파일 조작을 수행하는 데 필요한 파일 핸들(file handle)을 받을 변수를 정의합니다(❶). 이 파일 핸들을 받을 변수의 데이터 타입은 **FILE_TYPE 타입**이 지정되어 있습니다.

다음 FOPEN 함수를 사용하여 OS 파일을 오픈합니다(❷). 파일을 오픈하면 PUT_LINE 프로시저를 사용하여 1행의 데이터를 기록합니다(❸).

기록을 마치면 FCLOSE 프로시저를 사용하여 OS 파일을 닫습니다(❹).

**리스트 08-16** UTL_FILE 패키지의 사용 예

```
SQL> CREATE OR REPLACE PROCEDURE file_unload_dept
  2  IS
  3    CURSOR dept_cur IS SELECT dname FROM dept;
  4    file_hand          UTL_FILE.FILE_TYPE; ────────────────❶
  5    day               DATE;
  6    name              VARCHAR2(20);
  7  BEGIN
  8    SELECT sysdate INTO day FROM dual;
  9    name:=TO_DATE(day)||'dept.txt';
 10    file_hand:=UTL_FILE.FOPEN('UTL_DATA',name,'a'); ──────❷
 11    FOR dept_rec IN dept_cur LOOP
 12      UTL_FILE.PUT_LINE(file_hand,dept_rec.dname); ───────❸
 13    END LOOP;
 14    UTL_FILE.FCLOSE(file_hand); ────────────────────────❹
 15  END;
 16  /

프로시저가 생성되었습니다.


SQL>
SQL> EXECUTE file_unload_dept

PL/SQL 처리가 정상적으로 완료되었습니다.
```

**표 08-03** FOPEN 함수 설정 값

| 설정 값 | 개요 |
| --- | --- |
| UTL_DATA | 디렉터리 오브젝트명을 지정 |
| name | 파일명을 지정 |
| a | OS 파일에 대해 추가 기록을 수행 |

file_unload_dept 프로시저를 실행하면 UTL_FILE 패키지에서 출력된 파일(05dept. txt)이 지정된 디렉터리에 출력되는 것을 알 수 있습니다※. 다음 페이지의 리스트 08-17에서 출력된 파일에 DEPT 테이블의 데이터가 기록되어 있는지 확인합니다.

※ 파일 이름은 프로시저를 실행한 날짜가 지정되어 있습니다.

**리스트 08-17** 05dept.txt 파일 내용

```
ACCOUNTING
RESEARCH
SALES
OPERATIONS
```

전체적인 흐름을 확인해보셨나요? 그럼 UTL_FILE 패키지의 주요 프로시저 및 펑션의 사용 방법을 설명하겠습니다. 각 서식은 패키지에 포함된 오브젝트명, 오브젝트의 각 파라미터명, 모드, 데이터 타입을 나타냅니다.

## ● 파일 핸들 선언(UTL_FILE.FILE_TYPE 데이터 타입)

파일 조작에 필요한 파일 핸들을 받을 변수를 선언해야 합니다. 파일 핸들을 받는 데이터 타입은 FILE_TYPE 타입입니다.

**서식** 파일 핸들 선언

〈파일 핸들명〉 UTL_FILE.FILE_TYPE;

## ● 파일 열기(UTL_FILE.FOPEN 함수)

FOPEN 함수를 사용하여 입력용과 출력용 파일을 열 수 있습니다※. FOPEN 함수는 반환 값으로 파일 핸들을 리턴합니다. 파일이 존재하지 않은 경우에는 출력 파일을 자동으로 작성합니다.

※ 최대 50개의 파일을 동시에 OPEN할 수 있습니다.

```
UTL_FILE.FOPEN(
    〈location IN VARCHAR2〉,
    〈filename IN VARCHAR2〉,
    〈open_mode IN VARCHAR2〉
    [,〈maxline_size IN BINARY_INTEGER〉 ]
    )
RETURN 〈UTL_FILE.FILE_TYPE〉;
```

표 08-04  UTL_FILE.FOPEN 함수의 파라미터

| 파라미터 | 개요 |
|---|---|
| location | 디렉터리 오브젝트명 또는 파일을 OPEN할 디렉터리 경로를 지정한다. 미리 설정한 디렉터리만 지정할 수 있다 |
| filename | OPEN할 파일명을 지정한다 |
| open_mode | 파일 OPEN 방법을 지정한다<br>r: 텍스트 읽기<br>w: 텍스트 쓰기<br>a: 텍스트 추가 쓰기<br>rb: 바이트 읽기<br>wb: 바이트 쓰기<br>ab: 바이트 추가 쓰기 |
| maxline_size | 줄 바꿈 문자가 포함된 파일의 한 행당 최대 문자 수(1~32767)를 지정한다. 기본값은 1024자 |

### 🔵 파일에 기록(UTL_FILE.PUT 프로시저)

PUT 프로시저를 사용하여 파일에 데이터를 기록합니다※. 그러나 PUT 프로시저는 행 종료 기호(엔터 값)를 추가하지 않습니다. 따라서 연속으로 PUT 프로시저를 사용하여 데이터를 기록하면 같은 행에 데이터가 계속 추가됩니다.

행을 종료하려면 UTL_FILE.NEW_LINE 프로시저를 사용합니다(다음 서식 참조).

※ 파일은 'w' 또는 'a' 모드로 OPEN되어 있어야 합니다.

---

서 식 | **파일에의 기록**

```
UTL_FILE.PUT(
  〈file IN FILE_TYPE〉,
  〈buffer IN VARCHAR2〉
);
```

**표 08-05** UTL_FILE.PUT 프로시저의 파라미터

| 파라미터 | 개요 |
|---|---|
| file | 파일 핸들을 지정 |
| buffer | 파일에 기록할 텍스트를 저장할 버퍼를 지정 |

## ● 행 종료(UTL_FILE.NEW_LINE 프로시저)

NEW_LINE 프로시저를 사용해서 행 종료 기호(엔터 값)를 기록합니다.

---

서 식 | **행 종료**

```
UTL_FILE.NEW_LINE(
  〈file IN FILE_TYPE〉,
  〈line IN NATURAL:=1〉
);
```

**표 08-06** UTL_FILE.NEW_LINE 프로시저의 파라미터

| 파라미터 | 개요 |
|---|---|
| file | 파일 핸들을 지정 |
| line | 파일에 기록할 행 종료 기호의 수를 지정한다. 현재 행을 종료시키고 다음 행도 공백으로 하고 싶은 경우에는 '2'를 지정한다. 기본값은 '1' |

## ● 데이터의 기록과 행 종료(UTL_FILE.PUT_LINE 프로시저)

PUT_LINE 프로시저를 사용하여 파일에 데이터를 기록한 뒤, 행 종료 기호를 기록합니다[※].

※ 파일은 'w' 또는 'a' 모드로 OPEN되어 있어야 합니다.

---

**서식** **데이터의 기록과 행 종료**

```
UTL_FILE.PUT_LINE(
  〈file IN FILE_TYPE〉,
  〈buffer IN VARCHAR2〉,
  〈autoflush IN BOOLEAN DEFAULT FALSE〉
  );
```

**표 08-07** UTL_FILE.PUT_LINE 프로시저의 파라미터

| 파라미터 | 개요 |
|---|---|
| file | 파일 핸들을 지정 |
| buffer | 파일에 기록할 텍스트를 저장할 버퍼를 지정 |
| autoflush | 기록 후에 버퍼를 디스크에 Flush할지 여부를 지정. 기본값은 FALSE |

## ● 파일로부터 데이터 읽기(UTL_FILE.GET_LINE 프로시저)

GET_LINE 프로시저를 사용하여 파일에서 텍스트를 한 행씩 가져옵니다. 한 번에 한 행만 읽을 수 있기 때문에 보통은 루프 내에서 처리합니다. 읽어 들일 행이 없으면 NO_DATA_FOUND 예외가 발생합니다. 따라서 모든 데이터를 읽어 들인 끝에는 NO_DATA_FOUND 예외가 발생하므로 이를 전체 데이터의 읽기 완료 시점으로 생각하면 편리합니다. 이 경우 NO_DATA_FOUND 예외에 대한 처리를 실시할 필요가 있습니다.

```
UTL_FILE.GET_LINE(
  〈file IN FILE_TYPE〉,
  〈buffer OUT VARCHAR2〉,
  〈len IN PLS_INTEGER DEFAULT NULL〉
  );
```

표 08-08 UTL_FILE.GET_LINE 프로시저의 파라미터

| 파라미터 | 개요 |
|---|---|
| file | 파일 핸들을 지정 |
| buffer | 파일에 기록할 텍스트를 저장할 버퍼를 지정 |
| len | 파일로부터 읽어 들일 바이드(byte) 수를 지징 |

## ● 파일 닫기(UTL_FILE.FCLOSE 프로시저)

FCLOSE 프로시저를 사용해서 파일을 닫습니다.

```
UTL_FILE.FCLOSE( 〈file IN OUT FILE_TYPE〉 );
```

표 08-09 UTL_FILE.FCLOSE 프로시저의 파라미터

| 파라미터 | 개요 |
|---|---|
| file | 파일 핸들을 지정 |

## ● UTL_FILE 패키지의 주요 프로시저와 함수

지금까지 설명한 UTL_FILE 패키지의 프로시저와 함수의 기능은 다음과 같습니다.

**표 08-10** UTL_FILE 패키지의 주요 프로시저와 함수

| 기능 | 개요 |
| --- | --- |
| FOPEN 함수 | 입력용 · 출력용 파일을 OPEN |
| PUT 프로시저 | 파일에 데이터를 기록. 단, 행 종료 기호는 추가하지 않음 |
| NEW_LINE 프로시저 | 행 종료 기호를 기록 |
| PUT_LINE 프로시저 | 파일에 데이터를 기록하고 행 종료 기호를 추가 |
| GET_LINE 프로시저 | 파일로부터 텍스트를 한 행씩 읽어 들임 |
| FCLOSE 프로시저 | 파일을 닫음 |

또한, UTL_FILE 패키지에는 지금까지 설명한 서브 프로그램 이외에도 많은 프로시저나 함수가 존재합니다. 예를 들어, OPEN된 파일 핸들을 일괄적으로 모두 닫을 수있는 FCLOSE_ALL 프로시저, 파일 핸들이 OPEN되어 있는 파일을 참조하는지 여부를 판별하는 IS_OPEN 함수 등 편리한 서브 프로그램들이 있습니다[※].

※ UTL_FILE 패키지의 사용 방법 및 주의 사항에 대한 자세한 내용은 'PL/SQL Packages and Types Reference' 매뉴얼을 참조하십시오.

## ●정리

패키지는 여러 개의 서브 프로그램을 하나로 통합한 오브젝트입니다. 패키지를 사용하면 다음과 같은 주요 장점이 있습니다.

- 프로그램 간의 의존성 관리가 용이해짐
- 디스크 I/O 절감을 통한 성능 향상
- 정보의 은폐화
- 오브젝트의 지속성

패키지는 다음 두 종류가 있습니다.

**표 08-11** 패키지의 종류

| 종류 | 개요 |
|------|------|
| 사용자 정의 패키지 | 사용자가 작성한 패키지 |
| 유틸리티 패키지 | Oracle이 사전에 준비한 패키지 |

### ● 사용자 정의 패키지 작성

패키지는 정의부와 본체를 별도의 오브젝트(이름은 동일)로 작성합니다.

#### ● 정의부

정의부에서는 오브젝트의 정의를 수행합니다. 정의부에서 선언된 오브젝트(공용 오브젝트)는 패키지 내의 프로그램뿐만 아니라 패키지 외부 프로그램에서도 참조할 수 있습니다.

#### ● 본체

본체는 정의부에 정의된 프로그램의 소스 코드를 기술합니다. 정의부에서 선언하지 않은 오브젝트(전용 오브젝트)는 패키지 내에 은폐되어 패키지 외부 프로그램에서는 참조할 수 없습니다.

## 패키지의 기능

### ● 오브젝트의 지속성

공용 변수(정의부에 정의된 변수) 등은 패키지 외부에서도 호출이 가능하며, 세션을 통해 그 변경 내용이 적용됩니다.

### ● 오버로드

동일한 이름의 프로시저나 여러 개의 함수를 정의할 수 있습니다. 파라미터의 수, 순서 또는 데이터 타입의 차이에 의해 동일한 이름의 프로그램 중에서 실행할 프로그램이 자동으로 결정됩니다.

## 패키지의 재컴파일

패키지는 다음의 두 가지 단위로 재컴파일할 수 있습니다.

- 정의부와 본체를 함께 컴파일
- 본체만 컴파일

패키지를 참조하는 프로그램은 패키지의 정의부에만 의존하게 됩니다. 따라서 본체만 다시 컴파일하는 경우, 의존 오브젝트를 재컴파일할 필요는 없습니다.

# 09 트리거

트리거(Trigger)를 사용하면 특정 테이블에 액세스한 사용자의 로그를 취득하거나, Oracle이 기동했을 때 메일을 자동으로 관리자에게 송신할 수 있는 등, PL/SQL의 사용 용도가 크게 확대됩니다. 반드시 이번 장에서 트리거의 특징과 사용 방법을 습득하도록 합시다.

## ● 트리거란?

어떠한 이벤트를 방아쇠(트리거)로 하여 자동 기동되는 프로시저를 **트리거**라고 부릅니다. 그림 09-01에는 EMP 테이블에 갱신 작업을 수행하면 액세스 로그 테이블에 갱신 내용을 기록하는 트리거가 설정되어 있습니다. 여기서 간단히 이 트리거 처리의 흐름을 설명합니다. 우선, EMP 테이블에서는 UPDATE문이 실행되고 있습니다 (❶). UPDATE문이 실행되면 자동으로 트리거가 기동되고(❷), 처리 내용의 로그를 액세스 로그 테이블에 기록합니다(❸).

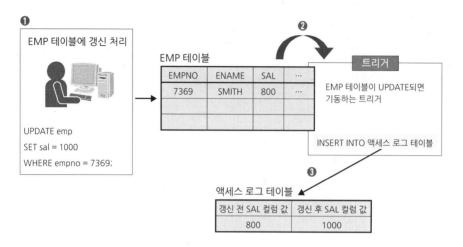

**그림 09-01** 트리거의 개념

## 🔵 트리거의 사용 목적

트리거는 주로 다음과 같은 목적으로 사용됩니다.

### ● 복잡한 보안 요건 구현

트리거를 사용하면 **복잡한 보안 요건**을 구현할 수 있습니다. 예를 들어, 중요한 테이블에 대해 '일요일에는 변경할 수 없다'나 '영업 시간 외의 변경은 허용하지 않는다'와 같은 처리를 트리거로 실행할 수 있습니다.

### ● 높은 수준의 감사

테이블에 수행된 변경 내용을 기록하기 위해 트리거를 사용합니다. 그림 09-01과 같이 테이블이 변경된 경우에 변경된 컬럼이나 행 정보를 로그로서 별도의 테이블에 기록할 수 있습니다. 또한 데이터베이스 처리나 특정 사용자에 대한 처리가 수행된 경우에 기동하는 트리거를 작성하면, 어떤 사용자가 어떤 일을 했는가를 기록할 수도 있습니다.

## ● 복잡한 규칙 설정

사용자가 규칙을 정의할 경우는 보통 **CHECK 제약** 등의 **무결성 제약 조건**을 사용합니다. 그러나 트리거를 사용하면 무결성 제약 조건에서는 불가능한 복잡한 규칙을 정의할 수 있습니다. 예를 들면, '급여액을 30% 이상 감액하는 업데이트를 금지한다'나 '입사일은 오늘 이전의 날짜여야 한다'와 같은 규칙을 정의할 수 있습니다.

## ● 트리거 종류

트리거의 종류는 트리거가 기동되는 이벤트의 종류에 따라 네 가지로 분류됩니다.

**표 09-01** 트리거의 종류

| 종류 | 개요 |
|---|---|
| DML 트리거 | 테이블에 대한 DML 조작(INSERT, UPDATE, DELETE)으로 기동된다 |
| INSTEAD OF 트리거 | 뷰에 대한 DML 조작으로 기동된다 |
| DDL 트리거 | DDL 조작(CREATE, ALTER, DROP)으로 기동된다 |
| 이벤트 트리거 | 데이터베이스 처리나 특정 사용자의 처리로 기동된다 |

여기서는 위 네 종류의 트리거 중, 가장 사용 기회가 많은 **DML 트리거**를 설명하겠습니다※.

※ INSTEAD OF 트리거, DDL 트리거, 이벤트 트리거에 대해서는 328쪽의 'APPENDIX 08 트리거 유형'을 참조하십시오.

## ● 트리거 타입

처음은 DML 트리거(이후 트리거)의 특징과 구체적인 작성 방법부터 설명하겠습니다.

트리거의 타입은 트리거가 기동되는 타이밍과, 기동 단위의 조합에 따라 네 가지로 분류할 수 있습니다. 각각의 특징을 확인하고 그 용도에 따라 구분하여 사용할 수 있도록 합시다.

### ● 트리거가 기동되는 타이밍

우선은 트리거가 기동되는 타이밍입니다. 트리거는 **DML문의 실행 시**에 기동되지만, DML문이 실행되기 전과 후 중 어디에서 트리거를 기동할지 지정해야 합니다.

**표 09-02 트리거가 기동되는 타이밍**

| 종류 | 개요 |
|------|------|
| BEFORE 트리거 | DML문이 실행되기 전에 트리거를 기동 |
| AFTER 트리거 | DML문이 실행된 후에 트리거를 기동 |

그럼 어떤 상황에서 **BEFORE 트리거**, **AFTER 트리거**를 사용하는지를 생각해보겠습니다.

다음 페이지의 그림 09-02에서는 일요일에 EMP 테이블에 대한 변경을 금지하고 오류를 반환하는 트리거를 설정하려고 합니다(❶). 그런데, 일요일에 사용자로부터 EMP 테이블에 대한 갱신 요청이 이루어졌다고 합니다(❷). 이런 경우, 어느 쪽의 트리거를 지정해두어야 하는 것일까요?

물론 이 트리거의 목적은 '일요일에 변경을 금지한다'에 있으므로, 변경시킨 후 기동되는 AFTER 트리거보다는 **BEFORE 트리거**를 지정하는 편이 효율적입니다.

EMP 테이블에 대한 DML문으로 기동되는 트리거를 작성

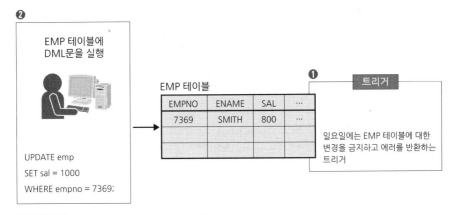

**그림 09-02** BEFORE 트리거를 사용하는 케이스

반면 그림 09-03에서는 EMP 테이블에 대한 변경 작업을 수행한 경우에 변경 전과 변경 후의 값을 각각 감사 로그로써 남기기 위한 트리거가 설정되어 있습니다(❸). 거기에 사용자로부터 EMP 테이블에 대한 갱신 요청이 이루어졌다고 합니다(❹). 이 트리거의 목적은 '변경 전/후의 값을 기록한다'라는 것에 있으므로 변경 전에 기동되는 BEFORE 트리거가 아니라 **AFTER 트리거**를 지정해야 합니다.

EMP 테이블에 대한 DML문으로 기동되는 트리거를 작성

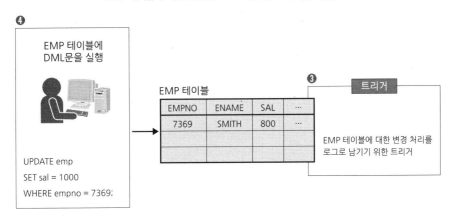

**그림 09-03** AFTER 트리거를 사용하는 케이스

## 트리거를 기동하는 단위

다음으로 트리거를 기동하는 단위입니다. 트리거는 기동할 타이밍 외에 기동할 단위도 지정할 필요가 있습니다. 기동 단위에는 다음과 같이 두 종류가 있습니다.

**표 09-03** 트리거를 기동하는 단위

| 종류 | 개요 |
|------|------|
| 문장 트리거(Statement Trigger) | DML문에 대해 한 번만 기동함 |
| 행 트리거(Row Trigger) | DML문이 영향을 주는 행(row)마다 기동함 |

예를 들어, 그림 09-02에 설정되어 있는 트리거의 경우에 DML문이 실행된 타이밍에 트리거를 한 번만 기동하면 요건을 충족할 수 있습니다. 그러나 그림 09-03에 설정되어 있는 트리거의 경우, 변경된 행(row)에 대한 처리를 기록하고자 하는 요건이 있으므로 트리거를 변경이 발생한 행별로 기동할 필요가 있습니다.

## 트리거의 조합

다음의 표 09-04는 트리거가 기동되는 타이밍과 단위의 조합별 특징을 정리한 내용입니다.

**표 09-04** 트리거를 기동하는 단위

| | 문장 트리거<br>(Statement Trigger) | 행 트리거<br>(Row Trigger, FOR EACH ROW) |
|------|------|------|
| BEFORE 트리거 | BEFORE 문장 트리거. DML문의 실행 전에 한 번만 기동함 | BEFORE 행 트리거. DML문에 의해 영향을 받는 각 행(row)에 대해 DML문이 실행되기 전에 트리거를 기동함 |
| AFTER 트리거 | AFTER 문장 트리거. DML문의 실행 후 한 번만 기동함 | AFTER 행 트리거. DML문에 의해 영향을 받는 각 행(row)에 대해 DML문이 실행된 후 트리거를 기동함 |

## ● 트리거 작성

그러면 트리거를 작성해보도록 하겠습니다. 트리거를 작성할 때는 정의부에서 지금까지 설명해 온 **트리거가 기동되는 타이밍**을 정의해야 합니다. 또한, 트리거 내에서 선언부를 기술하는 경우는 DECLARE 키워드를 지정합니다.

| 서식 | 트리거 작성 |

```
CREATE [ OR REPLACE ] TRIGGER 〈트리거명〉
  { BEFORE | AFTER }
  { DELETE | INSERT | UPDATE [ OF 〈컬럼명〉 ] } ON 〈테이블명〉       정의부
  [ FOLLOWS 〈트리거명〉 [, 〈트리거명〉 · · · ] ]
  [ { ENABLE | DISABLE } ]
  [ FOR EACH ROW [ WHEN 〈조건〉 ] ]
DECLARE
[ 〈선언부〉 ]
BEGIN
  〈실행부〉                                                         본체
[ EXCEPTION
  〈예외 처리부〉 ]
END ;
```

※ ENABLE, DISABLE 지정을 생략한 경우는 디폴트로 ENABLE이 적용됩니다.

**표 09-05** 트리거 작성 시의 파라미터

| 파라미터 | 개요 |
|---|---|
| BEFORE, AFTER | 트리거가 기동하는 타이밍을 지정한다 |
| OF 〈컬럼명〉 | UPDATE문을 지정한 경우 컬럼 리스트를 포함할 수 있다. 컬럼 리스트를 지정하면 트리거를 지정된 컬럼이 갱신된 경우에만 기동한다. 여러 컬럼을 기동 조건으로 하는 것도 가능하며, 이 경우 콤마(,)로 구분하여 지정한다(예: UPDATE OF sal, deptno). |

**표 09-05** 트리거 작성 시의 파라미터(계속)

| 파라미터 | 개요 |
|---|---|
| FOLLOWS※ | 같은 테이블에 동일한 타입의 여러 트리거를 만들 때, 실행 순서를 지정할 수 있다. 관련된 모든 트리거에 대해 직전에 실행하는 트리거를 지정한다. 그러나 FOLLOWS에서 지정하는 트리거는 이미 존재하고 있는 것이어야 한다 |
| ENABLE, DISABLE※ | 사용 가능, 또는 사용 불가능으로 트리거를 작성할 수 있다 |
| FOR EACH ROW | 이 구문 절을 사용하는 경우, 트리거가 기동되는 단위가 행 트리거가 된다. 지정하지 않으면 구문(Statement) 트리거가 된다 |
| WHEN절 | 트리거를 기동하는 조건을 지정한다. 행 트리거를 지정한 경우에만 지정 가능하다. 대상이 되는 각 행의 조건을 확인해보자 |

※ FOLLOWS, ENABLE, DISABLE은 Oracle 11g R11.1부터 지정 가능합니다.

리스트 09-01에서는 일요일에 EMP 테이블의 데이터를 변경하면 오류를 발생시키는 트리거를 작성하고 있습니다. 이 트리거는 INSERT문, DELETE문, UPDATE문 중 하나의 **DML문**이 EMP 테이블에 수행되기 전에 기동합니다※. 이번에는 **문장 트리거**를 작성하기 위해 **FOR EACH ROW**는 설정하지 않습니다(❶). 또한, 일요일인 경우 오류를 반환합니다(❷).

※ DML문의 종류에 따라 처리를 분기하는 **조건 서술어**(INSERTING, UPDATING, DELETING)를 사용하여 메시지를 바꾸고 있습니다.

**리스트 09-01** 트리거 emp_nomod 작성

```
SQL> CREATE OR REPLACE TRIGGER emp_nomod
  2  BEFORE INSERT OR DELETE OR UPDATE ON emp ─────────────────❶
  3  BEGIN
  4    IF (TO_CHAR(SYSDATE,'DY') = '일') THEN ───────────────❷
  5      IF DELETING THEN
  6        raise_application_error
  7          (-20325,'일요일에 데이터 삭제는 할 수 없습니다.');
  8      ELSIF INSERTING THEN
  9        raise_application_error
 10          (-20326,'일요일에 데이터 추가는 할 수 없습니다.');
```

```
11      ELSIF UPDATING THEN
12        raise_application_error
13          (-20327,'일요일에 데이터 삭제는 할 수 없습니다.');
14      ELSE
15        raise_application_error
16          (-20328,'일요일에 EMP 테이블의 변경은 할 수 없습니다.');
17      END IF;
18    ELSE NULL;
19    END IF;
20  END;
21  /
```

트리거가 생성되었습니다.

리스트 09-02에서는 일요일에 EMP 테이블에 대한 변경 작업을 수행하고 있습니다. UPDATE문이 실행되기 전에 트리거가 자동적으로 기동되어 오류를 반환하는 것을 확인할 수 있습니다.

**리스트 09-02** 트리거 emp_nomod 작성

```
SQL> UPDATE emp SET sal = 1000 WHERE empno = 7369;
UPDATE emp SET sal = 1000 WHERE empno = 7369
       *
1행에 오류:
ORA-20327: 일요일에 데이터 삭제는 할 수 없습니다.
ORA-06512: "SCOTT.EMP_NOMOD", 10행
ORA-04088: 트리거 'SCOTT.EMP_NOMOD'의 수행시 오류
```

## ● 상관 관계명 old와 new

트리거에서는 old와 new라는 **상관 관계명**을 사용하여 트리거를 기동한 DML문 처리에 대한 변경 전후의 값을 조회할 수 있습니다. 예를 들면 값 500을 갱신하여 100으로 바꾼 경우, 상관 관계명 old를 사용하면 '500', 상관 관계명 new를 사용하면 '100'

을 조회할 수 있습니다※. 그러나 상관 관계명의 사용은 대상 행의 컬럼 값에 액세스하기 위한 것이므로 행 트리거에서만 조회할 수 있습니다.

※ 트리거 본문에서 사용하는 경우 콜론(:)을 붙여야 합니다(:new, :old).

리스트 09-03에서는 상관 관계명 old와 new를 사용하여 EMP 테이블에 대한 변경 정보(변경 전후의 값)를 **감사 테이블인 AUDIT_TABLE에** 저장하는 트리거를 작성합니다. 이 트리거는 INSERT문, DELETE문, UPDATE문 중 하나의 DML문이 EMP 테이블에 실행된 후 기동됩니다(❶). 또한, 상관 관계명 old와 new는 행 트리거에서만 사용할 수 있으므로 FOR EACH ROW를 지정하여 행 트리거를 작성합니다(❷). 취득한 값은 감사 내용으로써 감사 테이블 AUDIT_TABLE에 저장됩니다(❸).

**리스트 09-03** 상관 관계명 old와 new의 사용 예

```
SQL> CREATE OR REPLACE TRIGGER modify_emp
  2  AFTER INSERT OR UPDATE OR DELETE ON emp ──────────❶
  3  FOR EACH ROW ─────────────────────────────────❷
  4  BEGIN
  5    IF INSERTING THEN
  6      INSERT INTO audit_table
  7          VALUES('EMP','INSERT',:new.empno);
  8    ELSIF DELETING THEN
  9      INSERT INTO audit_table
 10          VALUES('EMP','DELETE',:old.empno);      ❸
 11    ELSIF UPDATING THEN
 12      INSERT INTO audit_table
 13          VALUES('EMP','UPDATE',:old.empno);
 14    END IF;
 15  END;
 16  /
```

트리거가 생성되었습니다.

리스트 09-04에서는 리스트 09-03에서 작성한 트리거가 수행한 처리 작업을 확인하고 있습니다. 감사 테이블인 AUDIT_TABLE에 로그가 저장되므로 트리거의 기동 여부를 확인할 수 있습니다.

```
SQL> DELETE FROM emp WHERE empno = 7369;

1 행이 삭제되었습니다.

SQL> SELECT * FROM audit_table;

TABLENAME       ACTION      MOD_VAL
-------------   ----------  -------
EMP             DELETE      7369
```

또한, 상관 관계명 old와 new를 사용하면 변경 전후의 값을 참조하는 것뿐만 아니라 **갱신하는 것도 가능합니다.**

예를 들어 INSERT문에서 값 100이 삽입된 경우, 트리거 내에서 상관 관계명 new를 사용하여 '100'을 조회하고, 조회한 값을 '500'으로 변경해서 다시 삽입할 수 있습니다.

단, 상관 관계명을 사용한 값 참조는 BEFORE 트리거, AFTER 트리거 양쪽 모두 할 수 있지만, 값의 갱신은 BEFORE 트리거에서만 가능합니다. 또한 UPDATE문의 경우는 새로운 컬럼 값과 원래 컬럼 값을 확인할 수 있으나, INSERT문의 경우는 이전 값(원래 컬럼 값)은 존재하지 않아 NULL 값이 되므로 새로운 컬럼 값의 확인만 가능합니다. DELETE문의 경우에는 원래 컬럼 값에 액세스할 수 있습니다.

**표 09-06** 상관 관계명 old와 new의 반환 값 목록

|  | New | old |
|--------|---------------|------------------|
| INSERT | INSERT된 값 | NULL |
| UPDATE | UPDATE된 값 | UPDATE되기 전의 값 |
| DELETE | NULL | DELETE되기 전의 값 |

그리고 자세한 설명은 하지 않겠으나, 실은 상관 관계명 old와 new를 사용하여 대

상 컬럼 이외의 값도 조회가 가능합니다. 예를 들면, EMPNO 컬럼 값을 갱신할 때 ENAME 컬럼 값을 조회하는 것도 가능합니다.

## ● 트리거와 트랜잭션

트리거 내에서는 DDL문과 **트랜잭션 제어문**(COMMIT, ROLLBACK문)을 기술할 수 없습니다. 그것은 DML문이 수행하는 처리와 트리거가 수행하는 처리가 동일한 트랜잭션에서 수행되기 때문에 트리거 내에 COMMIT문(ROLLBACK문)이 기술되어 있으면 사용자가 알지 못하는 곳에서 트랜잭션이 종료되기 때문입니다.

리스트 09-05에서 만든 트리거를 실행하면 감사 테이블인 AUDIT_TABLE에 감사 로그가 저장됩니다(❶). 여기서 DELETE 처리를 한 사용자가 롤백하면 트리거의 처리 내용도 함께 롤백됩니다. 이를 통해 트리거 처리가 동일한 트랜잭션에서 이루어지고 있다는 것을 알 수 있습니다(❷).

**리스트 09-05** 트리거의 트랜잭션

```
SQL> DELETE FROM emp WHERE empno = 7369;

1 행이 삭제되었습니다.

SQL> SELECT * FROM audit_table;

TABLENAME     ACTION      MOD_VAL
------------  ----------  -------
EMP           DELETE      7369 ─────────────────────────────────── ❶

SQL> ROLLBACK;

롤백이 완료되었습니다.

SQL> SELECT * FROM audit_table;
                                  ─────────────────────────────── ❷
선택된 레코드가 없습니다.
```

트랜잭션이 **롤백**되어도 그 이력을 감사 로그로 남겨두고 싶은 경우에는 트리거를 기동시킨 트랜잭션과 트리거를 처리하는 트랜잭션을 다른 트랜잭션으로 설정할 필요가 있습니다. 이런 처리를 설정하는 경우 **자율형 트랜잭션**※을 사용합니다.

※ 자율형 트랜잭션에 대해서는 324쪽의 'APPENDIX 07 자율형 트랜잭션'을 참조하십시오.

## Oracle의 감사 기능에 대하여

▼
**C**OLUMN

앞서 트리거를 사용하여 감사 로그를 취할 수 있는 방법을 설명했습니다만, Oracle은 트리거 외에도 다음의 네 가지 감사 기능을 제공합니다. 여기서는 각각의 감사 기능을 소개해보도록 하겠습니다※.

※ Oracle 12c에서는 기존의 감사 기능을 강화한 통합 감사 기능이 제공됩니다. 감사에 대한 자세한 내용은 'Oracle Database Security Guide 12c Release' 매뉴얼을 참조하십시오.

**표 09-07** Oracle의 감사 기능 목록

| 감사 기능 | 개요 |
|---|---|
| 필수 감사 | 관리 사용자로 Oracle에 연결한 경우, 또는 Oracle의 기동·정지를 수행한 경우에 항상 디폴트로 감사하는 기능 |
| DBA(데이터베이스 관리자) 감사 | DBA가 수행한 작업에 대해 감사하는 기능. 이를 통해 관리 사용자가 어떠한 조작을 수행하였는지를 조사하는 것이 가능함 |
| 데이터베이스 감사 | 오브젝트 레벨(테이블·뷰 등)에서 대상 오브젝트에 대해, 어떤 사용자가 어떤 조작을 수행했는가를 감사하는 기능. 다음 세 레벨에서 감사 작업을 수행함<br>• SQL문 레벨<br>• 시스템 권한 레벨<br>• 오브젝트 레벨 |
| Fine-Grained 감사※ | 오브젝트(테이블·뷰) 내의 특정 컬럼에 대한 SELECT문, UPDATE문, DELETE문, INSERT문의 감사를 수행하는 기능. 예를 들어 WHERE절 조건에 따라 감사 수행 여부를 설정할 수 있음 |

※ Fine-Grained 감사는 Enterprise Edition에서만 사용 가능한 기능입니다.

한편 트리거로는 **상관 관계명 old와 new**를 사용하여, 변경 전후의 값을 조회한 뒤 그 변경 이력을 기록할 수 있습니다. 이와 같은 처리는 다른 감사 기능에서는 수행할 수 없습니다.

## ● WHEN절 사용

WHEN절※을 사용하면 **트리거의 기동 조건**을 세세히 지정할 수 있습니다. 이를 통해 트리거가 불필요하게 기동되어 발생하는 오버헤드를 줄일 수 있습니다.

※ WHEN절은 행 트리거의 경우에만 설정할 수 있습니다.

리스트 09-06에서는 트리거의 기동 조건으로 WHEN절을 지정하여 '급여가 30% 이상 감소된 경우'에만 트리거가 실행되도록 합니다(❶).

**리스트 09-06** 트리거 check_sal 작성

```
SQL> CREATE OR REPLACE TRIGGER check_sal
  2  BEFORE UPDATE OF sal ON emp
  3  FOR EACH ROW
  4  WHEN(new.sal/old.sal<=0.7) ──────────────────────────❶
  5  BEGIN
  6    raise_application_error(-20005,'한계 값을 초과한 감봉입니다');
  7  END;
  8  /

트리거가 생성되었습니다.
```

그럼 트리거 check_sal을 실행해보겠습니다.

리스트 09-07에서는 UPDATE문을 실행하여 SAL컬럼의 값을 500으로 변경하려 하지만, 지정된 값이 한계 값을 초과하기 때문에 트리거 check_sal이 실행되어 오류를 발생시키는 것을 확인할 수 있습니다(❷).

**리스트 09-07** 트리거 check_sal의 실행 예

```
SQL> UPDATE emp SET sal = 500 WHERE empno = 7369;
UPDATE emp SET sal = 500 WHERE empno = 7369
     *
1행에 오류:
```

```
ORA-20005: 한계 값을 초과한 감봉입니다 ————————————————————❷
ORA-06512: "SCOTT.CHECK_SAL", 2행
ORA-04088: 트리거 'SCOTT.CHECK_SAL'의 수행시 오류
```

## ● 트리거의 상태 변경

지금까지 트리거를 작성하여 **보안 검사** 및 **감사**의 용도로 수행하는 방법을 설명했습니다. 여기서는 **배치(Batch) 처리**를 실행하는 경우 등에 트리거를 일시적으로 비활성화하는 방법을 설명합니다.

특정 트리거의 상태를 변경하려면 **ALTER TRIGGER문**을 사용합니다※.

※ 사용 불가 상태로 작성한 트리거를 사용 가능하도록 만드는 경우에도 ALTER TRIGGER문을 사용합니다.

---

| 서식 | ALTER TRIGGER문 |
| --- |

ALTER TRIGGER 〈트리거명〉 { ENABLE | DISABLE } ;

---

**표 09-08** ALTER TRIGGER문의 옵션

| 종류 | 개요 |
| --- | --- |
| ENABLE | 트리거를 사용할 수 있게 함 |
| DISABLE | 트리거를 사용할 수 없게 함 |

다만 복수의 트리거를 사용할 수 없게 하는 경우에는 트리거 개수만큼 ALTER TRIGGER문을 실행해야 하는 매우 번거로운 작업이 이루어집니다. 그러므로 특정 테이블마다 정의된 모든 트리거의 상태를 일괄적으로 변경하는 방법을 설명하겠습니다.

ALTER TABLE 〈테이블명〉 { ENABLE | DISABLE } ALL TRIGGERS ;

ALTER TABLE문에 ALL TRIGGERS를 지정하여 특정 테이블에 대한 모든 트리거의 상태
를 일괄적으로 변경할 수 있습니다. 앞서 설명한 배치 처리에 따라 트리거를 사용하
지 못하도록 하는 등의 경우에는 ALTER TABLE문을 사용하는 편이 작업을 단순화
할 수 있습니다.

## ● 트리거의 관리

어떤 테이블에 정의되어 있는 트리거를 확인하려면, 데이터 딕셔너리의 USER_
TRIGGERS 뷰를 사용합니다. USER_TRIGGERS 뷰를 조회하면, 트리거가 기동되는
타이밍과 단위, 현재 트리거의 사용 가능 여부 등의 정보를 확인할 수 있습니다.

다음 페이지의 리스트 09-08에서는 USER_TRIGGERS 뷰를 사용하여 EMP테이
블에 정의된 트리거의 정보를 확인합니다.

**리스트 09-08** USER_TRIGGERS 뷰의 실행 예

```
SQL> SELECT trigger_name,trigger_type,table_name,status
  2                                  FROM user_triggers;

TRIGGER_NAME TRIGGER_TYPE       TABLE_NAME STATUS
------------ ---------------- ---------- --------
CHECK_SAL    BEFORE EACH ROW    EMP        ENABLED
MODIFY_EMP   AFTER EACH ROW     EMP        ENABLED
EMP_NOMOD    BEFORE STATEMENT   EMP        ENABLED
```

## USER_TRIGGERS 뷰

사용자가 소유한 트리거의 상세 정보를 표시합니다.

표 09-09 USER_TRIGGERS 뷰의 주요 컬럼

| 컬럼명 | 개요 |
|---|---|
| TRIGGER_NAME | 트리거명 |
| TRIGGER_TYPE | 트리거를 기동하는 타이밍 |
| TRIGGERING_EVENT | 트리거를 기동하는 이벤트 |
| TRIGGER_OWNER | 트리거가 정의된 테이블의 소유자 |
| TABLE_NAME | 트리거가 정의된 테이블명, 또는 뷰명 |
| STATUS | 트리거의 상태 |
| DESCRIPTION | 트리거의 설명 |
| TRIGGER_BODY | 기동 시에 트리거가 실행할 한 개 이상의 구문 |

## ● 트리거의 종속

트리거의 처리에 의해 다른 트리거가 기동되는 상태를 트리거의 **종속(Cascade)**이라고 합니다. Oracle에서의 트리거 종속은 최대 32개까지로 제한되어 있습니다. 다음 페이지의 그림 09-04은 테이블A에 대한 INSERT문(❶)에 의해 트리거가 기동되고 (❷), 그 트리거가 테이블B에 수행한 처리 작업으로 인해 다른 트리거가 기동되고 있는 상태(❸)를 나타냅니다.

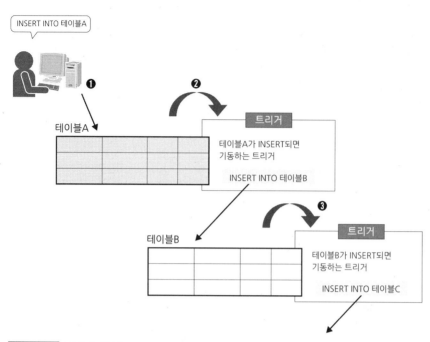

**그림 09-04** 트리거의 종속

## ● 트리거의 실행 권한

트리거는 자동적으로 기동되기 때문에 **EXECUTE 권한**은 존재하지 않습니다. 기동되는
동기가 될 DML 처리를 수행할 권한이 있으면 다른 권한 요구 없이 트리거가 자동으
로 기동됩니다. 또한, 트리거는 SQL*Plus의 **EXECUTE 명령어**나 PL/SQL **블록**에서 **명시
적**으로 실행할 수 없습니다.

## ● 정리

트리거란, 어떠한 이벤트를 방아쇠(트리거)로 하여 자동으로 기동되는 프로시저입니다. 트리거에는 여러 종류가 있지만, 이번 장에서는 테이블에 대한 DML문으로 기동되는 트리거를 설명하였습니다.

### ● 트리거의 타입과 선택

트리거를 작성할 때는 정의부에서 트리거를 기동하는 타이밍과 기동 단위를 정의합니다.

---

**서식** **트리거의 정의부**

CREATE [ OR REPLACE ] TRIGGER 〈트리거명〉
  { BEFORE | AFTER }
  { DELETE | INSERT | UPDATE [ OF 〈컬럼명〉 ] } ON 〈테이블명〉
  [ FOLLOWS 〈트리거명〉 [,〈트리거명〉… ] ]
  [ ENABLE | DISABLE ]
  [ FOR EACH ROW [ WHEN 〈조건〉 ] ]

---

### ● 기동 단위(FOR EACH ROW)

FOR EACH ROW를 지정하지 않는 경우, DML문에 대해 트리거가 한 번만 기동됩니다(문장 트리거(Statement Trigger)). FOR EACH ROW를 지정한 경우 DML문이 영향을 주는 행(row)마다 트리거가 기동됩니다(행 트리거(Row Trigger)).

### ● 상관 관계명 old와 new

행 트리거에 한해서 상관 관계명 old와 new를 사용하여 업데이트 전후의 값을 조회할 수 있습니다. 또한, 변경한 값(new)을 트리거로 덮어쓸 수도 있습니다

## ● WHEN절

행 트리거에 한해서 정의부에 WHEN절을 사용하여 트리거의 실행 조건을 제어할 수 있습니다. 이를 통해 트리거 기동을 최소한으로 필요한 만큼 제한할 수 있습니다.

## ● 트리거와 트랜잭션

트리거의 처리와 트리거를 기동하는 DML문은 동일 트랜잭션입니다.

# 응용편

# PL/SQL
# 심화 응용 테크닉

이번 장에서는 현장에서 사용 가능한 PL/SQL 응용 테크닉을 설명합니다. 앞서 기초편, 실전편에서 배운 PL/SQL 프로그래밍 스킬을 더욱 강화하고, 어떤 상황에서도 활용할 수 있도록 합시다. 또한, 마지막 챕터에서는 성능 튜닝에 대해서 설명할 것입니다. 시시각각 변화해 가는 시스템에 적합하게 사용될 우수한 PL/SQL을 작성해낼 수 있도록 합시다.

# 응용편

PL/SQL 심화 응용 테크닉

# CHAPTER 10 레코드와 컬렉션

지금까지 설명해온 변수에는 하나의 값만 대입할 수 있었습니다. 그러나 이걸로는 대량의 데이터를 한꺼번에 처리하기가 매우 불편합니다.

그러므로 이번 장에서는 이와 같은 문제를 해결할 **레코드**와 **컬렉션**에 대해서 설명하겠습니다. 이들은 여러 프로그램 간에 파라미터로서 전달하는 것도 가능하므로, 습득한다면 보다 효율적인 프로그램을 작성할 수 있을 것입니다.

## ● 레코드란?

레코드는 복수의 값을 저장할 수 있는 변수입니다. 앞서 설명한 테이블과 커서의 행 구조를 참조하는 **%ROWTYPE 속성**(25쪽 참조)도 한 번에 복수의 값을 저장할 수 있어 레코드의 종류 중 하나에 속합니다.

%ROWTYPE 속성과 같이 오브젝트를 참조하는 것이 아니라 사용자가 직접 정의한 레코드를 만들 수도 있습니다.

레코드에는 다음과 같이 두 종류가 있습니다.

**표 10-01** 레코드 종류

| %ROWTYPE 레코드 | %ROWTYPE 속성으로 선언된 변수 |
| --- | --- |
| 사용자 정의 레코드 | 사용자 정의의 레코드 타입으로 선언된 변수 |

**%ROWTYPE 레코드**

| 필드명(컬럼명) | 필드명(컬럼명) | 필드명(컬럼명) |
|---|---|---|
| 컬럼 데이터 타입 | 컬럼 데이터 타입 | 컬럼 데이터 타입 |

**사용자 정의 레코드**

| 필드명 | 필드명 | 필드명 |
|---|---|---|
| 데이터 타입 | 데이터 타입 | 데이터 타입 |

**그림 10-01** 레코드의 개념

여기서는 **사용자 정의 레코드**에 대해서 설명하겠습니다.

## 사용자 정의 레코드 정의

**사용자 정의 레코드**를 정의하려면 먼저 타입을 정의할 필요가 있습니다. 타입을 정의할 때 사용자가 **필드 개수**와 **필드명**, **데이터 타입**을 자유로이 정의합니다. 그리고 다음으로 정의한 타입과 변수명을 매핑합니다. 사용자 정의 레코드는 NUMBER 타입이나 %ROWTYPE 속성의 변수와는 달리 **타입 정의**와 **변수 정의**의 두 단계가 필요합니다.

### ● 레코드 타입 정의

사용자 고유의 레코드 타입을 정의합니다. 레코드 타입은 다음과 같은 특징이 있습니다.

- 필드의 데이터 타입에 **%TYPE, %ROWTYPE 속성**을 사용할 수 있다
- 필드에 **NOT NULL 제약 조건**을 지정할 수 있다
- 필드에 디폴트 값을 지정하여 **초기화**할 수 있다

서 식  레코드 타입 정의

```
TYPE 〈레코드 타입명〉 IS RECORD
  (〈필드명〉 〈데이터 타입〉
    [ NOT NULL { := | DEFAULT } 〈디폴트 값〉]
  [,〈필드명〉 〈데이터 타입〉
    [ NOT NULL { := | DEFAULT } 〈디폴트 값〉] ··· ]);
```

● 레코드 정의

앞서 정의한 레코드 타입과 레코드명을 매핑합니다.

서 식  레코드 정의

```
〈레코드명〉 〈레코드 타입명〉;
```

## 🔵 사용자 정의 레코드 사용 방법

사용자 정의 레코드는 %ROWTYPE 속성의 변수와 동일하게 사용 가능합니다. **레코드명**과 **필드명**을 지정하여 각 필드를 참조하고, 대입 연산자(:=)와 SELECT INTO문, FETCH INTO문을 사용하여 값을 대입합니다. 리스트 10-01에서는 a, b라는 두 개의 필드가 있는 레코드 타입 rec를 정의합니다(❶). 이어서 레코드 타입 rec의 사용자 정의 레코드 record_type을 정의합니다(❷). 실행부에서는 레코드의 각 필드에 값을 대입합니다(❸).

**리스트 10-01** 사용자 정의 레코드의 사용 예

```
SQL> DECLARE
  2    TYPE rec IS RECORD ⌐
  3      (a NUMBER(2),                              ❶
  4       b VARCHAR2(6)); ⌐
  5    record_type rec;                             ❷
  6  BEGIN
  7    record_type.a := 1;                          ❸
  8    record_type.b := 'Part1';
```

```
  9     DBMS_OUTPUT.PUT_LINE(record_type.a||' '||record_type.b);
 10   END;
 11   /
1 Part1

PL/SQL 처리가 정상적으로 완료되었습니다.
```

**RECORD_TYPE 레코드**

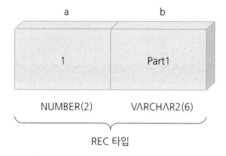

**그림 10-02** 사용자 정의 레코드

또한, 동일한 레코드 타입으로 선언된 레코드가 있다면 필드명을 지정하지 않고 레코드에 값을 대입할 수 있습니다. 리스트 10-02에서는 두 개의 레코드 타입 rec의 레코드를 정의하고 있습니다(❹). 같은 레코드 타입 rec이기 때문에 필드명을 지정하지 않고 값을 대입할 수 있는 것을 확인 가능합니다(❺).

**리스트 10-02** 동일 레코드 타입의 사용 예

```
SQL> DECLARE
  2     TYPE rec IS RECORD
  3       (a NUMBER(2),
  4        b VARCHAR2(6));
  5     record_type   rec;                                              ❹
  6     record_type2  rec;
  7   BEGIN
  8     record_type.a := 1;
  9     record_type.b := 'Part1';
 10     record_type2 := record_type;                                    ❺
```

```
 11    DBMS_OUTPUT.PUT_LINE(record_type2.a||' '||record_type2.b);
 12  END;
 13  /
1 Part1

PL/SQL 처리가 정상적으로 완료되었습니다.
```

## ● 파라미터와 함수의 반환 값으로 레코드 사용

레코드 타입을 **프로시저의 파라미터와 함수의 반환 값으로** 사용하는 것이 가능합니다. 레코드 타입을 지정하면 복수의 값을 통합하여 다른 프로그램에 전달할 수 있습니다. 리스트 10-03에서는 파라미터의 데이터 타입에 %ROWTYPE 속성 변수를 지정합니다(❶).

**리스트 10-03** 레코드를 파라미터로 전달

```
SQL> CREATE OR REPLACE PROCEDURE get_record(rec dept%ROWTYPE) ————❶
  2  IS
  3  BEGIN
  4    DBMS_OUTPUT.PUT_LINE(rec.deptno||'
  5                        '||rec.dname||'
  6                        '||rec.loc);
  7  END;
  8  /

프로시저가 생성되었습니다.
```

리스트 10-04에서 리스트 10-03의 프로시저 get_record를 실행합니다. 실제 파라미터에는 SELECT INTO문에서 추출한 변수를 지정합니다(❷).

프로시저가 출력한 값을 확인하면 '20, RESEARCH, DALLAS'라고 표시되어 있으며, 파라미터에서 한 번에 세 개의 값을 받은 것을 확인할 수 있습니다(❸).

레코드를 전달받은 프로그램 예

```
SQL> DECLARE
  2    dept_row dept%ROWTYPE;
  3  BEGIN
  4    SELECT * INTO dept_row FROM dept WHERE deptno = 20;
  5    get_record(dept_row);                                    ❷
  6  END;
  7  /
 20  RESEARCH  DALLAS                                           ❸

PL/SQL 처리가 정상적으로 완료되었습니다.
```

## ⬤ 레코드를 사용한 데이터 삽입 및 변경

레코드를 사용하면 테이블에 값을 삽입, 또는 업데이트하는 작업을 한꺼번에 수행할
수 있습니다.

### ● 레코드 삽입

INSERT문의 VALUES절에 레코드를 지정할 수 있습니다. 통상적으로 VALUES절
에는 삽입하려는 각 컬럼에 대해 값을 지정하지만, 레코드를 사용하면 이미 결정되
어 있는 값을 지정할 수 있습니다. 그러나 지정할 레코드 내의 필드에는 다음과 같은
제한이 있으므로 주의하십시오.

- 필드의 개수를 **테이블 정의** 또는 **INTO절 컬럼 목록**과 동일하게 해야 함
- 필드의 데이터 타입은 적재 대상 컬럼의 데이터 타입과 **호환성을 가져야 함**

| 서식 | 레코드 삽입 |
| --- | --- |
| INSERT INTO 〈테이블명〉 VALUES 〈레코드명〉; | |

리스트 10-05에서는 레코드를 사용하여 DEPT 테이블에 1행을 삽입합니다. 레코드
에는 삽입할 세 개의 값을 미리 대입해 놓습니다(❶). 그리고 INSERT문의 VALUES
절에서 레코드를 사용하여 결정된 값을 삽입합니다(❷).

```
SQL> DECLARE
  2     rec dept%ROWTYPE;
  3  BEGIN
  4     rec.deptno := 50;
  5     rec.dname  := 'SE';
  6     rec.loc    := 'DETROIT';
  7
  8     INSERT INTO dept
  9     VALUES rec;
 10  END;
 11  /

PL/SQL 처리가 정상적으로 완료되었습니다.

SQL> SELECT * FROM dept WHERE deptno = 50;

 DEPTNO DNAME   LOC
------- ------- -------
     50 SE      DETROIT
```

❶
❷

## ● 레코드를 사용한 행 데이터 변경

통상적으로 UPDATE문에서는 특정 컬럼 단위로 업데이트하지만, 레코드를 사용하면 값을 1행(row) 단위로 한꺼번에 업데이트할 수 있습니다. 이 경우 ROW라는 특별한 키워드를 사용합니다.

> **서 식** **레코드를 사용한 행(row) 데이터 변경**
>
> UPDATE 〈 테이블명 〉 SET ROW = 〈레코드명〉;

ROW 키워드에는 다음과 같은 제한이 있으므로 주의하십시오.

- ROW 키워드와 **서브 쿼리**를 함께 사용할 수 없음
- ROW 키워드를 사용하는 경우, 허용되는 **SET절은 한 개뿐임**

레코드를 사용하여 행을 업데이트하는 경우, 레코드를 테이블의 행 구성에 따라 지정할 필요가 있기 때문에 SET절에는 %ROWTYPE 속성을 사용하는 것이 가장 효율적입니다. 리스트 10-06에서는 업데이트할 세 개의 값을 레코드에 할당하여(❶) DEPT 테이블의 모든 컬럼을 한꺼번에 업데이트하고 있습니다(❷).

**리스트 10-06** 레코드를 사용한 행 업데이트 예

```
SQL> DECLARE
  2    rec dept%ROWTYPE;
  3  BEGIN
  4    rec.deptno := 60;
  5    rec.dname  := 'PERSONNEL';                        ❶
  6    rec.loc    := 'CHICAGO';
  7
  8    UPDATE dept SET ROW = rec WHERE deptno = 50;      ❷
  9  END;
 10  /

PL/SQL 처리가 정상적으로 완료되었습니다.

SQL> SELECT * FROM dept WHERE deptno = 60;

 DEPTNO DNAME      LOC
------- ---------- --------
     60 PERSONNEL  CHICAGO
```

## ● 컬렉션이란?

동일한 데이터 타입의 복수의 값을 받는 변수를 **컬렉션**이라고 부릅니다. 컬렉션은 레코드와는 달리 **요소** 및 **인덱스**로 구성되며, **번호**를 사용하여 각 요소에 액세스합니다.

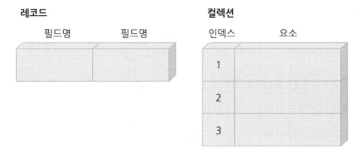

**그림 10-03** 레코드와 컬렉션의 차이

PL/SQL에서는 다음 세 종류의 컬렉션을 사용할 수 있습니다.

- 연관 배열(Associative Array)※
- 중첩 테이블(NESTED TABLE)
- VARRAY

※ 버전에 따라 '인덱스된 테이블' 또는 'PL/SQL 테이블'이라고 부르기도 합니다.

PL/SQL에서 컬렉션을 조작할 때는 일반적으로 연관 배열을 가장 많이 사용합니다. 따라서 여기서는 **연관 배열**에 대한 상세한 내용을 설명하겠습니다※.

※ 중첩 테이블과 VARRAY에 대해서는 345쪽의 'APPENDIX 09 중첩 테이블과 VARRAY'를 참조해 주십시오.

## ● 연관 배열

**연관 배열(Associative Array)**을 정의하려면 먼저 **TABLE 타입**을 정의할 필요가 있습니다. 타입 정의 시에 인덱스와 요소의 데이터 타입을 정의합니다. 또한, 레코드와 같이 **타입 정의**와 **변수 정의**의 두 단계가 필요합니다.

## 🔵 연관 배열 정의

### ● 타입 정의

연관 배열을 사용하려면 먼저 TABLE 타입을 정의합니다. TABLE OF 뒤에 TABLE 타입 요소의 데이터 타입을 지정합니다. 또한, INDEX BY절 뒤에 지정한 데이터 타입이 인덱스의 데이터 타입이 됩니다.

> **서식  테이블 타입 정의**
>
> TYPE 〈테이블 타입〉 IS TABLE OF 〈데이터 타입〉 [ NOT NULL ]
>   INDEX BY {
>     BINARY_INTEGER | PLS_INTEGER | 〈문자 데이터 타입〉 (〈상한 사이즈〉)
> };

### ● 연관 배열 정의

앞서 정의한 테이블 타입과 연관 배열명을 매핑합니다.

> **서식  연관 배열 정의**
>
> 〈연관 배열명〉 〈테이블 타입명〉;

## 🔵 연관 배열 사용 방법

연관 배열의 요소를 참조하려면 **인덱스 번호**를 사용합니다. 또한, 요소에 값을 대입하는 경우는 대입 연산자(:=)나 SELECT INTO문, FETCH INTO문을 사용합니다.

> **서식  연관 배열 참조**
>
> 〈연관 배열명〉(〈인덱스 번호〉);

다음 페이지의 리스트 10-07에서는 문자 데이터를 저장할 TABLE 타입 tab을 정의한 뒤(❶), 연관 배열 col_table을 정의하고 있습니다(❷). 실행부에서는 인덱스 번호 1에 'Part1', 인덱스 번호 2에 'Part2', 인덱스 번호 3에 'Part3'의 값을 대입합니다 (❸). 대입 후의 연관 배열 col_table은 그림 10-04와 같이 세 개의 값이 함께 저장되어 있습니다. 각 요소에 저장된 값은 인덱스 번호를 사용하여 참조합니다(❹).

**리스트 10-07** 연관 배열의 사용 예

```
SQL> DECLARE
  2    TYPE tab IS TABLE OF VARCHAR2(10)
  3                   INDEX BY PLS_INTEGER;                    ❶
  4    col_table tab;                                         ❷
  5  BEGIN
  6    col_table(1) := 'Part1';
  7    col_table(2) := 'Part2';                               ❸
  8    col_table(3) := 'Part3';
  9
 10    DBMS_OUTPUT.PUT_LINE(col_table(1));
 11    DBMS_OUTPUT.PUT_LINE(col_table(2));                    ❹
 12    DBMS_OUTPUT.PUT_LINE(col_table(3));
 13  END;
 14  /
Part1
Part2
Part3

PL/SQL 처리가 정상적으로 완료되었습니다.
```

**연관 배열(COL_TABLE)**

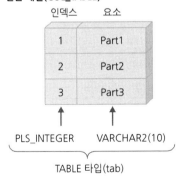

**그림 10-04** 연관 배열의 요소

## 🔵 연관 배열 사용 시 주의점

연관 배열을 사용하는 경우에는 다음 사항에 유의하십시오.

- 이미 사용되고 있는 인덱스 번호에 값을 대입하는 경우, 요소는 덮어쓰게 됨
- 인덱스 번호는 연속해서 지정할 필요 없음
- 미사용 인덱스 번호를 지정하여 요소를 참조하는 경우 오류가 발생함

## 🔵 컬렉션 메소드

**컬렉션 메소드(Collection method)**를 사용하면 컬렉션에 대한 유용한 정보를 얻을 수 있습니다. 또한 요소를 삭제하는 등, 컬렉션 조작에도 사용합니다.

표 10-02 주요 컬렉션 메소드

| 메소드명 | 기능 |
| --- | --- |
| COUNT | 컬렉션에 현재 포함되어 있는 요소의 수를 리턴 |
| DELETE | 컬렉션의 모든 요소를 삭제 |
| DELETE(n) | 컬렉션의 n 번째의 요소를 삭제 |
| DELETE(n,m) | 컬렉션의 n 번째부터 m 번째까지의 요소를 삭제 |
| FIRST | 컬렉션의 첫 번째 인덱스 번호를 리턴 |
| LAST | 컬렉션의 마지막 인덱스 번호를 리턴 |
| PRIOR(n) | 컬렉션 n 앞의 인덱스 번호를 리턴 |
| NEXT(n) | 컬렉션 n 뒤의 인덱스 번호를 리턴 |
| EXISTS(n) | 컬렉션 n 번째의 요소가 존재하는 경우에 TRUE를 리턴 |

## ● 컬렉션 메소드 조회

컬렉션 메소드를 조회할 때는 컬렉션명 뒤에 메소드 이름을 지정합니다.

| 서식 | 컬렉션 메소드 조회 |
|---|---|

〈컬렉션명〉.〈메소드명〉

리스트 10-08에서는 컬렉션 메소드를 사용하여 연관 배열 col_table 정보를 조회하고 있습니다. 연관 배열 col_table의 인덱스 번호 1에는 'Part1', 인덱스 번호 100에는 'Part2'의 값이 대입되어 있습니다※.

※ 인덱스 번호는 연속되지 않아도 괜찮습니다.

**리스트 10-08** 컬렉션 메소드의 사용 예

```
SQL> DECLARE
  2     TYPE tab IS TABLE OF VARCHAR2(10)
  3                   INDEX BY PLS_INTEGER;
  4     col_table tab;
  5  BEGIN
  6     col_table(1)    :='Part1';
  7     col_table(100) :='Part2';
  8     DBMS_OUTPUT.PUT_LINE(col_table.COUNT); ──────────────❶
  9     DBMS_OUTPUT.PUT_LINE(col_table.FIRST); ──────────────❷
 10     DBMS_OUTPUT.PUT_LINE(col_table.LAST); ───────────────❸
 11     DBMS_OUTPUT.PUT_LINE(col_table.PRIOR(100)); ─────────❹
 12     DBMS_OUTPUT.PUT_LINE(col_table.NEXT(1)); ────────────❺
 13  END;
 14  /
2
1
100
1
100

PL/SQL 처리가 정상적으로 완료되었습니다.
```

**표 10-03** 출력 결과

| 번호 | 메소드명 | 출력 값 |
|---|---|---|
| ❶ | COUNT 메소드(요소 개수) | 2 |
| ❷ | FIRST 메소드(첫 번째 인덱스 번호) | 1 |
| ❸ | LAST 메소드(마지막 인덱스 번호) | 100 |
| ❹ | PRIOR 메소드(100보다 한 개 이전의 인덱스 번호) | 1 |
| ❺ | NEXT 메소드(한 개 이후의 인덱스 번호) | 100 |

## ● 레코드의 연관 배열

요소의 데이터 타입에 **레코드를 지정한** 연관 배열을 작성할 수 있습니다. 이제까지와 다른 점은 TABLE OF의 데이터 타입에 레코드 타입을 지정한다는 것입니다.

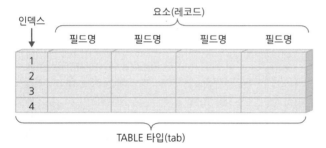

**그림 10-05** 레코드의 연관 배열

---

| 서식 | 레코드의 연관 배열 |
|---|---|

```
TYPE 〈테이블 타입〉 IS TABLE OF 〈레코드명〉
  INDEX BY {
    BINARY_INTEGER | PLS_INTEGER | 〈문자 데이터 타입〉(〈상한 사이즈〉)
  };
```

레코드는 **사용자 정의 레코드**와 **%ROWTYPE 속성** 변수를 사용할 수 있습니다. 또한, 각 필드에 액세스하려면 인덱스 번호뿐만 아니라 필드명을 지정할 필요가 있습니다.

> **서 식** **레코드 연관 배열의 참조**
>
> 〈연관 배열명〉(〈인덱스 번호〉).〈필드명〉

레코드 연관 배열을 사용하면 테이블 내의 복수 행 데이터를 하나의 변수로 통합하여 대입할 수 있습니다. 리스트 10-09는 레코드의 요소에 %ROWTYPE 속성 변수를 사용한 TABLE 타입 tab을 정의하고(❶), 연관 배열 table_rec를 선언합니다(❷). 실행부의 커서 FOR 루프 내에서 변수 n을 인덱스 번호로 하여 DEPT 테이블의 한 행의 데이터를 대입합니다(❸). LOOP문이 종료된 시점에서 연관 배열 table_rec에는 DEPT 테이블의 모든 데이터가 저장되어 있습니다(그림 10-06). 각 필드에는 인덱스 번호와 필드 이름을 지정하여 액세스합니다(❹).

**리스트 10-09** **레코드 연관 배열의 사용 예**

```
SQL> DECLARE
  2    TYPE tab IS TABLE OF dept%ROWTYPE                        ┐
  3                  INDEX BY PLS_INTEGER;                      ┘        ❶
  4    table_rec tab;                                                    ❷
  5    CURSOR dept_cl IS SELECT * FROM dept;
  6    n NUMBER := 0;
  7  BEGIN
  8    FOR r IN dept_cl LOOP
  9      n := n + 1;
 10      table_rec(n) := r;                                              ❸
 11      DBMS_OUTPUT.PUT_LINE (table_rec(n).deptno||' '||   ┐
 12                            table_rec(n).dname||' '||     ├          ❹
 13                            table_rec(n).loc);            ┘
 14    END LOOP;
 15  END;
 16  /
10 ACCOUNTING NEW YORK
20 RESEARCH DALLAS
30 SALES CHICAGO
```

```
40 OPERATIONS BOSTON

PL/SQL 처리가 정상적으로 완료되었습니다.
```

**레코드의 연관 배열**

연관 배열(table_rec)

| | deptno | dname | loc |
|---|---|---|---|
| 1 | 10 | ACCOUNTING | NEW YORK |
| 2 | 20 | RESEARCH | DALLAS |
| 3 | 30 | SALES | CHICAGO |
| 4 | 40 | OPERATIONS | BOSTON |

**그림 10-06** 레코드의 연관 배열

---

**임시 테이블(TEMPORARY TABLE)과 연관 배열**

▼
COLUMN

Oracle에는 **임시 테이블**(Temporary table)이라는 오브젝트가 있습니다. 임시 테이블은 그 이름과 같이 일시적으로 데이터를 저장하는 데 사용되며, 세션 또는 트랜잭션이 종료되면 데이터가 삭제됩니다. 테이블 데이터를 임시로 보관한다는 의미에서 언뜻 임시 테이블과 레코드 연관 배열이 비슷해보이지만, 다음과 같은 점에서 연관 배열과는 다르다는 것을 알 수 있습니다.

- 데이터베이스 오브젝트로 작성되기 때문에 사용 시에 타입을 정의할 필요가 없음
- 값을 저장하려면 INSERT문을 사용
- 값을 조회하려면 SELECT문을 사용
- 세션이나 트랜잭션 사이에서만 값을 참조할 수 있음

> **서식** **임시 테이블**(Temporary table)
>
> CREATE GLOBAL TEMPORARY TABLE 〈테이블명〉
> ( 〈컬럼명〉 〈데이터 타입〉 [,〈컬럼명〉 〈데이터 타입〉 ] · · · )
> ON COMMIT { DELETE | PRESERVE } ROWS ] ;

표 10-04 임시 테이블의 파라미터

| 파라미터 | 개요 |
| --- | --- |
| DELETE ROWS | 트랜잭션 내에서 값을 보유(Default) |
| PRESERVE ROWS | 세션 내에서 값을 보유※ |

※ DELETE ROWS와 PRESERVE ROWS의 지정에 따라 데이터가 언제 삭제되는지가 결정됩니다.

리스트 10-10에서는 임시 테이블 temp1을 작성합니다(❶). 임시 테이블에 데이터를 대입하는 경우에는 INSERT문을 실행하고(❷), 조회하는 경우에는 SELECT문을 실행합니다(❸).

리스트 10-10 임시 테이블의 사용 예

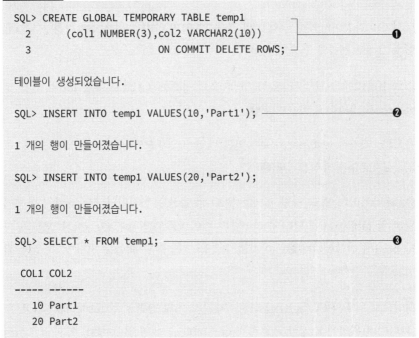

```
SQL> CREATE GLOBAL TEMPORARY TABLE temp1
  2      (col1 NUMBER(3),col2 VARCHAR2(10))                          ❶
  3                      ON COMMIT DELETE ROWS;

테이블이 생성되었습니다.

SQL> INSERT INTO temp1 VALUES(10,'Part1');                          ❷

1 개의 행이 만들어졌습니다.

SQL> INSERT INTO temp1 VALUES(20,'Part2');

1 개의 행이 만들어졌습니다.

SQL> SELECT * FROM temp1;                                           ❸

 COL1 COL2
----- ------
   10 Part1
   20 Part2
```

리스트 10-11에서는 트랜잭션을 COMMIT문으로 종료합니다. 임시 테이블 temp1에는 **DELETE ROWS**가 지정되어 있기 때문에 트랜잭션의 종료와 동시에 삽입 값이 삭제됩니다 (❹).

```
SQL> COMMIT;

커밋이 완료되었습니다.

SQL> SELECT * FROM temp1;

선택된 레코드가 없습니다. ─────────────────────────── ❹
```

## 파라미터와 함수의 반환 값으로 연관 배열 사용

프로시저의 파라미터와 함수의 반환 값에 TABLE 타입을 사용하면 다른 프로그램에 배열을 그대로 전달할 수 있습니다.

리스트 10-12에서는 먼저 레코드를 요소로 가지는 TABLE 타입 tab의 연관 배열 table_rec를 정의하고 있습니다(❶).

다음으로, 패키지 test_para 내에 연관 배열을 OUT 모드의 파라미터로 전달할 프로시저 get_table을 작성합니다(❷).

또한, 파라미터의 모드 지정 후에는 NOCOPY 옵션을 지정합니다※. 패키지 본체에는 연관 배열 table_rec에 DEPT 테이블의 데이터를 대입하여(❸), OUT 모드의 파라미터 para에 전달합니다(❹). 이걸로 호출한 측에 연관 배열을 전달할 수 있게 되었습니다.

마지막으로 익명의 PL/SQL 블록에서 패키지 내의 연관 배열 table_rec를 OUT 모드 파라미터 위치에 지정한 프로시저 get_table을 실행합니다(❺). 이제 프로시저에서 테이블 데이터가 한꺼번에 전달된 것을 확인할 수 있습니다(❻).

※ NOCOPY는 다음 페이지의 칼럼 'NOCOPY 옵션'을 참조하십시오.

**리스트 10-12** 연관 배열을 파라미터로 전달

```
SQL> CREATE OR REPLACE PACKAGE test_para
  2  IS
  3    TYPE tab IS TABLE OF dept%ROWTYPE
  4                  INDEX BY BINARY_INTEGER;
  5    table_rec tab; ──────────────────────────────────────── ❶
  6    PROCEDURE get_table(para OUT NOCOPY tab); ─────────────── ❷
  7  END;
  8  /
```

패키지가 생성되었습니다.

```
SQL> CREATE OR REPLACE PACKAGE BODY test_para
  2  IS
  3    PROCEDURE get_table(para OUT NOCOPY tab)
  4    IS
  5      n NUMBER := 0;
  6      CURSOR dept_cl IS SELECT * FROM dept;
  7    BEGIN
  8      FOR r IN dept_cl LOOP
  9        n := n+1;
 10        table_rec(n) := r; ──────────────────────────────── ❸
 11      END LOOP;
 12      para :=table_rec; ───────────────────────────────────── ❹
 13    END get_table;
 14  END;
 15  /
```

패키지 본문이 생성되었습니다.

```
SQL> BEGIN
  2    test_para.get_table(test_para.table_rec); ─────────────── ❺
  3    FOR r IN 1.. test_para.table_rec.COUNT LOOP
  4      DBMS_OUTPUT.PUT_LINE(test_para.table_rec(r).deptno||'  '||
  5                           test_para.table_rec(r).dname||'  '||
  6                           test_para.table_rec(r).loc);
  7    END LOOP;
  8  END;
  9  /
```

```
10   ACCOUNTING   NEW YORK
20   RESEARCH   DALLAS
30   SALES   CHICAGO                                              ❻
40   OPERATIONS   BOSTON

PL/SQL 처리가 정상적으로 완료되었습니다.
```

## NOCOPY 옵션

**OUT, IN OUT 모드**의 파라미터에 **NOCOPY 옵션**을 지정할 수 있습니다. 통상적으로 OUT, IN OUT 모드의 반환 값은 메모리상에 복사 또는 저장되고, 프로시저의 실행 후 호출한 쪽에 전달됩니다. 그에 반해 **NOCOPY**를 지정하면, 반환 값이 존재하는 주소(포인터)만 호출한 쪽에 참조되도록 하는 것이 가능해집니다. 따라서 컬렉션과 같이 사이즈가 큰 반환 값을 전달하는 경우에, 컬렉션을 복사할 필요가 없어져서 메모리 공간을 절약할 수 있게 됩니다.

지정 방법은 **리스트 10-12**의 프로시저 get_table에서 지정한 것처럼(패키지 사양부 6행째), 모드 지정 뒤에 'NOCOPY'라고 기술하면 됩니다.

## ● 정리

레코드와 컬렉션을 사용하여 복수의 값을 하나의 변수에 통합하여 대입할 수 있습니다.

## 🔵 레코드

레코드는 복수의 값을 저장할 수 있는 변수입니다. 파라미터의 데이터 타입이나 INSERT문의 VALUES절 등에 레코드를 사용하면 복수의 값을 하나의 레코드로 통합하여 처리하는 것이 가능합니다.

### ● 사용자 정의 레코드 사용

사용자 정의 레코드를 정의하려면 레코드 타입의 정의와 레코드(변수)의 정의라는 두 단계가 필요합니다.

## 🔵 컬렉션

컬렉션을 사용하면 변수를 배열로 처리하는 것이 가능합니다. 따라서 파라미터와 함수의 반환 값으로 컬렉션을 사용하면 많은 데이터를 통합하여 다른 프로그램에 전달할 수 있습니다.

### ● 컬렉션의 종류

컬렉션에는 연관 배열, 중첩 테이블, VARRAY의 세 종류가 있습니다. PL/SQL에서는 연관 배열이 가장 일반적입니다.

### ● 연관 배열 선언

사용자 정의 레코드와 같이, 연관 배열을 사용하는 경우에도 TABLE 타입의 정의 및 연관 배열 정의라는 두 단계가 필요합니다.

# 커서 변수

앞서 기초편에서 설명한 커서로는 특정 SELECT문밖에 OPEN할 수 없었습니다. 그러나 **커서 변수**를 사용하면 커서 한 개로 여러 개의 SELECT문을 자유롭게 OPEN 할 수 있습니다. 또한, 커서 변수는 파라미터로 다른 프로그램에 전달할 수도 있어 프로그램 간에 커서 처리를 인계하는 것도 가능합니다.

커서 변수를 능숙하게 사용할 수 있게 되면 좀 더 범용적인 프로그램을 작성하는 것도 가능합니다.

## ● 커서 변수란?

데이터 타입 중 하나인 **REF CURSOR 타입**으로 정의된 변수를 **커서 변수**라고 합니다. 우선은 커서 변수와 커서의 차이점을 설명하겠습니다. 그림 11-01은 커서와 커서 변수를 비교한 그림입니다.

커서

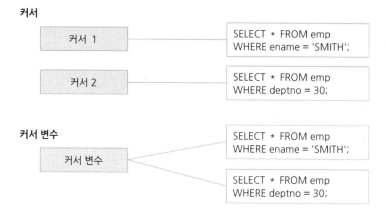

**그림 11-01** 커서와 커서 변수의 차이

커서는 프로그램을 통해 한 개의 조회문에 고정됩니다. 따라서 복수의 결과 세트를 처리하는 경우, 여러 개의 커서를 정의해야만 합니다. 그에 반해 커서 변수는 특정 조회문에 고정되지 않습니다. 커서 변수를 하나 정의하여 어떤 때에는 'WHERE ename = 'SMITH''의 조회문, 어떤 때에는 'WHERE deptno = 30'의 조회문과 같이 임의의 조회문을 OPEN하는 것이 가능합니다.

그러면 커서 변수의 작성 및 사용 방법을 설명하도록 하겠습니다.

## ● 커서 변수를 사용한 복수 행 처리

커서 변수를 사용하여 복수의 행을 처리하려면 선언부에 커서 변수를 정의하고 실행부에서 Open, Fetch, Close의 각 커서 처리를 수행해야 합니다. 커서 변수의 정의는 연관 배열(223쪽 참조)의 정의와 마찬가지로 2단계를 실행합니다. 먼저 REF CURSOR 타입을 정의합니다. 그 후에 정의 타입과 변수명을 매핑합니다.

### ● REF CURSOR 타입 정의
사용자 정의의 REF CURSOR 타입을 정의합니다.

TYPE 〈커서 타입〉 IS REF CURSOR

## ● 커서 변수 정의

앞서 정의한 REF CURSOR 타입과 커서 변수명을 매핑합니다.

서식 **커서 정의**

〈커서 변수명〉 〈커서 타입〉;

앞서 나온 두 단계를 통해 커서 변수를 정의할 수 있습니다. 다만 커서 변수를 정의하는 부분까지는 아직 어떤 조회문도 매핑되어 있지 않은 상태입니다. 다음 항목의 절차를 수행하여 커서 변수와 조회문을 매핑합니다.

## ⬤ 커서 변수 사용 방법

커서 변수를 사용하려면 커서 변수에 조회문을 매핑해야 할 필요가 있습니다. 여기에서는 매핑 방법 및 커서 제어 방법에 대해 설명합니다.

### ● 실행부에서 OPEN FOR문 실행

OPEN FOR문을 사용하여 OPEN 시의 커서 변수에 임의의 조회문을 매핑합니다. 조회문이 실행되면 결과 세트가 식별됩니다.

서식 **커서 OPEN**

OPEN 〈커서 변수명〉 FOR 〈조회문〉;

### ● 결과 세트 식별 후의 커서 제어

OPEN FOR문을 통해 결과 세트를 식별한 다음의 처리는 통상의 커서와 동일합니다. 커서 변수명을 지정하고 패치(Fetch)와 클로즈(Close)를 수행합니다. 그런 다음 프로그램의 다른 위치에서 커서 변수에 다른 조회문을 매핑하여 다른 결과 세트의 처리를 계속하는 것도 가능합니다※.

※ 단, 여러 개의 조회문을 동시에 커서 변수에 매핑할 수는 없습니다. 다른 결과 세트를 OPEN하면 이전 결과 세트는 사라집니다.

다음 페이지의 리스트 11-01에서는 커서 변수를 사용하여 여러 개의 조회문을 OPEN합니다※. 우선, 선언부에서 커서 변수를 정의합니다. 이어서 REF CURSOR 타입 cv_type을 선언하고(❶), 그 REF CURSOR 타입에 커서 변수 cur_cv를 매핑합니다(❷).

그런 다음 실행부에서 OPEN FOR문을 사용하여 OPEN 시점에 임의의 조회문을 커서 변수에 매핑하여 OPEN합니다(❸). 결과 세트 식별 후, 통상의 커서와 같은 작업을 수행할 수 있습니다(행을 추출(FETCH)하는 등)(❹).

또한, 커서 변수는 OPEN FOR문을 통해 다른 조회문을 매핑하고 다시 OPEN하는 것도 가능합니다(❺).

※ 리스트 11-01에서는 모든 것이 확정된 SQL을 OPEN하고 있습니다만, OPEN 시 WHERE절의 조건과 검색 대상 테이블 등을 동적으로 변경할 수 있는 **동적 SQL**을 OPEN할 수도 있습니다. 동적 SQL에 대한 자세한 내용은 249쪽을 참조하십시오.

**리스트 11-01** **커서 변수의 사용 예**

```
SQL> CREATE OR REPLACE PROCEDURE open_data(dept_no NUMBER)
  2  IS
  3    TYPE cv_type IS REF CURSOR; ───────────────────────❶
  4    cur_cv cv_type; ─────────────────────────────────❷
  5    emp_rec emp%ROWTYPE;
  6    dept_rec dept%ROWTYPE;
  7  BEGIN
  8    OPEN cur_cv FOR SELECT * FROM emp WHERE deptno = dept_no; ───❸
  9      LOOP
 10        FETCH cur_cv INTO emp_rec; ──────────────────────❹
 11        EXIT WHEN cur_cv%NOTFOUND;
 12        DBMS_OUTPUT.PUT_LINE('EMP '||emp_rec.ename);
```

```
13    END LOOP;
14  CLOSE cur_cv;
15
16  OPEN cur_cv FOR SELECT * FROM dept WHERE deptno = dept_no; ────❺
17    LOOP
18      FETCH cur_cv INTO dept_rec;
19      EXIT WHEN cur_cv%NOTFOUND;
20      DBMS_OUTPUT.PUT_LINE('DEPT '||dept_rec.dname);
21    END LOOP;
22  CLOSE cur_cv;
23 END;
24 /

프로시저가 생성되었습니다.

SQL>
SQL> EXECUTE open_data(10)
EMP CLARK
EMP KING
EMP MILLER
DEPT ACCOUNTING

PL/SQL 처리가 정상적으로 완료되었습니다.
```

이 예제에서는 커서 변수의 조회문에서 전체 컬럼을 선택하는 '*'를 지정했습니다
(❸). 따라서 FETCH INTO문에서는 %ROWTYPE 속성을 지정한 변수 emp_rec
를 사용하여 값을 대입합니다. %ROWTYPE 속성을 사용하여 변수를 정의하면 대
입되는 데이터 타입을 신경 쓸 필요가 없습니다.

만약 여기서 조회문에 'ename'이나 'sal'과 같은 특정 컬럼을 선택하는 경우, 대상 변
수 또한 선택한 컬럼의 값을 대입할 수 있는 변수로 지정하지 않으면 오류가 발생합
니다. 따라서 커서가 리턴하는 컬럼의 값과 변수의 개수나 타입이 맞는지를 확인하
고 작성하십시오.

## ● 여러 프로그램 사이에서 커서 변수 공유하기

커서 변수는 파라미터로 전달하는 것이 가능하므로 여러 프로그램 간에 **결과 세트**를 공유할 수 있습니다. 예를 들면 다음과 같은 처리가 가능합니다.

1. 프로그램 A에서 커서 변수를 OPEN함. 결과 세트의 현재 행(FETCH 등의 커서 처리가 가능한 대상 행)은 1행을 표시
2. 프로그램 B를 호출하여 커서 변수를 파라미터로 전달
3. 프로그램 B에서 커서 변수를 받아 결과 세트의 첫 번째 행 이후로 커서 처리를 수행

### ● 파라미터 지정과 값 전달 방법

커서 변수를 파라미터로서 다른 프로그램에 전달할 때는 파라미터의 데이터 타입에 **REF CURSOR 타입**을 지정합니다. 리스트 11-02, 리스트 11-03, 리스트 11-04에서는 프로시저 emp_pro1과 프로시저 emp_pro2 사이에서 커서 변수를 전달하고 있습니다. 프로시저 emp_pro1에서는 커서 OPEN만을 수행하고, 프로시저 emp_pro2에서는 전달받은 커서 변수를 토대로 커서 처리를 수행합니다※.

※ 실행은 리스트 11-02, 리스트 11-04, 리스트 11-03 순으로 진행해주십시오.

다음 페이지의 리스트 11-02에서는 패키지 사양부에서 **REF CURSOR 타입**을 정의합니다(❶). 커서 변수를 전달하는 프로그램 간에는 커서 변수의 정의에 필요한 REF CURSOR 타입이 먼저 정의되어 있어야 합니다. 따라서 패키지 사양부에서 REF CURSOR 타입 emp_type을 공용 오브젝트로 정의하고 있습니다.

**리스트 11-02** REF CURSOR 타입의 정의

```
SQL> CREATE OR REPLACE PACKAGE cur_pack
  2  IS
  3    type emp_type IS REF CURSOR; ────────────────────────❶
  4  END;
  5  /

패키지가 생성되었습니다.
```

리스트 11-03에서는 파라미터 dno의 값을 토대로 커서 변수를 OPEN하고 결과 세
트를 식별합니다. 그 후 프로시저 emp_pro2를 호출할 때 파라미터로 커서 변수를
전달합니다(❷).

**리스트 11-03** 프로시저 호출

```
SQL> CREATE OR REPLACE PROCEDURE emp_pro1(dno emp.deptno%TYPE)
  2  IS
  3    emp_cv cur_pack.emp_type;
  4  BEGIN
  5    OPEN emp_cv FOR SELECT empno,ename,sal
  6                  FROM emp WHERE deptno = dno;
  7    emp_pro2(emp_cv);                                          ❷
  8  END;
  9  /

경고: 컴파일 오류와 함께 프로시저가 생성되었습니다.
```

다음 페이지의 리스트 11-04에서는 프로시저 emp_pro1에서 커서 변수를 받아
서 커서 처리를 수행하고 있습니다. 파라미터의 데이터 타입에 패키지 cur_pack의
REF CURSOR 타입 emp_type을 지정하여(리스트 11-03) 파라미터 empcur를 정
의하고 있습니다(❸).

커서 변수를 전달받은 후, 결과 세트의 첫 번째 행 이후로 커서 처리를 수행합니다※
(❹).

※ 전달받은 커서 변수의 조회문은 이미 OPEN되어 있기 때문에 프로시저 emp_pro2에서는 OPEN FOR문장
의 기술이 필요하지 않습니다.

**파라미터로써 커서 변수를 전달받기**

```
SQL> CREATE OR REPLACE PROCEDURE emp_pro2(
  2                   empcur IN cur_pack.emp_type) ────────────────❸
  3  IS
  4    emp_var1 emp.empno%TYPE;
  5    emp_var2 emp.ename%TYPE;
  6   emp_var3 emp.sal%TYPE;
  7  BEGIN
  8    LOOP
  9      FETCH empcur INTO emp_var1, emp_var2, emp_var3; ──────────❹
 10      EXIT WHEN empcur%NOTFOUND;
 11      DBMS_OUTPUT.PUT_LINE(emp_var1||' '||
 12                           emp_var2||' '||
 13                           emp_var3);
 14    END LOOP;
 15  END;
 16  /

프로시저가 생성되었습니다.


SQL>
SQL> EXECUTE emp_pro1(10)
7782  CLARK  2450
7839  KING   5000
7934  MILLER 1300

PL/SQL 처리가 정상적으로 완료되었습니다.
```

또한 여기에서는 OPEN과 FETCH를 별도의 프로그램으로 수행하고 있지만, 만약
프로시저 emp_pro1에서 커서 변수를 OPEN한 뒤 복수의 행을 패치해서 커서 변
수를 프로 emp_pro2에 전달하는 경우라면, 프로시저 emp_pro2는 그 다음 행부터
패치를 계속하게 됩니다.

## ● 커서 변수를 전달받은 후 다른 커서 OPEN하기

파라미터를 REF CURSOR 타입으로 정의하면 파라미터 자체를 **커서 변수**로 취급하는 것이 가능하기 때문에 커서 변수를 전달받은 후에 다른 조회문을 OPEN할 수 있습니다. 단, 이 경우에는 파라미터의 모드를 기본인 IN 모드가 아니라 **IN OUT 모드**로 지정해야 합니다※.

※ IN 모드는 커서 변수를 전달받아 커서 처리를 수행할 수 있습니다. OUT 모드는 커서 변수를 OPEN하여 그 커서 변수를 호출한 측에 리턴할 수 있습니다.

리스트 11-05에서는 커서 변수를 전달받아서 커서 처리를 수행한 뒤, 다른 조회문을 OPEN하고 있습니다.

우선, 파라미터의 데이터 타입을 IN OUT 모드로 지정(❶)하여 호출한 측에서 커서 변수를 전달받아 커서 처리를 수행합니다(❷). 그 후 OPEN FOR문을 통해 커서 변수에 다른 조회문을 매핑하여 커서 처리를 수행하고 있습니다(❸).

**리스트 11-05** IN OUT 모드의 사용 예

```
SQL> CREATE OR REPLACE PROCEDURE emp_pro2
  2               (empcur IN OUT cur_pack.emp_type) ────────────────❶
  3  IS
  4    emp_var1 emp.empno%TYPE;
  5    emp_var2 emp.ename%TYPE;
  6    emp_var3 emp.sal%TYPE;
  7  BEGIN
  8    LOOP
  9      FETCH empcur INTO emp_var1, emp_var2, emp_var3; ──────────❷
 10      EXIT WHEN empcur%NOTFOUND;
 11      DBMS_OUTPUT.PUT_LINE(emp_var1||' '||
 12                           emp_var2||' '||
 13                           emp_var3);
 14    END LOOP;
 15    CLOSE empcur;
 16
 17    OPEN empcur FOR SELECT empno, ename, sal ──────────────────❸
 18                    FROM emp WHERE sal > 3000;
 19      LOOP
```

```
20        FETCH empcur INTO emp_var1, emp_var2, emp_var3;
21        EXIT WHEN empcur%NOTFOUND;
22        DBMS_OUTPUT.PUT_LINE(emp_var1||' '||
23                            emp_var2||' '||
24                            emp_var3||' OPEN2');
25     END LOOP;
26   CLOSE empcur;
27 END;
28 /
```

프로시저가 생성되었습니다.

```
SQL>
SQL> EXECUTE emp_pro1(10)
7782 CLARK 2450
7839 KING 5000
7934 MILLER 1300
7839 KING 5000 OPEN2
```

PL/SQL 처리가 정상적으로 완료되었습니다.

## ● 정리

REF CURSOR 타입으로 정의한 변수가 바로 커서 변수입니다. 커서 변수는 커서와 마찬가지로 복수 행에 대한 조회 처리를 실행할 수 있습니다. 그러나 커서 변수를 사용하면 커서와는 달리 임의의 조회문을 OPEN하거나, 복수의 프로그램 간에 커서를 공유하는 일이 가능해집니다.

### 커서 변수를 사용한 복수 행 처리

특정 조회문에 고정되는 커서와는 달리, 커서 변수를 사용하면 임의의 조회문을 OPEN할 수 있습니다. 커서 변수를 사용한 복수 행의 처리는 다음과 같이 세 단계가 필요합니다.

#### ● 커서 변수의 정의

선언부에서 REF CURSOR 타입을 정의하고, 그것을 토대로 커서 변수를 정의합니다.

#### ● OPEN FOR문의 실행

실행부에서 임의의 조회문을 커서 변수에 매핑하여 OPEN합니다.

#### ● 커서 처리

커서 변수명을 지정하여 FETCH와 CLOSE를 실행합니다.

## ⬤ 여러 프로그램 사이에서 커서 공유하기

커서 변수는 파라미터로 전달할 수 있기 때문에 여러 프로그램 간에 커서를 공유할 수 있습니다.

### ● 커서 공유 방법

파라미터의 데이터 타입에 REF CURSOR 타입을 지정합니다.

### ● 커서 변수를 전달받은 후, 다른 커서를 OPEN하는 방법

파라미터 모드를 IN OUT 모드로 지정(디폴트는 IN 모드)합니다.

**CHAPTER**

# 12 동적 SQL

동적 SQL(Dynamic SQL)을 사용하면, 그때그때 요청에 따라 SQL문을 자유로이 구성할 수 있습니다. 예를 들어 커서 처리를 사용하여 어떠한 조회문을 처리할 경우, 어떨 때는 WHERE절의 조건을 한 개만 지정하고 어떨 때는 WHERE절의 조건을 두 개로 지정하고 싶은 업무 요건이 자주 발생합니다. 이러한 경우 각 처리별로 여러 개의 커서를 준비하여 처리를 수행하는 것은 그다지 범용적인 프로그램이라고는 할 수 없을 것입니다. 동적 SQL을 습득하면 이러한 문제를 깔끔하게 해결하고 보다 범용적인 프로그램을 작성하는 것이 가능해집니다. 반드시 그 특징을 이해하여 활용하도록 합시다.

## ● 정적 SQL과 동적 SQL

PL/SQL 프로그램에 들어가는 SQL에는 **정적 SQL**과 **동적 SQL**이 있습니다. 우선은 정적 SQL과 동적 SQL의 차이부터 설명하겠습니다. 각각 다음과 같은 특징을 가졌습니다.

### ● 정적 SQL

정적 SQL(Static SQL)에는 다음과 같은 특징이 있습니다.

#### ● SQL은 프로그램 완성 후에 변경되지 않음
정적 SQL은 SQL에서 지정한 테이블이나 컬럼의 값이 고정되어 프로그램이 완성된 후에는 변경되지 않습니다.

## ● SQL의 분석이 끝난 상태로 저장된다

정적 SQL에서는 오브젝트가 고정되어 있기 때문에 프로그램은 SQL **분석(Parse)**※이 끝난 상태로 저장됩니다.

※ 분석(Parse)이란 SQL문과 액세스 권한 등을 확인하는 것입니다.

## 🌑 동적 SQL

한편, 동적 SQL(Dynamic SQL)에는 다음과 같은 특징이 있습니다.

## ● 프로그램 실행 시에 SQL을 구성하여 발행할 수 있음

동적 SQL에서는 테이블과 컬럼 지정을 변경하는 등, 실행 시에 SQL을 변경 구성하여 발행할 수 있습니다. 예를 들어, DELETE문에서 지정하는 WHERE절의 조건을 매번 변경하는 깃도 가능합니다.

## ● SQL은 실행 시까지 분석(Parse)되지 않음

동적 SQL은 프로그램 작성 시점에는 실행될 SQL 텍스트와 오브젝트가 미정인 상태이므로 **실제로 실행할 때까지 SQL은 분석(Parse)되지 않습니다.**

이와 같이 동적 SQL은 실행 시에 SQL 텍스트를 변경 구성하여 발행할 수 있기 때문에 정적 SQL에 비해 유연한 프로그램을 작성할 수 있습니다.

하지만 반드시 좋은 것만은 아닙니다. 동적 SQL은 프로그램 작성 시에 실행될 SQL의 전체 텍스트를 알 수 없기 때문에 사전에 SQL을 분석할 수가 없습니다. 분석은 실행 시에 수행되므로 실행 시의 **분석 오버헤드**가 높아져 버립니다.

다음 표에서 각각의 특징을 이해하고 정적 SQL로는 실행할 수 없는 경우(오브젝트명을 동적으로 변경하고 싶은 경우 등)에 동적 SQL을 사용하도록 하십시오.

**표 12-01** 정적 SQL과 동적 SQL의 특징

| 종류 | 정적 SQL | 동적 SQL |
|---|---|---|
| 실행 SQL의 내용 | 프로그램 작성 시에 확정 | 매번 프로그램 실행 시마다 변경 가능 |
| SQL 분석 타이밍 | 오브젝트 액세스 권한 등의 체크를 분석 시에 수행하기 때문에 실행 시의 성능은 양호 | 프로그램 실행 시에 분석을 수행하기 때문에 정적 SQL에 비해서 성능은 떨어짐 |
| 실행 방법 | 통상의 PL/SQL 블록에 포함 가능 | EXECUTE IMMEDIATE문 또는 커서 변수(복수 행 추출) |

## ● 동적 SQL 실행 방법

동적 SQL의 실행에는 **EXECUTE IMMEDIATE문**을 사용하는 방법과 **커서 변수**(237쪽 참조)를 사용하는 방법이 있습니다. 이 다음부터 각각의 특징을 설명하겠습니다.

**표 12-02** 동적 SQL 실행 방법

| 실행 방법 | 특징 |
|---|---|
| EXECUTE IMMEDIATE문 | • DDL문과 세션 제어문 실행 가능<br>• 동적 SQL 실행 가능 |
| 커서 변수 | 커서를 동적으로 실행 가능 |

그러면 각각의 자세한 사용 방법을 설명하겠습니다.

# ● EXECUTE IMMEDIATE문을 통한 동적 SQL 실행

## ● EXECUTE IMMEDIATE문이란?

EXECUTE IMMEDIATE문을 사용하면 동적 SQL을 실행할 수 있습니다. 또한 PL/SQL 블록에서는 DML문처럼 DDL문이나 **세션 제어문**을 직접 기술할 수 없지만, EXECUTE IMMEDIATE문을 사용하면 실행이 가능해집니다.

## ● EXECUTE IMMEDIATE문을 통한 DDL문 실행

EXECUTE IMMEDIATE문은 그 뒤에 이어지는 SQL문의 문자열을 분석하고 바로 실행합니다.

| 서식 EXECUTE IMMEDIATE문 |
| --- |
| EXECUTE IMMEDIATE 〈SQL문〉; |

다음의 리스트 12-01에서는 PL/SQL 블록에서 CREATE_TEST 테이블을 생성하고 있습니다. EXECUTE IMMEDIATE문을 사용하여 DDL문(CREATE TABLE문)을 포함한 프로시저 create_table의 작성에 성공한 것을 확인할 수 있습니다.

**리스트 12-01** DDL문을 포함한 프로그램의 작성 예

```
SQL> CREATE OR REPLACE PROCEDURE create_test
  2  IS
  3  BEGIN
  4    EXECUTE IMMEDIATE
  5      'CREATE TABLE test (test_no NUMBER)';
  6  END;
  7  /

프로시저가 생성되었습니다.
```

그럼 EXECUTE IMMEDIATE문을 사용한 동적 SQL의 실행 방법을 설명하겠습니다.

## ● 동적 DDL문 실행

EXECUTE IMMEDIATE문으로 기술할 수 있는 DDL문과 세션 제어문은 동적 SQL로 실행하는 것도 가능합니다.

리스트 12-02에서는 DDL문인 DROP문을 사용하여 파라미터에 지정한 테이블을 삭제합니다. DDL문의 문자열 'DROP TABLE'과 삭제하고 싶은 테이블을 받을 파라미터 tab_name을 연결하여 변수 sql_stmt에 대입하고 있습니다(❶). 그리고 EXECUTE IMMEDIATE문을 사용하여 변수 내의 문자열(SQL문)을 실행합니다(❷).

여기서는 작성한 후, SALGRADE 테이블을 파라미터로 지정하여 프로시저 drop_table을 실행하고 있습니다. DBMS_OUTPUT로 출력된 결과에서 지정한 파라미터를 포함한 SQL문이 구성되어 실행이 이루어지는 것을 확인할 수 있습니다(❸).

**리스트 12-02** 동적 DDL문의 실행 예

```
SQL> CREATE OR REPLACE PROCEDURE drop_table(tab_name VARCHAR2)
  2  IS
  3    sql_stmt VARCHAR2(100) := 'DROP TABLE '|| tab_name; ─────────❶
  4  BEGIN
  5    DBMS_OUTPUT.PUT_LINE(sql_stmt);
  6    EXECUTE IMMEDIATE sql_stmt; ───────────────────────❷
  7  END;
  8  /

프로시저가 생성되었습니다.

SQL> EXECUTE drop_table('salgrade')
DROP TABLE salgrade ──────────────────────────────────❸

PL/SQL 처리가 정상적으로 완료되었습니다.
```

## SQL문 작성 방법

EXECUTE IMMEDIATE문에 기술할 SQL문은 직접 작성하거나 **리스트 12-02**와 같이 사전에 변수에 대입하거나 할 수 있습니다. 사전에 변수에 대입하는 경우, 실행할 SQL문을 화면에 표시 할 수 있으므로 디버깅을 수행하기도 쉽습니다.

그러나 EXECUTE IMMEDIATE문 뒤의 문자열은 그대로 SQL문의 일부로 실행되므로 키워드 간의 공백(Space)을 의식하여 작성할 필요가 있습니다.

**나쁜 예**
```
EXECUTE IMMEDIATE 'DROP TABLE'|| tab_name;    ⇒ DROP TABLEtest;
```
**좋은 예**
```
EXECUTE IMMEDIATE 'DROP TABLE '|| tab_name;   ⇒ DROP TABLE test;
```

## 동적 DML문의 실행

다음 페이지의 리스트 12-03에서는 DELETE문의 대상이 되는 테이블과 WHERE 절의 조건을 동적으로 변경하고 있습니다. DELETE문의 대상이 되는 테이블과 WHERE 조건을 파라미터로 전달하여 실행할 SQL문의 값으로써 변수 sql_stmt에 대입합니다(❶).

그 후, EXECUTE IMMEDIATE문을 사용하여 변수 내의 DML문을 곧바로 분석하여 실행합니다(❷).

**리스트 12-03** 동적 DML문의 실행 예

```
SQL> CREATE OR REPLACE PROCEDURE delete_table(tab_name VARCHAR2,
  2                                            clause VARCHAR2)
  3  IS
  4    sql_stmt VARCHAR2(100);
  5  BEGIN
  6    sql_stmt := 'DELETE FROM '||tab_name||' WHERE '||clause; ————❶
  7    DBMS_OUTPUT.PUT_LINE(sql_stmt);
  8    EXECUTE IMMEDIATE sql_stmt; ————————————————————————————————❷
  9  END;
 10  /
```

```
프로시저가 생성되었습니다.

SQL>
SQL> EXECUTE delete_table('emp','deptno = 10')
DELETE FROM emp WHERE deptno = 10

PL/SQL 처리가 정상적으로 완료되었습니다.
```

## ● 동적 SELECT INTO문 실행

다음 페이지의 리스트 12-04에서는 SELECT문의 WHERE절 조건을 동적으로 변경하고 있습니다. WHERE절의 조건을 파라미터로 전달하여, 실행할 SQL문의 값으로서 변수 sql_stmt에 대입합니다(❶).

그 후, EXECUTE IMMEDIATE문을 사용하여 변수 내의 SQL을 곧바로 분석하여 실행합니다※(❷). 또한, INTO절을 사용하면 SELECT문으로 조회한 1행의 값을 변수에 대입하는 것도 가능합니다(❸).

여기서는 작성 후 WHERE절의 조건을 파라미터로 지정하여 프로시저 select_dept을 실행하고 있습니다. DBMS_OUTPUT로 출력된 결과에서 지정한 파라미터를 포함한 SQL문이 구성되어 실행되는 것을 확인할 수 있습니다(❹).

※ 복수 행의 동적 조회 쿼리를 생성하려면 EXECUTE IMMEDIATE문이 아닌 커서 변수를 사용합니다. 커서 변수를 통한 동적 SQL 작성 방법은 256쪽을 참조하십시오.

**리스트 12-04** 동적 SELECT INTO문의 실행 예

```
SQL> CREATE OR REPLACE PROCEDURE select_dept
  2                  (where_clause VARCHAR2)
  3  IS
  4    sql_stmt VARCHAR2(100);
  5    d_name dept.dname%TYPE;
  6  BEGIN
  7    sql_stmt := 'SELECT dname FROM dept WHERE '||where_clause;  ──❶
  8    DBMS_OUTPUT.PUT_LINE(sql_stmt);
```

```
  9    EXECUTE IMMEDIATE sql_stmt ───────────────────────────────────❷
 10                    INTO d_name; ──────────────────────────────────❸
 11    DBMS_OUTPUT.PUT_LINE(d_name);
 12  END;
 13  /

프로시저가 생성되었습니다.


SQL>
SQL> EXECUTE select_dept('deptno = 10')
SELECT dname FROM dept WHERE deptno = 10 ────────────────────────────❹
ACCOUNTING

PL/SQL 처리가 정상적으로 완료되었습니다.
```

## ● 커서 변수를 사용한 동적 조회문 실행

리스트 12-04에서는 EXECUTE IMMEDIATE문을 사용하여 테이블의 데이터를 1행씩 조회하는 동적 조회문을 설명했습니다. 그러나 복수 행의 동적 조회문을 실행하려면 EXECUTE IMMEDIATE문이 아닌 **커서 변수**※를 사용해야 합니다. 전 장에서 설명했던 커서 변수에 매핑한 SQL문은 모두 **정적 SQL**이었습니다. 그러나 커서 변수에는 **동적 SQL**을 매핑하는 것도 가능합니다. 지정 방법은 통상의 커서 변수의 경우와 큰 차이가 없습니다.

먼저 정의된 커서 변수에 동적으로 실행할 쿼리문의 텍스트를 매핑하고 OPEN FOR문에 의한 결과 세트를 식별합니다. 그 후에 일반 커서 처리와 동일하게 FETCH문, CLOSE문을 실행할 수 있습니다.

※ 커서 변수에 대한 상세한 내용은 237쪽을 참조하십시오.

리스트 12-05에서는 WHERE절의 조건을 동적으로 변경하는 조회문을 실행하고 있습니다. 선언부에서 커서 변수를 정의하고, OPEN FOR문에서 WHERE절의 조건이 동적으로 변경되는 조회문을 OPEN합니다(❶). 그 후 식별된 결과 세트에 대한 일반 커서 처리를 수행합니다(❷).

**리스트 12-05** 커서 변수를 사용한 동적 조회문의 실행 예

```
SQL> CREATE OR REPLACE PROCEDURE open_emp(clause VARCHAR2)
  2  IS
  3    TYPE cv_type IS REF CURSOR;
  4    cur_cv cv_type;
  5    emp_rec emp%ROWTYPE;
  6  BEGIN
  7    OPEN cur_cv FOR 'SELECT * FROM emp WHERE '||clause; ─────────❶
  8    LOOP
  9      FETCH cur_cv INTO emp_rec; ─────────────────────────────❷
 10      EXIT WHEN cur_cv%NOTFOUND;
 11      DBMS_OUTPUT.PUT_LINE(emp_rec.ename);
 12    END LOOP;
 13    CLOSE cur_cv;
 14  END;
 15  /

프로시저가 생성되었습니다.

SQL>
SQL> EXECUTE open_emp('sal > 2500')
JONES
BLAKE
SCOTT
FORD

PL/SQL 처리가 정상적으로 완료되었습니다.
```

동적 SQL은 검색되는 테이블과 컬럼의 숫자 등을 동적으로 변경할 수 있습니다. 그러나 이 경우에는 동적으로 변경할 **패턴의 수만큼** 변수를 정의해야만 합니다. 이 예제에서는 WHERE절의 조건은 동적으로 변경되지만, 리턴된 결과는 항상 EMP 테이블의 전체 컬럼입니다. 따라서 FETCH INTO문에서 지정하는 변수는 'emp_rec%ROWTYPE'으로 정의되어 있습니다.

EXECUTE IMMEDIATE문이나 커서 변수를 사용하는 동적 SQL의 실행은 Oracle 8i부터 가능합니다. Oracle 8 버전까지는 **DBMS_SQL 패키지**※를 사용했습니다(DBMS_SQL 패키지는 Oracle 8i 이후 버전에서도 사용 가능합니다). 실행 방법이 복잡한 DBMS_SQL 패키지에 비해 EXECUTE IMMEDIATE문이나 커서 변수는 동적 SQL을 손쉽게 실행할 수 있습니다. 따라서 동적 SQL은 대부분 EXECUTE IMMEDIATE문이나 커서 변수로 충분히 실행 가능합니다.

그러나 Oracle 8i 이후에도 DBMS_SQL 패키지에서만 실행이 가능한 기능이 있습니다. 다음 표의 각 기능의 특징을 참고하여 어느 쪽을 사용할지를 검토하십시오.

**표 12-03** 동적 SQL의 실행 방법과 특징

| 실행 방법 | 특징 |
| --- | --- |
| EXECUTE IMMEDIATE문 커서 변수 | • DBMS_SQL 패키지에 비해 작성이 간단함※※<br>• DBMS_SQL 패키지보다 1.5~3배 빠르게 실행 가능<br>• 동적 SQL에서 사용자 정의 데이터 타입(TABLE, RECORD 타입 등)을 사용할 수 있음(Oracle 11g 이상에서는 DBMS_SQL 패키지에서도 사용 가능)<br>• %ROWTYPE, 레코드 타입 변수에 FETCH를 지원※※※ |
| DBMS_SQL 패키지 | • 32KB 이상의 고용량 SQL을 지원(Oracle 11g 이상에서는 EXECUTE IMMEDIATE문도 지원하고 있음)<br>• 동적 조회문이 리턴되는 행 구조를 확인할 수 있음 |

※ DBMS_SQL 패키지를 작성하는 방법에 대해서는 363쪽의 'APPENDIX 11 유틸리티 패키지'를 참조하십시오.

※※ DBMS_SQL 패키지는 다수의 프로시저나 함수를 순서대로 지정해야 하기 때문에 작성이 복잡해지지만, EXECUTE IMMEDIATE문이나 커서 변수를 사용하면 간결하고 읽기 쉬운 프로그램을 작성할 수 있습니다.

※※※ 조회한 행을 레코드에 직접 대입할 수 있습니다. DBMS_SQL 패키지는 추출한 컬럼마다 변수를 정의해야만 합니다.

## ● 정리

### ● 동적 SQL

동적 SQL을 사용하면 SQL문에서 사용할 테이블이나 컬럼 등을 자유로이 변경할 수 있으므로 보다 유연한 프로그래밍이 가능해집니다.

### ● EXECUTE IMMEDIATE문을 사용한 동적 SQL 실행

EXECUTE IMMEDIATE문을 사용하면 'DDL문'과 '세션 제어문', '동적 SQL'을 실행하는 것이 가능합니다.

### ● 커서 변수를 사용한 동적 SQL 실행

복수 행의 조회문을 동적으로 실행하는 경우에는 커서 변수를 사용합니다. 지정 방법은 일반 커서 변수와 동일하게 OPEN FOR문으로 동적 조회문을 매핑하여 FETCH, CLOSE의 각 커서 처리를 수행합니다.

# 성능 향상을 위해

드디어 마지막 장입니다. 이번 장에서는 PL/SQL을 보다 효율적으로 실행하고, 성능을 좀 더 향상시키기 위한 기능들에 대해 설명하도록 하겠습니다. 어려운 부분도 있겠습니다만, 현장에서 도움이 될만한 정보들이 가득하므로 반드시 마지막까지 읽어주십시오.

그럼 우선 PL/SQL에 성능 향상을 기대할 수 있는 어떠한 기능들이 있는지 확인해 보겠습니다.

**표 13-01** 성능 향상을 위한 PL/SQL 기능

| 기능 | 개요 |
| --- | --- |
| DBMS_SHARED_POOL.KEEP | Stored 서브 프로그램을 메모리상에 고정 |
| 네이티브 컴파일<br>(Native Compilation) | 실행 시에 해석이 불필요한 C 코드로 컴파일. 또한, Oracle 11g R11.1 버전부터는 시스템 고유의 코드를 직접 생성 |
| PLSQL_OPTIMIZE_LEVEL<br>파라미터 | 소스 코드를 최적화 |
| Place holder | 동적 SQL의 분석 결과를 재사용 |
| 벌크(FORALL문) | 복수의 DML문을 일괄 실행 |
| 벌크(BULK COLLECT절) | 복수의 행을 변수에 일괄 대입 |
| 벌크 동적 SQL | 동적 SQL에서 벌크 처리를 수행 |

또한, PL/SQL 프로그램의 어디가 **병목 지점(Bottleneck)**인지를 확인할 수 있는 기능도 준비되어 있습니다.

| 기능 | 개요 |
| --- | --- |
| DBMS_PROFILER 패키지 | 소스 코드의 각 행에 소요되는 처리 시간을 측정 |

그럼 각 기능의 사용 방법을 상세히 설명하겠습니다.

# ● DBMS_SHARED_POOL.KEEP

유틸리티 패키지인 **DBMS_SHARED_POOL 패키지**의 KEEP **프로시저**를 사용하면 특정 프로그램을 메모리(Oracle 공유 메모리: Shared Pool)에 **고정**할 수 있습니다. 프로그램을 메모리에 고정하면 매번 실행할 때마다 디스크에서 읽어 들일 필요가 없어지므로 프로그램을 읽어 들일 때의 오버헤드를 감소시킬 수 있습니다. 따라서 사용 빈도가 높은 프로그램은 KEEP 프로시저를 사용하여 메모리에 항상 고정하는 것이 좋습니다.

또한 **Stored 서브 프로그램**은 KEEP 프로시저를 사용하지 않아도 첫 번째 실행 시 메모리에 고정이 되지만(104쪽 참조), 메모리가 부족하면 사용 빈도에 관계없이 제거되어 버리기 때문에 확실히 메모리에 고정하기 위해서는 KEEP 프로시저를 사용할 필요가 있습니다.

## ● DBMS_SHARED_POOL.KEEP 사용 방법

DBMS_SHARED_POOL 패키지의 KEEP 프로시저를 사용하여 특정 프로그램을 메모리상에 고정하는 방법을 설명합니다.

### ● 사용 전의 준비
**DBMS_SHARED_POOL 패키지**는 기본<sup>※</sup> 설치 대상이 아니므로 사용 전에 인스톨해야 합니다. DBMS_SHARED_POOL 패키지를 설치하려면 다음 파일을 **SYS 사용자**로 실행합니다.

※ 성능 진단 툴인 STATSPACK이 인스톨되어 있는 환경에서는 DBMS_SHARED_POOL 패키지도 사용할 수 있습니다.

### ● 특정 프로그램의 캐시

KEEP **프로시저**를 사용하여 특정 프로그램을 메모리에 고정합니다. 실행하기 전에 어떤 프로그램을 고정해야 할지 충분히 검토하십시오.

---

| 서식 KEEP 프로시저의 설정 |
| --- |
| DBMS_SHARED_POOL.KEEP(〈오브젝트명〉,〈오브젝트 종류〉); |

---

**표 13-03** KEEP 프로시저의 파라미터

| 파라미터 | 개요 |
| --- | --- |
| 오브젝트명 | 고정할 오브젝트명을 지정 |
| 오브젝트 종류 | 고정할 오브젝트의 종류를 지정<br>P: 프로시저, 함수(디폴트 값)<br>R: 트리거 |

## 메모리상에 캐시되어 있는 프로그램 확인

프로그램이 메모리상에 고정되어 있는지 확인하려면 V$DB_OBJECT_CACHE 뷰의 KEPT 컬럼을 참조합니다. 또한, 해당 뷰에서는 로드된 프로그램이 소비하는 메모리양 등도 확인할 수 있습니다.

리스트 13-01은 V$DB_OBJECT_CACHE 뷰의 조회 결과입니다. 프로시저 GET_RECORD 의 KEPT 컬럼이 YES로 되어 있으므로 대상 프로시저가 메모리에 고정되어 있는 것을 확인할 수 있습니다(❶).

V$DB_OBJECT_CACHE 뷰의 실행 예

```
SQL> SELECT owner,name,type,sharable_mem,loads,kept
  2  FROM  v$db_object_cache
  3  WHERE type IN ('PROCEDURE')
  4    and KEPT = 'YES'
  5  ORDER BY loads DESC;


OWNER NAME        TYPE        SHARABLE_MEM  LOADS KEP
----- ---------- ---------- ------------- ------ ---
SCOTT GET_RECORD PROCEDURE         24552      1 YES ─────────────❶
```

---

### 📖 V$DB_OBJECT_CACHE 뷰

메모리에 분석(Parse) 결과가 유지되는 오브젝트의 정보를 표시합니다.

**표 13-04** V$DB_OBJECT_CACHE 뷰의 주요 컬럼

| 컬럼명 | 개요 |
|---|---|
| OWNER | 오브젝트 소유자 |
| NAME | 오브젝트명 |
| TYPE | 오브젝트 타입 |
| SHARABLE_MEM | 오브젝트의 공유 풀(Shared Pool) 메모리 사용량 |
| LOADS | 오브젝트가 로드된 횟수 |
| KEPT | 오브젝트의 메모리 고정 여부 |

## ● KEEP 프로시저 사용 시의 주의점

KEEP 프로시저를 사용할 때는 다음 사항에 유의할 필요가 있습니다.

### ● 충분한 메모리 공간 확보

충분한 메모리가 확보되지 않은 상태에서 KEEP 프로시저를 많이 사용하면 메모리 부족으로 다른 프로그램이 사용할 수 있는 공간이 줄어듭니다. 이로 인해 다른 프로그램이 메모리에서 제거될 가능성이 높아집니다.

## ● Oracle의 재기동 시에 재설정

Oracle을 중지(Shutdown)하면 메모리가 해제되기 때문에 모든 설정이 **무효화**됩니다. 따라서 재기동 후에 KEEP 설정을 다시 해야 합니다. 이 재기동 후의 고정 작업은 효과적인 메모리 단편화 방지의 관점에서 메모리가 가장 깨끗한 상태인 기동 직후에 실시하는 것이 좋습니다. 또한, 이벤트 트리거※를 사용하면 기동 시에 KEEP 프로시저가 실행되도록 지정할 수 있습니다.

※ 이벤트 트리거에 대해서는 328쪽의 'APPENDIX 08 트리거의 종류'를 참조하십시오.

## ● UNKEEP 프로시저를 통한 고정 해제

UNKEEP 프로시저※를 사용하면 메모리상에 고정된 프로그램의 KEEP 설정을 무효화할 수 있습니다.

※ 파라미터 값은 KEEP 프로시저(263쪽 참조)와 동일합니다.

---
**서식** UNKEEP 프로시저의 설정

DBMS_SHARED_POOL.UNKEEP(〈오브젝트명〉,〈오브젝트 종류〉);

---

## ● 네이티브 컴파일

**네이티브 컴파일(Native Compilation)**은 Stored 서브 프로그램을 '시스템 고유의 코드'로 컴파일하는 기능입니다.

일반적으로 Stored 서브 프로그램은 작성 시에 중간 형태의 코드로 컴파일되어 데이터 딕셔너리에 저장됩니다. 그리고 실행 시에 시스템 고유의 코드로 변환되므로 효율적이지 않습니다. 한편, 네이티브 컴파일을 수행하면 시스템 고유의 코드로 컴파일되기 때문에 실행 시에 코드를 변환할 필요가 없어지므로 결과적으로 실행 성능이 향상됩니다.

## 네이티브 컴파일 사용 시 주의점

네이티브 컴파일을 사용할 때는 다음 사항에 유의해주십시오.

- 사용자가 작성한 프로그램 및 Oracle이 제공하는 유틸리티 패키지는 모두 네이티브 컴파일 대상※
- PL/SQL에서 호출되는 SQL은 고속화 대상 제외※※
- Oracle 10g R10.2 이전 버전에서는 PL/SQL을 C 언어로 변환한 후 C 컴파일러를 사용하여 시스템 고유의 코드를 생성
- Oracle 11g 이상 버전에서는 시스템 고유의 코드를 직접 생성(C 컴파일러는 불필요)

※ 이름이 없는 PL/SQL 프로그램은 대상에서 제외됩니다.
※※ 프로그램에 포함된 SQL은 고속화되지 않습니다. 따라서 SQL이 다수 포함된 프로그램은 높은 효과를 기대할 수 없습니다.

그럼, 지금부터 작성할 프로그램을 네이티브 컴파일하는 방법과 기존의 프로그램을 모두 일괄적으로 네이티브 컴파일하는 방법을 설명하겠습니다.

## 신규 작성 프로그램을 네이티브 컴파일하는 방법

신규 작성 프로그램을 네이티브 컴파일하려면 다음과 같은 단계를 실행합니다. 단, Oracle 11g 이상인 경우에는 4단계와 5단계만 필요합니다.

### ● 1. spnc_commands 편집

먼저 spnc_commands 파일을 편집합니다. spnc_commands 파일에는 컴파일에 필요한 커맨드와 C 컴파일러의 경로가 기술되어 있습니다. C 컴파일러의 경로가 기재된 내용과 다를 경우에는 편집하기 바랍니다.

**FILE** %ORACLE_HOME%\plsql\spnc_commands

### ● 2. 디렉터리 생성

공유 라이브러리(컴파일된 프로그램 파일)를 저장하기 위한 디렉터리를 생성합니다.

## ● 3. 초기화 파라미터 설정

다음의 초기화 파라미터를 데이터베이스 레벨 또는 세션 레벨에서 설정한 뒤, 네이티브 컴파일의 환경 설정을 진행합니다.

**표 13-05** 초기화 파라미터와 설정 항목

| 초기화 파라미터 | 설정 항목 |
| --- | --- |
| plsql_native_library_dir | 2단계에서 생성한 공유 라이브러리 디렉터리의 전체 경로를 지정 |
| plsql_native_library_subdir_count | plsql_native_library_dir 파라미터에 지정된 디렉터리 내의 하위 디렉터리 수를 지정. 프로그램 유닛이 방대해지는 경우, 이 파라미터를 설정하여 하위 디렉터리에 나누어 배치할 수 있음 |

## ● 4. 네이티브 컴파일 유효화

초기화 파라미터 plsql_code_type을 'NATIVE'로 설정하여※ 네이티브 컴파일을 유효화합니다.

※ 파라미터 기본값은 'INTERPRETED'입니다. 네이티브 컴파일은 유효하지 않습니다.

## ● 5. PL/SQL 프로그램 컴파일

여기까지 설정이 완료되면 통상적인 방법으로 PL/SQL 프로그램을 컴파일합니다. 컴파일하면 자동으로 네이티브 컴파일이 실행되고, Stored 서브 프로그램이 '시스템 고유의 코드'로 컴파일됩니다.

## ⬤ 네이티브 컴파일의 실행 예(Oracle 11g 이후의 경우)

리스트 13-02에서는 Oracle 11g 이후 버전의 특정 세션에서 네이티브 컴파일을 수행하고 있습니다※.

네이티브 컴파일을 수행할 사용자로 로그인한 뒤, 세션 레벨에서 plsql_code_type 파라미터를 'NATIVE'로 변경합니다(❶). 이 설정 이후 해당 세션에서 작성한 모든 프로그램은 네이티브 컴파일 처리가 이루어집니다.

※ 이 실행 예는 Oracle 11g 이후 버전의 실행 예제이므로 1~3단계는 생략합니다.

네이티브 컴파일된 프로그램은 USER_PLSQL_OBJECTS_SETTINGS 뷰의 PLSQL_
CODE_TYPE 컬럼의 값이 'NATIVE'로 변경됩니다(❷).

**리스트 13-02** 네이티브 컴파일의 실행 예(Oracle 11g 이후)

```
SQL> CONNECT scott/tiger
연결되었습니다.
SQL>
SQL> ALTER SESSION SET plsql_code_type = 'NATIVE'; ─────────────❶

세션이 변경되었습니다.

SQL>
SQL> CREATE OR REPLACE PROCEDURE native11g
  2  IS
  3  BEGIN
  4    DBMS_OUTPUT.PUT_LINE('TODAY IS '||to_char(sysdate,'DY'));
  5  END;
  6  /

프로시저가 생성되었습니다.

SQL>
SQL> col plsql_code_type format a10
SQL> SELECT name,type,plsql_code_type
  2  FROM   user_plsql_object_settings
  3  WHERE  plsql_code_type = 'NATIVE';

NAME              TYPE                  PLSQL_CODE
---------------   --------------------  ----------
NATIVE11G         PROCEDURE             NATIVE ─────────────────❷
```

## 🔵 기존의 모든 프로그램을 네이티브 컴파일하는 방법

기존의 모든 프로그램을 네이티브 컴파일하는 방법을 설명합니다. 단, Oracle 10g
R10.2 이전의 환경에서는 앞서 설명한 spnc_commands 파일이 제대로 설정되어
있어야만 진행이 가능합니다.

## ● 1. 초기화 파라미터 설정

초기화 파라미터 PLSQL_CODE_TYPE을 'NATIVE'로 변경합니다.

## ● 2. 인스턴스를 UPGRADE 모드로 재기동

SYS 사용자로 Oracle에 로그인하여 UPGRADE 모드로 DB 인스턴스를 재기동합니다.

## ● 3. 컴파일 모드를 NATIVE로 변경

컴파일 모드를 'NATIVE'로 변경하는 스크립트를 실행합니다. Oracle 10gR10.1 이전 버전은 utlrp.sql 스크립트를, Oracle 10g R10.2 이후 버전은 dbmsupgnv.sql 스크립트를 사용합니다. 두 파일 모두가 '%ORACLE_HOME%\rdbms\admin' 경로에 존재합니다.

## ● 4. COMMIT문 실행

처리를 확정하기 위해 COMMIT문을 실행합니다.

## ● 5. 인스턴스 재기동

DB 인스턴스를 NORMAL 모드로 재기동합니다.

## ● 6. 모든 프로그램 재컴파일

utlrp.sql 스크립트를 실행하여 모든 프로그램을 재컴파일합니다. 이 스크립트 파일은 '%ORACLE_HOME%\rdbms\admin' 경로에 존재합니다.

### ● 기존의 모든 프로그램을 네이티브 컴파일하는 실행 예

리스트 13-03에서는 기존의 모든 프로그램을 네이티브 컴파일하고 있습니다(Oracle 10g R10.2 이후의 환경). plsql_code_type 파라미터를 'NATIVE'로 변경하고(❶) 인스턴스를 UPGRADE 모드로 재기동합니다(❷).

그 후, dbmsupgnv.sql 스크립트로 컴파일 모드를 'NATIVE'로 변경한 뒤(❸), 재기동 후에 utlrp.sql 스크립트로 모든 프로그램을 다시 컴파일합니다(❹). 이제 기존의 모든 프로그램이 네이티브 컴파일됩니다.

```
SQL> ALTER SYSTEM SET plsql_code_type = 'NATIVE';
```
───────────────────────────────❶

시스템이 변경되었습니다.

```
SQL> SHUTDOWN
```
데이터베이스가 닫혔습니다.
데이터베이스가 마운트 해제되었습니다.
ORACLE 인스턴스가 종료되었습니다.

```
SQL> STARTUP UPGRADE
```
───────────────────────────────────────────❷
ORACLE 인스턴스가 시작되었습니다.

```
Total System Global Area 626327552 bytes
Fixed Size 2291472 bytes
Variable Size 473958640 bytes
Database Buffers 146800640 bytes
Redo Buffers 3276800 bytes
```
데이터베이스가 마운트되었습니다.
데이터베이스가 열렸습니다.

```
SQL> @$ORACLE_HOME/rdbms/admin/dbmsupgnv.sql
```
───────────────────❸

```
SQL> COMMIT;
```

커밋이 완료되었습니다.

```
SQL> SHUTDOWN NORMAL
```
데이터베이스가 닫혔습니다.
데이터베이스가 마운트 해제되었습니다.
ORACLE 인스턴스가 종료되었습니다.

```
SQL> STARTUP
```
ORACLE 인스턴스가 시작되었습니다.

```
Total System Global Area 626327552 bytes
Fixed Size 2291472 bytes
Variable Size 473958640 bytes
Database Buffers 146800640 bytes
Redo Buffers 3276800 bytes
```
데이터베이스가 마운트되었습니다.

데이터베이스가 열렸습니다.

```
SQL> @$ORACLE_HOME/rdbms/admin/utlrp.sql ──────────────────────────────❹
```

# ● 플레이스 홀더

**플레이스 홀더(Place holder)**는 동적 SQL에서 **SQL 분석 결과의 공유 비율**을 높이기 위해
사용합니다. 플레이스 홀더를 효율적으로 사용하기 위해서는 우선 분석 결과가 어떻
게 공유되고 있는지, 또 공유 비율을 높이려면 어떻게 하면 좋을지에 대해서 설명하
도록 하겠습니다.

## ● SQL 분석 결과 공유의 구조

발행한 SQL은 메모리상에서 분석(예를 들면 구문 및 액세스 권한 체크)한 뒤 실행되지
만, 분석 결과는 실행 후 한동안 공유 메모리상에 보존됩니다. Oracle은 분석을 수행
할 때 이미 동일한 SQL의 분석 결과가 메모리에 남아 있을 경우 그 분석 결과를 다
시 사용합니다. 이렇게 분석 결과를 재사용하게 되면 분석에 대한 부하를 줄일 수 있
습니다. 그러나 이 분석 결과를 재사용하기 위해서는 대문자와 소문자, 공백 등을 포
함하여 SQL이 **완전히 동일**해야만 합니다.

그림 13-01은 SQL 분석 결과의 공유를 나타낸 그림입니다. 메모리상에 공유할 수 있는 SQL이 없는 경우, 분석한 결과를 메모리에 보존합니다(❶). 그 후, 동일한 SQL이 발행되는 경우에는 그 분석 결과를 공유할 수 있으므로 분석 부하를 줄일 수 있습니다(❷). 그러나 조금이라도 다른 부분이 있으면 별도의 SQL이라 판단하여 공유되지 않습니다(❸).

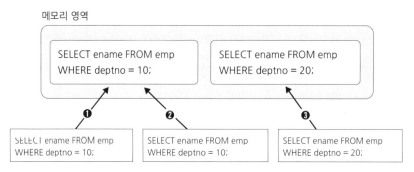

메모리 영역

SELECT ename FROM emp
WHERE deptno = 10;

SELECT ename FROM emp
WHERE deptno = 20;

❶

❷

❸

SELECT ename FROM emp
WHERE deptno = 10;

SELECT ename FROM emp
WHERE deptno = 10;

SELECT ename FROM emp
WHERE deptno = 20;

**그림 13-01** SQL문 공유

## ⬤ SQL 분석 결과의 공유 비율 향상

분석 결과를 공유하려면 SQL이 완전히 동일해야 하지만, 그림 13-01과 같이 WHERE절의 조건 값만 다른 SQL은 자주 발생합니다.

이러한 경우 WHERE절의 조건 값에 변수를 사용합니다. 그림 13-02은 SQL에 변수를 포함한 예제입니다. 동적으로 변경하고 싶은 조건 값 부분에 변수를 포함한 상태(값이 미정인 상태)에서 SQL을 분석하면(❶) 실행 시 변수에 값을 할당할※ 수 있으므로(❷, ❸) 하나의 분석 결과를 공유하는 것이 가능해집니다.

※ 변수에 대한 값의 할당을 '바인드(Bind)'라고 합니다.

메모리 영역

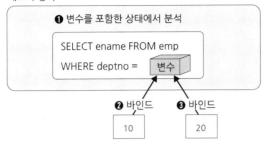

❶ 변수를 포함한 상태에서 분석

SELECT ename FROM emp

WHERE deptno = 변수

❷ 바인드    ❸ 바인드

10        20

**그림 13-02** 실행 시 변수를 할당

## ● 동적 SQL에 대한 분석 결과의 공유 비율 향상

**플레이스 홀더**를 사용하면 동적 SQL에서도 **SQL 분석 결과를 공유화**할 수 있습니다. 예를 들어 그림 13-02의 정적 SQL의 경우와 동일하게 동적 SQL도 변수를 포함한 상태에서 분석하면, **값의 바인드**가 가능합니다. 이 동적 SQL에 포함 된 변수가 플레이스 홀더입니다. 우선 플레이스 홀더의 개요부터 설명해보겠습니다.

다음 페이지의 리스트 13-04에서는 동적 SQL의 WHERE절의 조건 값에 플레이스 홀더를 사용합니다. 동적인 DELETE문에 포함된 ':val'이 플레이스 홀더입니다. WHERE절의 조건 값을 파라미터로 직접 지정하지 않고, 동적 SQL에 플레이스 홀더(값이 미정인 상태)를 포함한 상태에서 프로그램을 분석할 수 있습니다(❶). 플레이스 홀더에 바인드할 값은 EXECUTE IMMEDIATE문의 USING절을 지정합니다(❷). 프로그램을 실행할 때 DBMS_OUTPUT으로 처리된 SQL이 표시되며(❸, ❹), 이때 같은 SQL문이 표시되는 것을 보고서 SQL 분석 결과를 공유하고 있음을 알 수 있습니다.

**리스트 13-04** 플레이스 홀더의 실행 예

```
SQL> CREATE OR REPLACE PROCEDURE delete_rows(clause VARCHAR2,
  2                                          no NUMBER)
  3  IS
  4    sql_stmt VARCHAR2(100);
  5  BEGIN
  6    sql_stmt := 'DELETE FROM emp WHERE '||clause||' = :val'; ────❶
```

```
  7    EXECUTE IMMEDIATE sql_stmt USING no; ─────────────────❷
  8    DBMS_OUTPUT.PUT_LINE(sql_stmt);
  9  END;
 10  /
```

프로시저가 생성되었습니다.

```
SQL>
SQL> EXECUTE delete_rows('empno',7499)
DELETE FROM emp WHERE empno = :val ──────────────────────❸
```

PL/SQL 처리가 정상적으로 완료되었습니다.

```
SQL>
SQL> EXECUTE delete_rows('empno',7521)
DELETE FROM emp WHERE empno = :val ──────────────────────❹
```

PL/SQL 처리가 정상적으로 완료되었습니다.

## ⬤ 플레이스 홀더의 지정과 값 바인드 방법

동적 SQL에 플레이스 홀더를 사용하는 경우, 다음의 규칙에 따라 지정 및 값의 바인드를 수행합니다.

### ● 플레이스 홀더 지정

1. ':' 뒤에 플레이스 홀더명을 지정※

2. 플레이스 홀더는 다음 장소에 지정 가능

   • SQL문 중 변수를 대체할 수 있는 장소※※

   • PL/SQL 블록의 파라미터

   ※ 플레이스 홀더를 선언부에서 정의할 필요는 없습니다.
   ※※ WHERE절의 조건 값과 INSERT문의 VALUES절 등을 지정할 수 있습니다.

## ● 플레이스 홀더 값 바인드 방법

- USING절의 파라미터에 바인드할 값을 지정※
- 플레이스 홀더와 USING절은 이름이 아니라 위치로 대응※※
- 오브젝트명을 플레이스 홀더에 넘기는 것은 불가능
- 부울(Boolean) 값(TRUE, FALSE, NULL)을 넘기는 것은 불가능

※ Stored 서브 프로그램의 파라미터와 동일하게 값 넘기기(IN 모드) 및 받기(OUT 모드, IN OUT 모드)가 가능
합니다.
※※ 플레이스 홀더의 순서와 USING절의 실제 파라미터의 순서는 대응시켜야만 합니다.

이어서 플레이스 홀더 값의 바인드 방법을 설명하도록 하겠습니다.

## ● USING 파라미터: IN 모드의 사용 예

USING절의 파라미터 모드는 기본적으로 IN 모드로 되어 있으며, 플레이스 홀더에 값을 전달할 수 있습니다.

**그림 13-03** IN 모드 사용 시의 플레이스 홀더

다음 페이지의 리스트 13-05에서는 커서 변수에 매핑된 조회문에 플레이스 홀더를 포함하고 있습니다. WHERE절의 조건 값을 플레이스 홀더 :val로 설정합니다. OPEN FOR문으로 조회문을 OPEN할 때, USING절에서 플레이스 홀더 :val에 디폴트인 IN 모드로 값 전달을 수행하고 있습니다(❶).

```
SQL> CREATE OR REPLACE PROCEDURE open_emp(clause VARCHAR2,
  2                                        no      NUMBER)
  3  IS
  4    TYPE cv_type IS REF CURSOR;
  5    cur_cv cv_type;
  6    emp_rec emp%ROWTYPE;
  7  BEGIN
  8    OPEN cur_cv FOR 'SELECT * FROM emp
  9           WHERE '||clause||' :val' USING no; ────────────────❶
 10      LOOP
 11        FETCH cur_cv INTO emp_rec;
 12        EXIT WHEN cur_cv%NOTFOUND;
 13        DBMS_OUTPUT.PUT_LINE('EMP '||emp_rec.ename);
 14      END LOOP;
 15    CLOSE cur_cv;
 16  END;
 17  /

프로시저가 생성되었습니다.

SQL>
SQL> EXECUTE open_emp('sal >',2500)
EMP JONES
EMP BLAKE
EMP SCOTT
EMP FORD

PL/SQL 처리가 정상적으로 완료되었습니다.
```

## ⬤ USING 파라미터: OUT 모드, IN OUT 모드의 사용 예

앞서 설명한 IN 모드의 파라미터는 SQL 분석 결과의 공유를 위해 지정합니다. 그에
반해 **OUT 모드**, **IN OUT 모드**는 동적 SQL에서 처리된 값을 유효하게 활용하기 위해
지정합니다. USING절에 OUT 모드와 IN OUT 모드를 지정하여 플레이스 홀더에 할
당된 값을 USING절의 파라미터로 반환하는 것이 가능합니다※.

※ OUT 모드를 설정하려면 'OUT' 또는 'RETURNING INTO' 키워드를 지정합니다.

리스트 13-06에서는 파라미터에 지정한 DEPT 테이블의 데이터를 삭제하고, 삭제된 행과 같은 DEPTNO를 가진 EMP 테이블의 DEPTNO 컬럼 값을 NULL로 갱신하고 있습니다. 동적 실행 DELETE문의 WHERE절 조건 값을 플레이스 홀더 :p_val로 설정합니다(❶). 또한, RETURNING절을 사용하여 DML문에 의해 영향을 받은 DEPTNO 컬럼 값을 두 번째 플레이스 홀더인 :d_no에 할당하도록 지정합니다(❷).

EXECUTE IMMEDIATE문을 통해 DML문을 동적 실행할 때, USING절에서 플레이스 홀더에 값 할당을 수행하고 있습니다. USING절의 첫 번째 파라미터 val은 디폴트인 IN 모드에서 플레이스 홀더 :p_val에 값을 전달합니다. 또한 두 번째 파라미터 d_deptno는 OUT 모드이며, 플레이스 홀더 :d_no에서 RETURNING절에 할당된 값을 받고 있습니다(❸).

**리스트 13-06** OUT 모드와 IN OUT 모드의 사용 예

```
SQL> CREATE OR REPLACE PROCEDURE del_cascade(clause VARCHAR2,
  2                                          val     VARCHAR2)
  3  IS
  4     d_deptno dept.deptno%TYPE;
  5  BEGIN
  6     EXECUTE IMMEDIATE
  7         'DELETE FROM dept
  8            WHERE '||clause||' :p_val                              ❶
  9              RETURNING deptno INTO :d_no'                         ❷
 10              USING val,OUT d_deptno;                              ❸
 11     DBMS_OUTPUT.PUT_LINE(d_deptno);
 12     UPDATE emp SET deptno = null WHERE deptno = d_deptno;
 13  END;
 14  /

프로시저가 생성되었습니다.

SQL>
SQL> EXECUTE del_cascade('LOC = ','DALLAS')
20

PL/SQL 처리가 정상적으로 완료되었습니다.
```

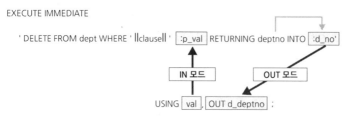

EXECUTE IMMEDIATE

' DELETE FROM dept WHERE ' ‖clause‖ ' :p_val RETURNING deptno INTO :d_no'

IN 모드    OUT 모드

USING val , OUT d_deptno ;

**그림 13-04** OUT 모드와 IN OUT 모드 사용 시의 플레이스 홀더

### ● RETURNING절에 대하여

RETURNING절을 사용하면 DML문에 의해 영향을 받은 행의 컬럼 값을 INTO절 뒤의 변수나 플레이스 홀더에 할당할 수 있습니다. 리스트 13-06에서는 DELETE문에서 영향을 받은 DEPT 테이블의 DEPTNO 컬럼 값을 INTO절의 플레이스 홀더 :d_no에 할당하고 있습니다. RETURNING절을 사용하는 것으로 DML문의 실행 및 처리한 행 데이터의 취득을 동시에 수행할 수 있습니다. 그러나 RETURNING절에 복수의 값을 반환하는 경우에는 **벌크 배열 처리**[※]를 해야 합니다.

※ 벌크 배열 처리에 대해서는 288쪽을 참조하십시오.

## ● 벌크 처리

**벌크(Bulk) 처리**는 루프문에서 여러 번 수행하는 처리 작업의 부하를 감소시킬 수 있는 기능입니다. 통상적으로는 루프를 사용하여 반복 실행하지 않으면 안 되는 처리를, 벌크를 사용하여 **일괄적으로 처리할 수 있게** 됨으로써 성능이 향상됩니다.

### ● 벌크 기능의 아키텍처

우선은 왜 벌크 기능이 반복 처리의 성능을 향상시킬 수 있는지를 설명하겠습니다.

### ● 루프 처리

PL/SQL 프로그램은 내부적으로 SQL 엔진과 PL/SQL 엔진 두 가지로 처리됩니다.

SQL 엔진은 프로그램에 포함된 SQL 처리를 담당하고, 그 외의 PL/SQL 기술 부분은 PL/SQL 엔진이 처리를 담당합니다.

리스트 13-07은 FOR 루프문으로 INSERT문을 30,000번 반복하는 프로그램입니다. INSERT문을 한 번 실행할 때마다 엔진의 변경이 발생하고, 이러한 변경이 많아질수록 성능은 저하됩니다.

**리스트 13-07** FOR 루프문의 방대한 반복 처리로 인한 성능 저하

```
SQL> CREATE TABLE cust
  2  (cust_id NUMBER,cust_no VARCHAR2(32));

테이블이 생성되었습니다.

SQL>
SQL> set timing on
SQL>
SQL> BEGIN
  2    FOR i IN 1..30000 LOOP
  3      INSERT INTO cust VALUES(i,'CUST_no '||TO_CHAR(i));
  4    END LOOP;
  5  END;
  6  /

PL/SQL 처리가 정상적으로 완료되었습니다.

경   과: 00:00:02.32
```

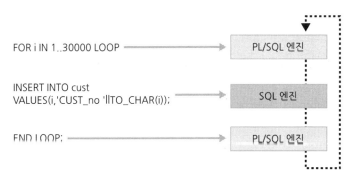

**그림 13-05** PL/SQL의 두 가지 엔진

## ● 벌크 처리

리스트 13-07과 같은 루프 처리 대신에 벌크 기능을 사용하면 엔진의 변경을 최소화할 수 있습니다. 벌크 처리의 포인트는 연관 배열 등의 **컬렉션**을 사용하는 것입니다. 루프를 통해 한 건씩 처리하는 것이 아니라, 컬렉션을 사용하여 복수의 행을 한 번에 처리하므로 엔진 변경 또한 한 번만 수행되고 이로 인해 성능이 향상됩니다.

그림 13-06은 리스트 13-07 루프 처리를 벌크 처리로 변경한 예제입니다. INSERT 문의 VALUES절에 지정한 복수의 값을 컬렉션에 대입하고(❶), SQL 엔진에다 한꺼번에 전송합니다(❷). 이를 통해 INSERT문을 한 번에 실행하는 것이 가능합니다 (❸).

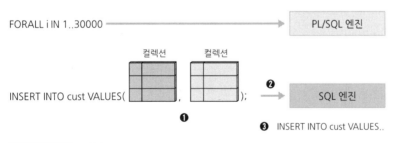

**그림 13-06** 벌크 처리

## ● 벌크의 기능

벌크 처리를 할 때는 **FORALL문** 또는 **BULK COLLECT절**을 지정합니다. 이 기능들은 다음 표 내용의 경우에 사용할 수 있습니다. 벌크는 성능 향상에 있어 매우 효과가 좋은 기능이므로 적극적으로 사용하면 좋습니다.

**표 13-07** 벌크 기능

| 벌크 기능 | 벌크 처리를 수행할 구문 | 기능 |
|---|---|---|
| FORALL문 | DML문(INSERT, DELETE, UPDATE) | 루프로 여러 번 수행해야 할 DML문을 한 번에 수행 가능 |
| BULK COLLECT절 | SELECT INTO문 | 일괄 FETCH가 가능 |
| | FETCH INTO문 | 일괄 FETCH가 가능. LIMIT절 지정 가능 |
| | RETURNING INTO절 | 변수에 일괄 대입 가능 |

그럼 사용 방법에 대한 상세 설명을 시작합니다.

## ● FORALL문

벌크를 사용하여 DML문을 실행하는 경우, DML 직전에 **FORALL문**을 지정합니다. FORALL문의 포인트는 DML문의 VALUES절과 WHERE절의 조건 값에 컬렉션을 지정하여 값을 한 번에 할당하는 것입니다. 이를 통해 엔진의 변경이 한 번으로 끝나게 됩니다.

| 서 식  **FORALL문** |
|---|
| FORALL 〈인덱스명〉 IN 〈시작 값〉..〈종료 값〉 〈DML문〉; |

**표 13-08** FORALL문

| 설정 값 | 개요 |
|---|---|
| 인덱스명 | 컬렉션의 인덱스명을 지정. FORALL문 내에서만 참조할 수 있음 |
| 시작 값 .. 종료 값 | DML에 넘길 컬렉션 값의 범위를 인덱스 번호로 지정. 지정 범위의 컬렉션 요소는 연속해서 있어야 함 |
| DML문 | VALUES절 또는 WHERE절의 조건 값에 컬렉션을 지정 |

다음 페이지의 리스트 13-08에서는 리스트 13-07과 동일한 처리를 벌크로 실행하고 있습니다. 선언부에서 TABLE **타입**의 컬렉션 c_id, c_no를 정의하고(❶), FOR 루프문으로 그 컬렉션에 30,000행을 대입합니다(❷). 그 후 INSERT문의 VALUES절에 컬렉션을 지정하고, CUST 테이블에 30,000행의 데이터를 일괄 삽입합니다(❸). INSERT문을 SQL 엔진으로 한 번에 처리하기 때문에 엔진의 변경 또한 한 번으로 끝납니다. 또한 'set timing on'으로 소요 시간을 측정하고 있는데요. 루프 처리를 실시했던 리스트 13-07의 **2.32초**에서 **0.15초**로 소요 시간이 단축되었음을 확인할 수 있습니다(❹).

**리스트 13-08** 벌크 처리의 실행 예

```
SQL> set timing on
SQL>
SQL> DECLARE
  2    TYPE num_rec IS TABLE OF cust.cust_id%TYPE
  3    INDEX BY PLS_INTEGER;
  4    c_id num_rec;                                        ❶
  5    TYPE var_rec IS TABLE OF cust.cust_no%TYPE
  6    INDEX BY PLS_INTEGER;
  7    c_no var_rec;
  8  BEGIN
  9    FOR i IN 1..30000 LOOP                               ❷
 10      c_id(i):= i;
 11      c_no(i) := 'CUSTNO.'||TO_CHAR(i);
 12    END LOOP;
 13
```

```
14    FORALL j IN 1..30000
15      INSERT INTO cust VALUES(c_id(j),c_no(j));  ──────────── ❸
16  END;
17  /


PL/SQL 처리가 정상적으로 완료되었습니다.



경과: 00:00:00.15  ───────────────────────────── ❹
```

## ● 컬렉션의 필드 값을 개별적으로 지정 11.1

Oracle 10g R10.2까지는 복수의 필드를 가진 컬렉션의 필드 값을 FORALL문으로 개별 지정하는 것이 불가능했으나, **Oracle 11g R11.1 이후**부터는 개별 지정이 가능합니다. 따라서 Oracle 11g R11.1 이상 버전에서는 리스트 13-08을 다음 페이지의 리스트 13-09와 같이 변경할 수 있습니다.

리스트 13-09에서는 선언부에서 TABLE 타입의 컬렉션 c_tab을 정의하고(❶), 실행부에서 FOR 루프문으로 대상 컬렉션에 30,000행을 대입합니다(❷). 그 후 INSERT 문의 VALUES절에 컬렉션의 각 필드 값을 지정하고, CUST 테이블에 30,000행의 데이터를 대량 삽입합니다(❸).

**리스트 13-09** 벌크 처리의 실행 예(Oracle 11g R11.1 이후)

```
SQL> DECLARE
  2    TYPE c_tabtype IS TABLE OF cust%ROWTYPE
  3    INDEX BY PLS_INTEGER;
  4    c_tab c_tabtype;  ──────────────────────────── ❶
  5  BEGIN
  6    FOR i IN 1..30000 LOOP  ──────────────────────── ❷
  7      c_tab(i).cust_id:= i;
  8      c_tab(i).cust_no := 'CUSTNO.'||TO_CHAR(i);
  9    END LOOP;
 10
 11    FORALL j IN 1..30000
 12      INSERT INTO cust
```

```
13          VALUES(c_tab(j).cust_id,c_tab(j).cust_no);  ──────────────❸
14   END;
15   /
```

PL/SQL 처리가 정상적으로 완료되었습니다.

### ● INDICES OF절

VALUES절과 WHERE절의 조건 값으로 지정하는 컬렉션의 값은 연속되어야 합니다. 그러나 개중에는 요소의 삭제로 인덱스 번호가 연속되지 않는 경우도 있습니다. INDICES OF절을 사용하면 요소가 연속되지 않아도 FORALL문을 사용할 수 있습니다. 또한 'BETWEEN <시작 값> AND <종료 값>'으로 할당 범위를 지정할 수 있습니다.

| 서식  INDICES OF절 |
| --- |
| FORALL 〈인덱스명〉 IN INDICES OF 〈컬렉션명〉<br>          [ BETWEEN 〈시작 값〉 AND 〈종료 값〉 ] |

## ◗ BULK COLLECT절

BULK COLLECT절을 사용하면 복수의 행을 변수에 대입하는 처리를 한 번에 실행할 수 있습니다. 예를 들면 일반적으로 결과 세트에서의 패치는 한 행씩 수행하지만, BULK COLLECT절을 사용하면 결과 세트의 **모든 행을 한 번**에 패치할 수 있으므로 성능이 향상됩니다.

이 기능은 변수에 값을 대입하는 SELECT INTO문과 FETCH INTO문, RETURNING INTO절에 사용할 수 있습니다. 사용할 경우에는 INTO 키워드 앞에 BULK COLLECT 절을 지정합니다.

**BULK COLLECT절**

BULK COLLECT INTO 〈컬렉션명〉

BULK COLLECT절을 지정하는 경우의 포인트는 INTO절 변수에 **컬렉션**을 지정하는 것입니다. 복수의 행을 컬렉션에다 한 번에 대입할 수 있기 때문에 변수에 대량의 데이터를 대입하기도 효과적입니다.

### ● SELECT INTO문의 BULK COLLECT절 사용

SELECT INTO문장의 조회 결과는 반드시 한 행이어야만 했습니다. 그러나 BULK COLLECT절을 사용하면 복수 행의 조회 결과를 변수에다 한 번에 대입할 수 있습니다.

리스트 13-10에서는 BULK COLLECT절을 사용하여 변수에 SELECT INTO문에서 리턴된 복수의 행을 일괄 대입하고 있습니다.

먼저 선언부에서 복수 행을 받을 수 있도록 연관 배열 emp_tab을 정의합니다(❶). 그 후 실행부의 SELECT INTO문에 BULK COLLECT절을 지정하여, 리턴되는 복수의 행을 연관 배열에 모아서 대입합니다(❷).

**리스트 13-10** SELECT INTO문에서의 BULK COLLECT절 사용 예

```
SQL> DECLARE
  2    TYPE emp_type IS TABLE OF emp%ROWTYPE
  3    INDEX BY PLS_INTEGER;
  4    emp_tab emp_type;                                    ❶
  5  BEGIN
  6    SELECT * BULK COLLECT INTO emp_tab FROM emp
  7                            WHERE deptno = 20;            ❷
  8    FOR i IN emp_tab.FIRST..emp_tab.LAST LOOP
  9      DBMS_OUTPUT.PUT_LINE(emp_tab(i).ename);
 10    END LOOP;
 11  END;
 12  /
SMTTH
JONES
```

```
SCOTT
ADAMS
FORD

PL/SQL 처리가 정상적으로 완료되었습니다.
```

## ● FETCH INTO문의 BULK COLLECT절 사용

SELECT INTO문의 경우와 마찬가지로 결과 세트의 데이터를 변수에 일괄적으로 대입할 수 있습니다.

리스트 13-11에서는 복수 행의 결과 세트를 일괄 FETCH하고 있습니다.

먼저 선언부에서 결과 세트를 받을 수 있도록 연관 배열 emp_tab을 정의합니다(❶). 실행부에서 커서를 OPEN한 후 FETCH INTO문에 BULK COLLECT절을 지정하여, 연관 배열 emp_tab에 일괄 FETCH를 수행합니다(❷).

**리스트 13-11** FETCH INTO문에서의 BULK COLLECT절 사용 예

```
SQL> DECLARE
  2     TYPE emp_type IS TABLE OF emp%ROWTYPE
  3     INDEX BY PLS_INTEGER;
  4     emp_tab emp_type; ──────────────────────────────────❶
  5     CURSOR emp_cl IS SELECT * FROM emp WHERE deptno = 20;
  6  BEGIN
  7    OPEN emp_cl;
  8     FETCH emp_cl BULK COLLECT INTO emp_tab; ────────────❷
  9    CLOSE emp_cl;
 10    FOR i IN emp_tab.FIRST..emp_tab.LAST LOOP
 11      DBMS_OUTPUT.PUT_LINE(emp_tab(i).ename);
 12    END LOOP;
 13  END;
 14  /
SMITH
JONES
SCOTT
ADAMS
FORD
```

PL/SQL 처리가 정상적으로 완료되었습니다.

이처럼 BULK COLLECT절을 사용하면 SELECT INTO문도, FETCH INTO문도, 복수 행 추출을 동일하게 수행할 수 있습니다. 또한, FETCH INTO문에 LIMIT절을 정의할 수도 있습니다.

### ● LIMIT절

LIMIT절은 결과 세트에서 일괄 FETCH되는 행의 수를 지정합니다. 리스트 13-12 에서는 60,000행이 있는 CUST 테이블로부터 LIMIT절을 통해 연관 배열에 각 20,000 행씩 일괄 대입하고 있습니다. 여기에서는 BULK COLLECT절 뒤의 'LIMIT 20000' 설정으로 일괄 패치하는 행의 수를 제한하고 있습니다. 그리고 DBMS_OUTPUT의 cust_tab.count의 결과를 통해 20,000행씩 FETCH가 진행됨을 알 수 있습니다.

**리스트 13-12** LIMIT절의 사용 예

```
SQL> DECLARE
  2    TYPE cust_type IS TABLE OF cust%ROWTYPE
  3    INDEX BY PLS_INTEGER;
  4    cust_tab cust_type;
  5    CURSOR cust_cl IS SELECT * FROM cust;
  6  BEGIN
  7    OPEN cust_cl;
  8      LOOP
  9        FETCH cust_cl BULK COLLECT INTO cust_tab LIMIT 20000;
 10        EXIT WHEN cust_cl%NOTFOUND;
 11        DBMS_OUTPUT.PUT_LINE('FETCH '||cust_tab.count||' ROWS');
 12      END LOOP;
 13    CLOSE cust_cl;
 14  END;
 15  /
FETCH 20000 ROWS
FETCH 20000 ROWS
FETCH 20000 ROWS

PL/SQL 처리가 정상적으로 완료되었습니다.
```

## ● RETURNING INTO절의 BULK COLLECT절 사용

RETURNING INTO절※의 벌크 버전은 DML문에서 영향을 받은 복수 행의 데이터를 변수에 일괄 대입할 수 있습니다.

※ RETURNING INTO절에 대해서는 278쪽을 참조하십시오.

리스트 13-13에서는 DELETE문에서 영향을 받은 EMPNO 컬럼의 복수 행 데이터를 연관 배열 emp_no에 일괄 대입하고 있습니다.

**리스트 13-13** RETURNING INTO절의 BULK COLLECT절 사용 예

```
SQL> DECLARE
  2     TYPE tab_rec IS TABLE OF emp.empno%TYPE
  3     INDEX BY PLS_INTEGER;
  4     emp_no tab_rec;
  5  BEGIN
  6     DELETE FROM EMP WHERE deptno = 20
  7        RETURNING empno BULK COLLECT INTO emp_no;
  8     FOR i IN emp_no.FIRST..emp_no.LAST LOOP
  9       DBMS_OUTPUT.PUT_LINE(emp_no(i));
 10     END LOOP;
 11  END;
 12  /
7369
7566
7788
7876
7902

PL/SQL 처리가 정상적으로 완료되었습니다.
```

## ● 벌크 동적 SQL

동적 SQL에 **벌크 처리**를 포함시킬 수 있습니다. EXECUTE IMMEDIATE문이나 커서 변수를 사용한 동적 SQL에 FORALL문이나 BULK COLLECT절을 포함하여 실행 시에 벌크 SQL을 작성, 실행하는 것이 가능합니다.

벌크 동적 SQL은 다음 구문에서 사용할 수 있습니다.

- BULK FETCH문
- BULK EXECUTE IMMEDIATE문
- FORALL문
- COLLECT INTO절
- RETURNING INTO절

리스트 13-14에서는 **동적 UPDATE문**을 실행할 때 **RETURNING INTO절**에서 리턴받는 복수의 컬럼을 **벌크 바인드**합니다.

먼저 EXECUTE IMMEDIATE문으로 플레이스 홀더 두 개를 포함한 동적 UPDATE 문을 실행합니다(❶). 플레이스 홀더 :1에는 e_sal 값을 바인드합니다※.

또한, 동적 DML문에서 영향을 받은 ENAME 컬럼의 여러 값을 **RETURNING BULK COLLECT INTO절**로 연관 배열 e_name에 일괄 바인드합니다(❷).

※ 플레이스 홀더에 컬렉션(연관 배열, 중첩 테이블, VARRAY)을 대량 바인드할 수 있습니다. 그러나 요소의 데이터 타입에 SQL 데이터 타입을 지정할 필요가 있습니다.

**리스트 13-14** 벌크 동적 SQL의 실행 예

```
SQL> CREATE OR REPLACE PROCEDURE bulk_bind1
  2              (e_sal NUMBER,clause VARCHAR2)
  3  IS
  4    TYPE empname IS TABLE OF emp.ename%TYPE
  5    INDEX BY PLS_INTEGER;
  6    e_name empname;
  7  BEGIN
  8    EXECUTE IMMEDIATE 'UPDATE emp SET sal = :1        ┐
  9      WHERE '||clause||'RETURNING ename INTO :2'      ┘         ❶
 10         USING e_sal RETURNING BULK COLLECT INTO e_name;       ❷
 11    DBMS_OUTPUT.PUT_LINE('급여를 업데이트한 직원명');
 12    DBMS_OUTPUT.PUT_LINE('--------------------');
 13    FOR i IN e_name.FIRST..e_name.LAST LOOP
 14      DBMS_OUTPUT.PUT_LINE(e_name(i));
 15    END LOOP;
 16  END;
```

```
 17  /
```

프로시저가 생성되었습니다.

```
SQL>
SQL> EXECUTE bulk_bind1(3000,'deptno = 20')
```
급여를 업데이트한 직원명
```
--------------------
SMITH
JONES
SCOTT
ADAMS
FORD
```

PL/SQL 처리가 정상적으로 완료되었습니다.

## ● DBMS_PROFILER 패키지를 사용한 병목 구간 조사

DBMS_PROFILER 패키지를 사용하면 각 소스 코드 행의 실행 시간과 실행 횟수 등을 확인할 수 있습니다. **실행 시간**과 **실행 횟수**를 아는 것은 소스 코드의 튜닝 포인트(병목 구간)를 조사하는 경우에 매우 유용합니다.

### ● DBMS_PROFILER 패키지 사전 준비

DBMS_PROFILER 패키지를 시스템에서 처음으로 사용하는 경우에는 다음과 같은 사전 준비가 필요합니다. 준비가 완료되면 성능 조사를 수행합니다.

- DBMS_PROFILER 패키지 인스톨
- 성능 정보를 저장하는 테이블 생성

#### ● DBMS_PROFILER 패키지 인스톨

초기 상태에서는 DBMS_PROFILER 패키지가 인스톨되어 있지 않습니다. SYS 사용자로 **profload.sql 스크립트**를 실행하여 DBMS_PROFILER 패키지를 생성할 필요가 있습니다.

**FILE** `%ORACLE_HOME%rdbms\admin\profload.sql`

## ● 성능 정보를 저장하는 테이블 생성

수집한 성능 정보를 저장할 테이블을 생성합니다.

DBMS_PROFILER 패키지를 실행할 사용자로 **proftab.sql 스크립트**를 실행하여 수집한 성능 정보를 저장하기 위한 테이블을 생성해봅시다.

**FILE** `%ORACLE_HOME%rdbms\admin\proftab.sql`

proftab.sql 스크립트를 실행하면 다음 테이블들이 생성됩니다. 각각의 특징을 이해하고 필요한 정보를 얻을 수 있도록 합시다.

## ● PLSQL_PROFILER_RUNS 테이블

실행 사용자와 실행 시간 등, 실행에 관계된 정보를 저장합니다.

**표 13-09** PLSQL_PROFILER_RUNS 테이블의 주요 컬럼

| 컬럼명 | 개요 |
|---|---|
| RUNID | 실행 ID(각 조사 시마다 고유의 ID를 할당) |
| RUN_DATE | 조사 시작 시간 |
| RUN_COMMENT | 실행에 대해 사용자가 남긴 주석 |

## ● PLSQL_PROFILER_UNITS 테이블

조사 대상의 유닛(프로그램)에 대한 정보를 저장합니다.

**표 13-10** PLSQL_PROFILER_UNITS 테이블의 주요 컬럼

| 컬럼명 | 개요 |
|---|---|
| RUNID | 실행 ID |
| UNIT_NAME | 유닛명(프로그램명) |
| UNIT_TYPE | 유닛 타입 |

● PLSQL_PROFILER_DATA 테이블

실행 시간이나 실행 횟수 등의 성능 정보를 저장합니다.

**표 13-11** PLSQL_PROFILER_DATA 테이블의 주요 컬럼

| 컬럼명 | 개요 |
|---|---|
| RUNID | 실행 ID |
| TOTAL_OCCUR | 해당 행이 실행된 횟수 |
| TOTAL_TIME | 해당 행의 실행에 소요 된 총 시간(나노초) |
| LINE# | 유닛에 대한 행 번호 |

그럼 실제로 성능 정보를 수집하고 검색하는 방법을 설명하도록 하겠습니다.

## 성능 정보의 수집

성능 정보를 수집하려면 먼저 DBMS_PROFILER 패키지의 START_PROFILER 프로시
저를 실행합니다. 그 후 조사 대상 프로그램을 실행하고 STOP_PROFILER 프로시저를
실행하여 정보 수집을 종료합니다.

1. DBMS_PROFILER.START_PROFILER를 실행
2. 조사 대상인 PL/SQL 프로그램을 실행
3. DBMS_PROFILER.STOP_PROFILER를 실행

● 1. DBMS_PROFILER.START_PROFILER를 실행

먼저, DBMS_PROFILER.START_PROFILER를 실행하여 성능 정보 수집을 시작합니다.
START_PROFILER 프로시저에 파라미터로 주석을 지정할 수 있습니다.

proftab.sql 스크립트로 생성한 성능 정보가 저장되는 각 테이블에는 과거의 성능 정보
도 남아있게 되므로 주석을 지정하여 성능 정보를 식별하기 쉽도록 만들 것을 권장합
니다. 프로그램 이름이나 실행 시간과 같이 알아보기 쉬운 주석을 남기도록 합시다.

**START_PROFILER 프로시저**

```
DBMS_PROFILER.START_PROFILER(〈주석〉);
```

**표 13-12** START_PROFILER 프로시저의 파라미터

| 파라미터 | 개요 |
|---|---|
| 주석(Comment) | 주석을 지정한다 |

### ● 2. 조사 대상인 PL/SQL 프로그램 실행

START_PROFILER **프로시저**를 실행한 후, 조사 대상 PL/SQL 프로그램을 실행합니다. 실행 프로그램의 성능 정보는 **proftab.sql 스크립트**로 생성한 각 테이블에 저장됩니다.

### ● 3. DBMS_PROFILER.STOP_PROFILER를 실행

조사 대상의 PL/SQL 프로그램을 실행한 후, DBMS_PROFILER.STOP_PRO FILER※를 실행하여 성능 정보 수집을 중지합니다.

※ 파라미터는 필요 없습니다.

**STOP_PROFILER 프로시저**

```
DBMS_PROFILER.STOP_PROFILER;
```

그럼 성능 조사에 대한 실제 실행 예제를 보며 확인해보겠습니다※. 리스트 13-15에서는 프로시저 num_count의 성능을 조사하고 있습니다.

우선, START_PROFILER 프로시저를 실행하여 성능 조사를 시작합니다. 여기서는 조사 대상을 주석으로 남기고 있습니다(❶). 다음으로 프로시저 num_count를 실행하여 성능을 측정합니다(❷). 마지막으로, **STOP_PROFILER 프로시저**를 실행하여 조사를 종료합니다(❸).

※ 사전 준비는 모두 마친 것으로 선제합니다.

**리스트 13-15** DBMS_PROFILER.START_PROFILER의 실행 예

```
SQL> CREATE OR REPLACE PROCEDURE num_count
  2  IS
  3    num NUMBER := 1;
  4    bin BINARY_INTEGER := 1;
  5  BEGIN
  6    FOR i IN 1..1000 LOOP
  7      num := num + 1;
  8      bin := bin + 1;
  9    END LOOP;
 10  END;
 11  /

프로시저가 생성되었습니다.

SQL>
SQL> EXECUTE DBMS_PROFILER.START_PROFILER('CHECK num_count') ────────❶

PL/SQL 처리가 정상적으로 완료되었습니다.

SQL>
SQL> EXECUTE num_count ──────────────────────────────────❷

PL/SQL 처리가 정상적으로 완료되었습니다.

SQL>
SQL> EXECUTE DBMS_PROFILER.STOP_PROFILER ─────────────────❸

PL/SQL 처리가 정상적으로 완료되었습니다.
```

## ● 성능 정보 검색

성능 정보 수집이 종료된 후에는 **proftab.sql 스크립트**로 생성한 테이블에서 성능 정보를 검색합니다. 성능 정보의 검색은 다음 순서대로 수행합니다.

1. PLSQL_PROFILER_RUNS 테이블의 RUNID 컬럼에서 조사 대상의 RUNID를 확인※

2. 확인한 RUNID를 바탕으로 PLSQL_PROFILER_DATA 테이블에서 각 행의 성능 정보를 검색

※ RUN_DATE 컬럼과 RUN_COMMENT 컬럼 조건으로 검색합니다.

리스트 13-16은 프로시저 num_count의 성능 정보를 확인합니다. PLSQL_PROFILER_
RUNS 테이블의 조회 결과 중, 주석 등의 정보를 통해 RUNID가 3인 것을 알 수 있습니
다(❶).

그 RUNID을 **치환 함수**에 넘겨 PLSQL_PROFILER_UNITS 테이블과 PLSQL_PROFILER_
DATA 테이블의 조인 결과에서 프로시저 num_count의 각 행의 성능 정보를 확인합
니다. 이 결과에서 변수 num에 대입하는 데 시간이 걸렸음을 알 수 있습니다(❷).

**리스트 13-16** proftab.sql로 생성한 테이블의 표시 예

```
SQL> SELECT runid,
  2    to_char(run_date,'YYYY-MM-DD HH24:MI:SS') day,
  3      run_comment
  4  FROM plsql_profiler_runs
  5  ORDER BY runid;
 RUNID DAY                  RUN_COMMENT
------ -------------------- --------------------
     1 2014-02-05 11:01:06 CHECK delete_rows
     2 2014-02-05 11:03:25 CHECK open_data
     3 2014-02-05 11:05:03 CHECK num_count ─────────────────────────❶

SQL>
SQL> SELECT p.unit_name, p.occured, p.tot_time, p.line# line,
  2                                  substr(s.text, 1,75) text
  3     FROM
  4     (SELECT u.unit_name, d.total_occur occured,
  5     (d.TOTAL_TIME/1000000000) tot_time, d.line#
  6     FROM plsql_profiler_units u, plsql_profiler_data d
  7     WHERE d.RUNID=u.runid
  8     AND d.UNIT_NUMBER = u.unit_number
  9     AND d.total_occur >0
 10     AND u.runid = &runid) p, user_source s
 11     WHERE p.unit_name = s.name(+) and p.line# = s.line (+)
 12     ORDER BY p.unit_name, p.line#;
runid의 값을 입력하십시오: 3
구  10:    AND u.runid = &runid) p, user_source s
신  10:    AND u.runid = 3) p, user source s
```

```
UNIT_NAME      OCCURED  TOT_TIME  LINE TEXT
-----------    -------  --------  ---- ---------------------------
<anonymous>          1  .000270     1
<anonymous>          3  .006723     1
<anonymous>          2  .012306     1
NUM_COUNT            1  .000134     3  num NUMBER := 1;
NUM_COUNT            1  .000087     4  bin BINARY_INTEGER := 1;
NUM_COUNT         1001  .063010     6  FOR i IN 1..1000 LOOP
NUM_COUNT         1000  .097227     7       num := num + 1; ————❷
NUM_COUNT         1000  .057806     8       bin := bin + 1;
NUM_COUNT            1  .000341    10  END;
```

## 숫자 값을 취급하는 데이터 타입

숫자 값을 다루는 경우, NUMBER 타입보다는 **PLS_INTEGER 타입**이나 **BINARY_INTEGER 타입** 쪽이 저장 공간의 소비도 적고, 빠른 연산이 가능합니다. 리스트 13-16에서는 NUMBER 타입의 변수 num과 BINARY_INTEGER 타입의 변수 bin의 계산에 걸리는 시간을 확인하고 있습니다. **TOT_TIME 컬럼**의 결과를 보면 변수 bin의 계산이 더 빠른 것을 확인할 수 있습니다.

# ● 정리

PL/SQL에는 성능 향상을 기대할 수 있는 몇 가지 기능이 준비되어 있습니다. 이러한 기능을 적극적으로 이용함으로써, 효율적인 애플리케이션을 작성할 수 있습니다.

## ● DBMS_SHARED_POOL 패키지

사용 빈도가 높은 프로그램이 메모리상에서 제거되지 않도록 메모리에 고정하는 것이 가능합니다. 메모리상에 남아있는 프로그램은 재사용할 수 있으므로, 실행할 때마다 프로그램을 디스크로부터 읽어 들이는 부하를 줄일 수 있습니다.

### ● 사용 방법
KEEP 프로시저를 실행하여 특정 프로그램을 메모리상에 고정시킵니다.

## ● 네이티브 컴파일

Stored 서브 프로그램을 시스템 고유의 코드로 컴파일합니다※. 이를 통해 실행 시의 코드 변환이 불필요해지므로 실행 성능이 향상됩니다.

※ Oracle 10g R10.2 이전에는 코드 생성에 C 컴파일러를 사용했으나, Oracle 11g 이상에서는 C 컴파일러를 사용하지 않고 직접 시스템 고유의 코드를 생성합니다.

### ● 사용 방법
초기화 파라미터 plsql_code_type을 'NATIVE'로 설정※한 후, PL/SQL 프로그램을 컴파일합니다.

※ Oracle 10g 이전 버전에서는 이외에 환경 구성 파라미터 및 파일의 설정이 필요합니다.

## ● 플레이스 홀더

동적 SQL에 포함된 변수가 플레이스 홀더입니다. 동적 SQL을 플레이스 홀더를 포함한 상태에서 분석하면 값을 바인드(bind)할 수 있습니다. 따라서 동적 SQL 분석 결과의 공유 비율을 높일 수 있습니다.

● 플레이스 홀더 지정

SQL 내에서 변수로 대체할 수 있는 장소에 '<:플레이스 홀더명>'을 지정합니다.

● 값 바인드 방법

USING절의 파라미터로 플레이스 홀더에 바인드할 값을 지정합니다.

## 벌크 처리

벌크 기능을 사용하면 PL/SQL 엔진, SQL 엔진 간의 변경이 최소화되기 때문에 성능이 향상됩니다.

● 사용 방법

FORALL문 또는 BULK COLLECT절을 사용합니다.

**표 13-13** 벌크 처리의 실행 방법

| 사용 방법 | 개요 |
| --- | --- |
| FORALL문 | DML문에서 벌크 처리를 실행할 수 있다. DML문의 VALUES절과 WHERE절에 컬렉션을 지정하며, 이를 통해 루프로 여러 번 반복 수행해야 하는 DML 처리를 한 번에 실행할 수 있다. |
| BULK COLLECT절 | SELECT INTO문, FETCH INTO문, RETURNING INTO문에서 벌크 처리를 실행할 수 있다. 컬렉션에 대한 일괄 패치 및 일괄 대입이 가능하다 |

## DBMS_PROFILER 패키지를 사용한 병목 구간 조사

DBMS_PROFILER 패키지를 사용하면 소스 코드 각 행의 실행 시간과 실행 횟수를 알 수 있기 때문에 소스 코드의 튜닝 포인트(문제가 되는 병목 구간)를 조사할 수 있습니다. 병목 구간의 조사에는 다음 네 단계를 수행합니다.

1. START_PROFILER 프로시저를 실행하여 성능 정보 수집을 시작
2. 조사 대상 PL/SQL 프로그램 실행
3. STOP_PROFILER 프로시저를 실행하여 성능 정보 수집을 중지
4. proftab.sql 스크립트로 생성한 테이블로부터 성능 정보 검색

# APPENDIX

# APPENDIX

## APPENDIX 01 환경 설정과 샘플 오브젝트

이 책에 게재된 예제들은 실제로 작성과 실행이 가능하며, 효과적으로 학습할 수 있도록 구성되어 있습니다. 여기서는 예제에서 사용하는 샘플 오브젝트의 생성 방법과 각 오브젝트의 상세한 구성 내용을 소개합니다.

## ● 샘플 오브젝트의 작성

예제를 실행할 때 동일한 결과를 얻으려면 샘플 오브젝트(테이블과 시퀀스)를 생성해둘 필요가 있습니다. 다음 내용을 참고하여 예제 실행을 위한 환경을 구성합니다.

### ● Oracle 데이터베이스 준비

예제의 실행은 Oracle 데이터베이스를 사용할 수 있는 환경이 갖추어져 있어야 가능합니다. 준비가 되지 않은 분은 **Oracle 테크놀로지 네트워크(Oracle Technology Network, OTN)** 사이트를 참고하여 실행 환경을 구성합시다.

▼ Oracle  테크놀로지 네트워크
**URL** http://www.oracle.com/technetwork/index.html

### ● 샘플 오브젝트 다운로드

이 책에 사용된 샘플 오브젝트 생성 스크립트(demopl.sql)와 실행용 스크립트들은 다음 사이트에서 다운로드할 수 있습니다. 다음 URL에 접속하여 각각 다운로드하기 바랍니다.

▼ 샘플 오브젝트 다운로드 사이트

URL https://github.com/Jpub/OraclePLSQL

## ● 샘플 오브젝트 생성 스크립트 실행

다운로드한 스크립트를 **작업 폴더**에 저장합니다. 작업 폴더는 명령 프롬프트와 같은
커맨드 라인을 시작할 때 표시되는 경로와 같은 위치입니다.

작업 폴더를 변경하고 싶을 때는 명령 프롬프트 바로 가기의 속성에서 변경할 수 있
습니다. 스크립트 저장 후, SQL*Plus에서 예제를 실행하려면 스크립트를 데이터베
이스 사용자로 실행합니다[※].

※ 이 책에서는 예제를 실행하는 일반 사용자로 'SCOTT'을 사용하고 있습니다.

### 리스트 14-01 샘플 오브젝트 생성 스크립트의 실행

```
SQL> @demopl.sql
```

스크립트를 실행하면 다음과 같은 오브젝트가 생성되며, 예제를 실행할 수 있는 환
경이 구성됩니다. 또한, 해당 스크립트(demopl.sql)를 다시 실행하면 오브젝트를 **초
기 상태로 되돌릴 수** 있습니다.

샘플 오브젝트에 대한 자세한 내용은 다음 항목을 참조하십시오.

### 표 14-01 생성된 샘플 오브젝트

| 오브젝트명 | 오브젝트 타입 | 설명 |
| --- | --- | --- |
| EMP | 테이블 | 사원 테이블. 각 직원의 정보를 저장하고 있음 |
| DEPT | 테이블 | 부서 테이블. 각 부서의 정보를 저장하고 있음 |
| SALGRADE | 테이블 | 급여 등급 테이블. 급여 등급을 저장하고 있음 |
| AUDIT_TABLE | 테이블 | 트리거의 정보를 저장하기 위한 테이블 |
| AUDIT_SEQ | 시퀀스 | 초기 값은 1, 값이 1씩 증가 |
| DEPT_SEQ | 시퀀스 | 초기 값은 50, 값이 10씩 증가 |

## ● 샘플 오브젝트 상세 설명

**표 14-02** EMP 테이블

| 컬럼명 | 데이터 타입(길이) | 컬럼의 의미 |
|---|---|---|
| EMPNO | NUMBER(4) | 사원 번호 |
| ENAME | VARCHAR2(10) | 사원 이름 |
| JOB | VARCHAR2(9) | 직종 |
| MGR | NUMBER(4) | 상사의 사원 번호 |
| HIREDATE | DATE | 입사일 |
| SAL | NUMBER(7,2) | 급여 |
| COMM | NUMBER(7,2) | 보너스 |
| DEPTNO | NUMBER(2) | 부서 번호 |

**리스트 14-02** EMP 테이블의 데이터 일람

```
EMPNO ENAME    JOB          MGR HIREDATE      SAL   COMM  DEPTNO
------ -------- ---------- ------ -------- ------- ------ --------
  7369 SMITH    CLERK      7902 80-12-17     800              20
  7499 ALLEN    SALESMAN   7698 81-02-20    1600    300       30
  7521 WARD     SALESMAN   7698 81-02-22    1250    500       30
  7566 JONES    MANAGER    7839 81-04-02    2975              20
  7654 MARTIN   SALESMAN   7698 81-09-28    1250   1400       30
  7698 BLAKE    MANAGER    7839 81-05-01    2850              30
  7782 CLARK    MANAGER    7839 81-06-09    2450              10
  7788 SCOTT    ANALYST    7566 82-12-09    3000              20
  7839 KING     PRESIDENT       81-11-17    5000              10
  7844 TURNER   SALESMAN   7698 81-09-08    1500      0       30
  7876 ADAMS    CLERK      7788 83-01-12    1100              20
  7900 JAMES    CLERK      7698 81-12-03     950              30
  7902 FORD     ANALYST    7566 81-12-03    3000              20
  7934 MILLER   CLERK      7782 82-01-23    1300              10
```

**표 14-03** DEPT 테이블

| 컬럼명 | 데이터 타입(길이) | 컬럼의 의미 |
|---|---|---|
| DEPTNO | NUMBER(2) | 부서 번호 |
| DNAME | VARCHAR2(14) | 부서명 |
| LOC | VARCHAR2(13) | 근무지 |

**리스트 14-03** DEPT 테이블의 데이터 일람

```
DEPTNO DNAME           LOC
------- --------------- --------------
    10 ACCOUNTING      NEW YORK
    20 RESEARCH        DALLAS
    30 SALES           CHICAGO
    40 OPERATIONS      BOSTON
```

**표 14-04** SALGRADE 테이블

| 컬럼명 | 데이터 타입(길이) | 컬럼의 의미 |
|---|---|---|
| GRADE | NUMBER | 급여 등급 |
| LOSAL | NUMBER | 급여의 하한 |
| HISAL | NUMBER | 급여의 상한 |

**리스트 14-04** SALGRADE 테이블의 데이터 일람

```
GRADE    LOSAL      HISAL
------ ---------- ----------
     1       700       1200
     2      1201       1400
     3      1401       2000
     4      2001       3000
     5      3001       9999
```

**표 14-05** AUDIT_TABLE 테이블

| 컬럼명 | 데이터 타입(길이) | 컬럼의 의미 |
|---|---|---|
| TABLENAME | VARCHAR2(30) | 테이블명 |
| ACTION | VARCHAR2(10) | DML 처리 |
| MOD_VAL | VARCHAR2(20) | 변경 전/후의 값 |

**표 14-06** 시퀀스(Sequence)

| 오브젝트명 | 초기 값 | 추가 값 |
|---|---|---|
| AUDIT_SEQ | 1 | 1 |
| DEPT_SEQ | 50 | 10 |

# PL/SQL에서 사용 가능한 데이터 타입

PL/SQL에서는 변수의 정의 등 여러 부분에서 데이터 타입을 지정하게 됩니다. 데이터 타입의 대부분은 Oracle에 의해 **사전에 정의된 데이터 타입**입니다. 사전 정의된 데이터 타입은 **스칼라 타입, 콤포지트 타입, 참조 타입** 및 **LOB 타입**의 그룹으로 나눌 수 있습니다※.

※ 데이터 타입에 대한 자세한 내용은 'PL/SQL Language Reference' 매뉴얼(11g 이상)을 참조하십시오.

**스칼라 타입**

**숫자**
BINARY_DOUBLE
BINARY_FLOAT
BINARY_INTEGER
DEC
DECIMAL
DOUBLE PRECISION
FLOAT
INT
INTEGER
NATURAL
NATURALN
NUMBER
NUMERIC
PLS_INTEGER
POSITIVE
POSITIVEN
REAL
SIMPLE_INTEGER
SIGNTYPE
SMALLINT

**문자**
CHAR
CHARACTER
LONG
LONG RAW
NCHAR
NVARCHAR2
RAW
ROWID
STRING
UROWID
VARCHAR
VARCHAR2

**부울**
BOOLEAN

**날짜/시간**
DATE
TIMESTAMP
TIMESTAMP WITH TIME ZONE
TIMESTAMP WITH LOCAL TIME ZONE
INTERNAL YEAR TO MONTH
INTERNAL DAY TO SECOND

**콤포지트 타입**
RECORD
TABLE
VARRAY

**참조 타입**
REF CURSOR
REF object_type

**LOB 타입**
BFILE
BLOB
CLOB
NCLOB

**그림 15-01** 사전 정의된 데이터 타입

# ● 스칼라 타입

스칼라 타입(Scalar Type)은 하나의 값을 저장합니다. 스칼라 타입은 **숫자 타입, 문자 타입, 날짜/시간 타입, 부울 타입**과 같이 네 개의 그룹으로 나눌 수 있습니다.

**표 15-01** 숫자 타입

| 데이터 타입 | 개요 |
|---|---|
| NUMBER(size,(dec)) | 1E-130부터 1.0E126(단, 1.0E126는 포함하지 않음)까지의 값을 가지는 고정 소수점 또는 부동 소수점 숫자를 저장함. 지정할 수 있는 최대 값은 10진수 38자리 |
| BINARY_INTEGER※ | 부호가 있는 정수를 저장하는 데 사용<br>Oracle 10g R10.1까지: -2147483648~2147483648<br>Oracle 10g R10.2부터: -2147483648~2147483647 |
| PLS_INTEGER | 부호가 있는 정수를 저장하는 데 사용<br>Oracle 10g R10.1까지: -2147483648~2147483648<br>Oracle 10g R10.2부터: -2147483648~2147483647 |

※ BINARY_INTEGER와 PLS_INTEGER에 대한 자세한 내용은 296쪽의 칼럼 '숫자 값을 취급하는 데이터 타입'을 참조하십시오.

**표 15-02** 문자 타입

| 데이터 타입 | 개요 |
|---|---|
| CHAR(size) | 고정 길이의 문자 데이터를 저장함. size의 최대 값은 32,767Bytes로, 지정하지 않으면 디폴트 값은 '1'이 됨 |
| VARCHAR2(size) | 가변 길이의 문자열을 저장함. size의 최대 값은 32,767Bytes로, 반드시 사이즈 지정이 필요함 |
| NCHAR(size) | 고정 길이의 각 국가 문자 데이터를 저장함. Unicode 데이터를 저장하는 데 사용할 수 있으며, 사이즈의 최대 값은 32,767Bytes |
| NVARCHAR2 | 가변 길이의 각 국가 문자 데이터를 저장함. Unicode 데이터를 저장하는 데 사용할 수 있으며, 사이즈의 최대 값은 32,727Bytes |
| ROWID | ROWID 가상 컬럼의 반환 값을 저장함 |

표 15-03 날짜/시간 타입

| 데이터 타입 | 개요 |
| --- | --- |
| DATE | 년, 월, 일, 시, 분, 초 데이터를 저장함. 유효 날짜는 기원전 4712년 1월 1일부터 서기 9999년 12월 31일까지 |
| TIMESTAMP (precision) | DATE 타입의 확장 타입으로 년, 월, 일, 시, 분, 초 데이터를 저장하고 초 필드의 소수 자릿수를 지정할 수 있음. 디폴트는 여섯 자리 |

표 15-04 부울 타입

| 데이터 타입 | 개요 |
| --- | --- |
| BOOLEAN | 부울 값(TRUE와 FALSE), 또는 NULL을 저장함 |

## ● 콤포지트 타입

**콤포지트 타입**(Composite Type)은 사용자 정의 데이터 타입입니다. 사용자가 데이터 타입을 사전에 정의할 필요가 있으나, 정의한 변수에 대해 복수의 값을 대입하는 것이 가능합니다.

표 15-05 콤포지트 타입

| 데이터 타입 | 개요 |
| --- | --- |
| TABLE 타입 | TABLE 타입으로 선언한 오브젝트를 컬렉션이라 부르며, 인덱스를 사용하여 배열과 같이 데이터에 액세스할 수 있음 |
| RECORD 타입 | RECORD 타입으로 선언한 객체를 레코드라고 부르며, 고유의 이름을 가진 필드를 여러 개 정의할 수 있음. 또한, 각 필드에 임의의 데이터 타입을 지정할 수 있음 |
| VARRAY 타입 | VARRAY 타입으로 선언한 객체를 VARRAY라고 부르며, 가변 사이즈의 배열을 지정할 수 있음 |

## ● 참조 타입

**참조 타입**은 다른 오브젝트에 참조되는 데이터 타입입니다. 컬렉션과 동일하게 사용자가 데이터 타입을 정의합니다.

**표 15-06** 참조 타입

| 데이터 타입 | 개요 |
|---|---|
| REF CURSOR 타입 | REF CURSOR 타입으로 선언한 포인터를 커서 변수라고 부르며, 커서의 메모리 위치(커서 주소(Address))를 보유 |

## ● LOB 타입

Large **오브젝트**를 저장하기 위한 데이터 타입입니다.

**표 15-07** LOB 타입

| 데이터 타입 | 개요 |
|---|---|
| CLOB | 문자 데이터의 대용량 블록을 데이터베이스의 행 내부 또는 행 외부에 저장한다. 최대 크기는 '(4GB-1Byte) × 데이터 블록 크기'(8TB~128TB)다 |
| BLOB | 대용량의 바이너리(Binary) 오브젝트를 데이터베이스에서 행 내부 또는 행 외부에 저장한다. 최대 크기는 '(4GB-1Byte) × 데이터 블록 크기'(8TB~128TB)다 |

# 예약어 목록

PL/SQL에서 사용하기 위해서 예약되어 있는 예약어의 목록입니다※. 예약어는 PL/SQL 문법 상에 특별한 의미를 가지므로 변수나 상수, 커서 등의 식별자로는 지정할 수 없습니다. 또한, 이 단어들 중에서 '*'가 붙은 예약어는 SQL의 예약어이기도 합니다.

또한, 예약어 이외에도 PL/SQL에서 사용되는 키워드('LOOP' 등)가 있습니다※. 이러한 키워드는 식별자로 지정할 수는 있지만, 가급적 사용하지 않는 것이 좋습니다※※.

※ SQL 예약어와 키워드는 데이터 딕셔너리 뷰 V$RESERVED_WORDS에서 확인할 수 있습니다.
※※ 상세한 내용은 'PL/SQL Language Reference' 매뉴얼(11g 이상)을 참조하십시오.

**표 16-01** 예약어 목록

| | | | | |
|---|---|---|---|---|
| ALL* | CRASH | GRANT* | OF* | TABLE* |
| ALTER* | CREATE* | GROUP* | ON* | THEN* |
| AND* | CURRENT* | HAVING* | OPTION* | TO* |
| ANY* | DECIMAL* | IDENTIFIED* | OR* | TYPE |
| ARRAY | DECLARE | IF | ORDER* | UNION* |
| ARROW | DEFAULT* | IN* | OVERLAPS | UNIQUE* |
| AS* | DELETE* | INDEXES | PRIOR | UPDATE* |
| ASC* | DESC* | INDEX* | PROCEDURE | USE |
| AT | DISTINCT* | INSERT* | PUBLIC* | VALUES* |
| BEGIN | DROP* | INTERSECT* | RANGE | VIEW* |
| BETWEEN* | ELSE | INTO* | RECORD | VIEWS |
| BY* | END | IS* | RESOURCE | WHEN |
| CASE | EXCEPTION | LIKE* | REVOKE* | WHERE* |
| CHECK* | EXCLUSIVE* | LOCK* | SELECT* | WITH* |
| CLUSTERS | EXISTS | MINUS* | SHARE* | |
| CLUSTER* | FETCH | MODE* | SIZE* | |

| | | | |
|---|---|---|---|
| COLAUTH | FORM | NOCOMPRESS* | SQL |
| COLUMNS* | FOR* | NOT* | START* |
| COMPRESS* | FROM* | NOWAIT* | SUBTYPE |
| CONNECT* | GOTO | NULL* | TABAUTH |

※ Oracle 11g R11.2 이후에는 ARRAY, ARROW, DECIMAL RANGE, RECORD, USE는 예약어에서 제외되었습니다.

# APPENDIX 04

# 시스템 권한과 오브젝트 권한

트리거 작성이나 프로시저 실행 등, Oracle에서 작업을 수행하기 위해서는 **권한**이 필요합니다. 이러한 권한을 부여하거나 회수하는 조작을 통해 사용자가 실행 가능한 조작 범위를 제어하는 것이 가능합니다. 또한, **롤(Role)**※를 사용하면 롤 레벨에서 권한을 부여하거나 회수할 수 있기 때문에 권한 관리가 편리해집니다.

※ 복수의 권한을 그룹화하고 이름을 붙인 것을 롤이라고 합니다.

권한에는 **시스템 권한**과 **오브젝트 권한**이 있습니다.

## ● 시스템 권한

**시스템 권한(System privilege)**이란, Oracle에 접속하거나 트리거 생성 등, 시스템에 대해 조작 가능한 범위를 의미합니다. 기본적으로 관리자가 일반 사용자에게 부여하는 권한입니다. 다음의 시스템 권한은 이 책의 예제를 실행하는 데 필요한 권한으로, 기존 환경에서 예제를 실행하시는 분은 사전에 다음과 같은 권한을 부여하십시오.

**표 17-01** 시스템 권한

| 권한 | 개요 |
|------|------|
| CREATE SESSION | 데이터베이스 접속 |
| ALTER SESSION | ALTER SESSION문 실행 |
| CREATE PROCEDURE | Stored 프로시저, Stored 함수, Stored 패키지 생성 |
| CREATE TRIGGER | 트리거 생성 |
| CREATE SEQUENCE | 시퀀스 생성 |

**표 17-01** 시스템 권한(계속)

| 권한 | 개요 |
|------|------|
| CREATE SEQUENCE | 시퀀스 생성 |
| CREATE TABLE | 테이블 생성 |
| DROP TABLE | 테이블 삭제 |

리스트 17-01에서는 사용자 SCOTT에게 시스템 권한을 부여하고 있습니다. 관리자 (SYSTEM)로 GRANT 명령을 사용하여 CREATE SESSION 권한 및 CREATE TRIGGER 권한을 사용자인 SCOTT에게 부여합니다.

**리스트 17-01** 시스템 권한의 부여

```
SQL> GRANT create session,create trigger TO SCOTT;

권한이 부여되었습니다.
```

## ● 오브젝트 권한

**오브젝트 권한**(Object privilege)이란, 오브젝트(테이블이나 프로시저 등)에 대한 조작 가능 범위를 말합니다. 다른 사용자가 소유하고 있는 오브젝트를 사용하려면 그 소유자로부터 오브젝트 권한이 부여되어 있어야만 합니다.

**표 17-02** 주요 오브젝트 권한(Object privilege)

| 권한 | 개요 |
|------|------|
| SELECT | 테이블, 뷰, 시퀀스 조회 |
| INSERT | 행 삽입 |
| UPDATE | 테이블 갱신 |
| DELETE | 행 삭제 |
| EXECUTE | 프로시저, 함수, 패키지 실행 |

# 실행자 권한
# 지정 방법

Stored 서브 프로그램은 통상적으로 소유자의 권한으로 실행됩니다. 이것을 **정의자 권한**이라고 합니다. 그러나 AUTHID CURRENT_USER절을 추가하면 EXECUTE **권한**이 부여된 실행자의 권한으로 프로그램을 실행할 수 있습니다. 이것을 **실행자 권한**이라고 합니다.

실행자 권한을 사용하면 예를 들어 프로그램의 소유자와 실행자가 동일한 테이블을 소유하고 있는 경우, 프로그램 소유자의 테이블이 아닌 실행한 사용자의 테이블에 처리가 이루어집니다. 실행자 권한을 부여하려면 프로시저나 함수 및 패키지 사양부의 마지막에 AUTHID CURRENT_USER절을 지정합니다.

그림 18-01은 실행자 권한으로 프로시저 emp_upsal을 실행하는 그림입니다. 사용자 SCOTT은 사용자 USER1으로부터 프로시저 emp_upsal의 EXECUTE 권한을 부여받습니다(❶). 사용자 SCOTT이 프로시저 emp_upsal를 실행하면(❷), AUTHID CURRENT_USER절의 지정을 통해 실행자인 사용자 SCOTT의 EMP 테이블에 대한 처리가 진행됩니다(❸).

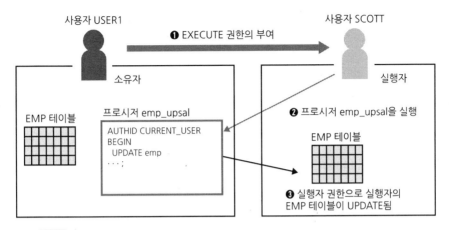

사용자 USER1 　❶ EXECUTE 권한의 부여 　사용자 SCOTT

소유자 　　　　　　　　　　　　　　실행자

EMP 테이블 　　프로시저 emp_upsal

```
AUTHID CURRENT_USER
BEGIN
 UPDATE emp
...;
```

❷ 프로시저 emp_upsal을 실행

EMP 테이블

❸ 실행자 권한으로 실행자의
EMP 테이블이 UPDATE됨

**그림 18-01** 실행자 권한을 통한 오브젝트의 실행

리스트 18-01에서는 실행자 권한으로 프로그램을 실행하고 있습니다.

먼저 사용자 USER1이 프로시저 emp_upsal을 생성할 때, 사양부에 AUTHID CURRENT_USER절을 지정하고, 실행자 권한으로 실행하는 것을 선언합니다(❹).

그리고 사용자 SCOTT에게 프로시저 emp_upsal에 대한 EXECUTE 권한을 부여합니다(❺).

프로시저 emp_upsal에는 AUTHID CURRENT_USER절이 지정되어 있기 때문에, 사용자 SCOTT은 실행자 권한으로 프로그램을 실행하게 됩니다(❻).

**리스트 18-01** 실행자 권한으로 프로그램 실행

```
SQL> SHOW USER
USER은 "USER1"입니다
SQL>
SQL> CREATE OR REPLACE PROCEDURE emp_upsal
  2  AUTHID CURRENT_USER ───────────────────────────────────❹
  3  IS
  4  BEGIN
  5    UPDATE emp
  6    SET sal = 3000
```

```
    7    WHERE empno = 7369;
    8  END;
    9  /
```

프로시저가 생성되었습니다.

```
SQL>
SQL> GRANT EXECUTE ON emp_upsal TO SCOTT; ──────────────────── ❺
```

권한이 부여되었습니다.

```
SQL>
SQL> CONNECT scott/tiger
연결되었습니다.
SQL>
SQL> EXECUTE user1.emp_upsal ─────────────────────────────── ❻
```

PL/SQL 처리가 정상적으로 완료되었습니다.

```
SQL>
SQL> SELECT empno,sal FROM emp
  2  WHERE  empno = 7369;

    EMPNO        SAL
---------- ----------
     7369       3000
```

## ● 실행자 권한으로 실행한 사용자 보호 (12.1)

실행자 권한의 문제점으로는 프로그램의 소유자가 소스 코드를 변경하는 등, 실행자의 오브젝트를 무단으로 조작할 수 있게 되는 점을 들 수 있습니다.

예를 들면 프로그램의 소유자가 실행자 소유 테이블의 데이터를 무단으로 취득하거나, 중요한 데이터를 삭제하는 소스 코드를 포함시키는 경우입니다. 실행자는 이러한 소스 코드의 변경을 알아챌 수가 없습니다.

이런 문제에 대응하기 위해 Oracle 12c 이후부터는 신뢰성이 확인된 소유자의 프로그램만을 실행자 권한으로 실행하도록 설정할 수 있습니다. 이것은 INHERIT PRIVILEGES 권한 및 INHERIT ANY PRIVILEGES 권한으로 제어합니다.

기본적으로 모든 사용자에 'INHERIT PRIVILEGES ON USER <실행자> TO PUBLIC'이 부여되어 있으므로 어떤 사용자의 프로그램이라도(EXECUTE 권한이 부여된 경우) 실행자 권한으로 실행할 수 있습니다. 실행자 권한을 제어하려는 경우에는 실행자가 INHERIT PRIVILEGES 권한을 회수(Revoke)하고 신뢰할 수 있는 사용자에게만 부여하도록 합니다.

### ● INHERIT PRIVILEGES 권한을 이용한 실행자 권한 실행 제어

그림 18-02, 그림 18-03은 INHERIT PRIVILEGES 권한을 이용하여 실행자 권한에 의한 실행을 제어하고 있는 그림입니다.

실행자인 사용자 SCOTT이 INHERIT PRIVILEGES 권한을 회수(Revoke)하면(❶), 사용자 USER1의 프로시저 emp_upsal을 실행자 권한으로 실행할 수 없게 됩니다(❷).

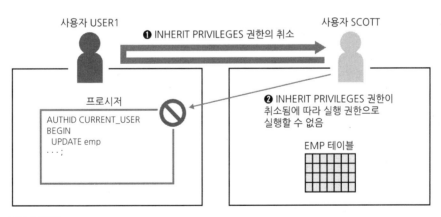

**그림 18-02** INHERIT PRIVILEGES 권한을 이용한 실행자 권한의 실행 제어

그 후, INHERIT PRIVILEGES 권한을 사용자 SCOTT으로부터 사용자 USER1에 부여하면(❸), 사용자 SCOTT은 사용자 USER1의 프로그램을 실행자 권한으로 실

행할 수 있게 됩니다(❸, ❹).

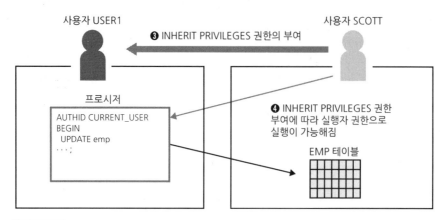

**사용자 USER1**

❸ INHERIT PRIVILEGES 권한의 부여

**사용자 SCOTT**

프로시저

```
AUTHID CURRENT_USER
BEGIN
 UPDATE emp
... ;
```

❹ INHERIT PRIVILEGES 권한
부여에 따라 실행자 권한으로
실행이 가능해짐

EMP 테이블

**그림 18-03** INHERIT PRIVILEGES 권한의 부여

다음 페이지의 리스트 18-02에서는 INHERIT PRIVILEGES 권한의 부여와 취소를 실행합니다.

먼저 실행자인 사용자 SCOTT이 INHERIT PRIVILEGES 권한을 취소하면 실행자 권한으로는 USER1이 소유한 프로그램을 실행할 수 없게 됩니다(❺).

그런 다음 사용자 USER1에게 INHERIT PRIVILEGES 권한을 부여하면 USER1이 소유한 프로그램을 실행자 권한으로 실행할 수 있게 됩니다(❻).

**리스트 18-02** INHERIT PRIVILEGES 권한 부여와 취소

```
SQL> SHOW USER
USER은 "SCOTT"입니다
SQL>
SQL> REVOKE inherit privileges ON USER scott FROM public; ──────❺

권한이 취소되었습니다.
```

```
SQL>
SQL> EXECUTE user1.emp_upsal
BEGIN user1.emp_upsal; END;


*
1행에 오류:
ORA-06598: 불충분한 INHERIT PRIVILEGES 권한
ORA-06512: "USER1.EMP_UPSAL",  1행
ORA-06512:  1행

SQL>
SQL> GRANT inherit privileges ON USER scott TO user1;                    ⑥

권한이 부여되었습니다.

SQL>
SQL> EXECUTE user1.emp_upsal

PL/SQL 처리가 정상적으로 완료되었습니다.
```

# APPENDIX
# 06 의존성 확인

DEPTREE 뷰 또는 IDEPTREE 뷰를 참조하면, **간접 의존 오브젝트**를 포함한 모든 종속 오브젝트를 확인할 수 있습니다. 이러한 뷰를 참조하려면 다음 단계를 수행합니다.

- 1. utldtree.sql 스크립트 실행
- 2. deptree_fill 프로시저 실행
- 3. DEPTREE와 IDEPTREE 뷰 참조

## ● 1. utldtree.sql 스크립트 실행

뷰를 참조하고 싶은 사용자로 Oracle에 접속한 뒤, utldtree.sql 스크립트를 실행합니다. utldtree. sql 스크립트는 해당 사용자로 한 번만 실행합니다. utldtree.sql 스크립트에 의해 DEPTREE 뷰, IDEPTREE 뷰, deptree_fill 프로시저가 생성됩니다.

**FILE** %ORACLE_HOME%rdbms\admin\utldtree.sql

## ● 2. deptree_fill 프로시저 실행

앞서 생성한 deptree_fill 프로시저를 실행합니다.

---

**서식** deptree_fill 프로시저 실행

```
DEPTREE_FILL( ⟨object_type IN CHAR⟩,
              ⟨object_owner IN CHAR⟩,
              ⟨object_name IN CHAR⟩ );
```

---

**표 19-01** deptree_fill 프로시저의 파라미터

| 파라미터 | 개요 |
| --- | --- |
| object_type | 의존 관계를 조사하고 싶은 오브젝트의 타입 |
| object_owner | 의존 관계를 조사하고 싶은 오브젝트의 소유자 |
| object_name | 의존 관계를 조사하고 싶은 오브젝트의 이름 |

## ● 3. DEPTREE와 IDEPTREE 뷰 참조

앞서 실행한 deptree_fill 프로시저의 실제 파라미터를 통해 관계 있는 종속 오브젝트의 정보를 확인할 수 있습니다. DEPTREE 뷰는 테이블 형식으로 종속 관계를 표시하고, IDEPTREE 뷰는 들여쓰기 형식으로 종속 관계를 표시합니다.

리스트 19-01에서는 사용자 SCOTT이 소유한 TAB1 테이블의 종속 오브젝트 정보를 확인하고 있습니다.

우선, 뷰를 참조하고 싶은 사용자 SCOTT으로 접속하여 utldtree.sql 스크립트를 실행합니다(❶).

그런 다음 사용자 SCOTT가 소유한 TAB1 테이블을 실제 파라미터로 지정하여 deptree_fill 프로시저를 실행합니다(❷).

deptree_fill 프로시저가 정상적으로 종료된 후, DEPTREE 뷰를 조회합니다(❸). NESTED_LEVEL 컬럼이 '0'인 오브젝트가 **참조 오브젝트**, '1'이 **직접 종속 오브젝트**, '2'가 **간접 종속 오브젝트**의 정보입니다.

다음으로 IDEPTREE 뷰를 조회합니다(❹). 이 뷰는 하나의 컬럼(DEPENDENCIES 컬럼)으로 이루어지며, 컬럼 값을 내림차순으로 정렬하여 표시합니다. 들여쓰기 최상위가 참조 오브젝트이며, 하나 아래가 직접 종속 오브젝트, 그 아래가 간접 종속 오브젝트 정보입니다.

두 개의 뷰 결과로부터 TAB1 테이블에는 직접 종속 오브젝트가 하나(함수 fun1), 간접 종속 오브젝트가 하나(프로시저 pro1)씩 존재하는 것을 확인할 수 있습니다.

**리스트 19-01** DEPTREE 뷰와 IDEPTREE 뷰 참조 예

```
SQL> SHOW USER
USER은 "SCOTT"입니다

SQL> @%ORACLE_HOME%\rdbms\admin\utldtree.sql ─────────────── ❶

SQL> EXECUTE deptree_fill('TABLE','SCOTT','TAB1') ──────────── ❷

PL/SQL 처리가 정상적으로 완료되었습니다.

SQL> SELECT nested_level,type,name
  2  FROM   deptree                                          ❸
  3  ORDER BY seq#;

NESTED_LEVEL TYPE              NAME
------------ --------------    -----
           0 TABLE             TAB1
           1 FUNCTION          FUN1
           2 PROCEDURE         PRO1

SQL> SELECT * FROM ideptree
  2  ORDER BY dependencies DESC;                             ❹

DEPENDENCIES
------------------------------
TABLE SCOTT.TAB1
FUNCTION SCOTT.FUN1
PROCEDURE SCOTT.PRO1
```

## DEPTREE 뷰

오브젝트의 의존성 정보를 표시합니다.

**표 19-02** DEPTREE 뷰의 주요 컬럼

| 컬럼명 | 개요 |
|---|---|
| NESTED_LEVEL | 의존성 트리 내의 중첩 레벨<br>(0: 기점, 1: 직접 의존성, 2: 간접 의존성) |
| TYPE | 오브젝트 타입(PROCEDURE, FUNCTION 등) |
| NAME | 오브젝트명 |
| SEQ# | 의존성 트리의 순서 번호. 순차 질의문에 사용됨 |

# 자율형 트랜잭션

자율형 트랜잭션(Autonomous Transactions)이란, 서브 프로그램을 호출한 트랜잭션과 그 서브 프로그램 내에서 처리하는 트랜잭션을 별도의 트랜잭션으로 설정하는 기능 입니다. 자율형 트랜잭션에는 다음과 같은 특징이 있습니다.

- 잠김(Lock) 등은 메인 트랜잭션과 공유하지 않음
- 커밋(Commit)한 정보를 바로 다른 트랜잭션에서 확인할 수 있음
- 자율형 트랜잭션에서 예외가 발생하면, 문장 레벨이 아닌 트랜잭션 레벨의 롤백이 발생함

## ● 자율형 트랜잭션의 설정

서브 프로그램을 작성할 때, 선언부에 **PRAGMA AUTONOMOUS_TRANSACTION절**을 지정하는 것을 통해 자율형 트랜잭션을 설정할 수 있습니다※. 자율형 트랜잭션은 호출한 측과는 별도의 트랜잭션으로 처리되기 때문에 **프로그램을 종료하기 전에 해당 트랜잭션을 종료시킬 필요가 있습니다.** 종료하지 못한 경우에는 예외가 발생합니다.

※ PRAGMA AUTONOMOUS_TRANSACTION절의 지정은 해당 프로그램에서 자율형 트랜잭션이 사용되는 것을 알아볼 수 있도록 선언부의 가장 맨 위에 기술할 것을 권장합니다.

다음 페이지의 그림 20-01에서는 서브 프로그램을 호출한 트랜잭션과 자율형 트랜잭션을 사용한 트랜잭션의 처리 흐름을 설명하고 있습니다. 그림을 확인하면서 자율형 트랜잭션에 대해 설명하겠습니다.

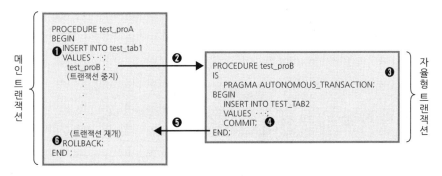

**그림 20-01** 자율형 트랜잭션 처리

먼저, 사용자가 프로시저 test_proA를 실행하고, 프로시지 test_proA의 트랜잭션을 시작합니다(❶). 프로시저 test_proA는 TEST_TAB1 테이블에 INSERT 처리를 수행하고 있습니다. 프로시저 test_proA를 실행 중인 트랜잭션은 메인이 되는 트랜잭션이므로 기본 트랜잭션이라고 부릅니다.

그 뒤에 프로시저 test_proA에서 프로시저 test_proB를 호출합니다(❷). 호출된 프로시저 test_proB의 선언부에는 'PRAGMA AUTONOMOUS_TRANSACTION' 절이 정의되어 있기 때문에 이 프로시저는 자율형 트랜잭션이 됩니다(❸). 따라서 프로시저 test_proB 처리는 기본 트랜잭션에서 독립한 별도의 트랜잭션이 됩니다※.

프로시저 test_proB에서 TEST_TAB2 테이블에 대한 삽입 처리를 수행하고, COMMIT 문을 통해 처리를 확정합니다(❹). 이걸로 test_proB의 트랜잭션은 종료됩니다.

이때 COMMIT문에 의해 확정되는 내용은 자율형 트랜잭션으로 설정되어 있는 프로시저 test_proB에서 처리된 내용에 한정합니다(TEST_TAB2 테이블에 대한 변경 내용만).

프로시저 test_proB의 처리가 종료되었기 때문에 프로시저 test_proA의 메인 트랜잭션이 재개됩니다(❺).

마지막으로, 프로시저 test_proA가 수행한 처리를 롤백합니다(❻). 이 롤백으로 취소될 내용은 프로시저 test_proA에서 처리된 내용뿐입니다(TEST_TAB1 테이블에 대한 변경만). 프로시저 test_proB의 처리는 자율형 트랜잭션에서 처리되며, COMMIT 문을 통해 이미 확정되어 있기 때문에 롤백되지 않습니다.

※ 이 시점에서 메인 트랜잭션은 중지됩니다.

## ● 자율형 트랜잭션의 사용 예

리스트 20-01에서는 메인 트랜잭션에서 처리를 **롤백**해도, AUDIT_TABLE 테이블에 저장한 로그 정보가 삭제되지 않도록 자율형 트랜잭션 설정을 수행하고 있습니다.

우선 선언부에 PRAGMA AUTONOMOUS_TRANSACTION절을 지정하고(❶), 처리의 마지막에 COMMIT문으로 처리를 확정하고 있습니다(❷).

**리스트 20-01** 자율형 트랜잭션의 작성 예

```
SQL> CREATE OR REPLACE TRIGGER modify_emp2
  2  AFTER INSERT OR UPDATE OR DELETE ON emp
  3  FOR EACH ROW
  4  DECLARE
  5    PRAGMA AUTONOMOUS_TRANSACTION; ──────────────────────────❶
  6  BEGIN
  7    IF INSERTING THEN
  8      INSERT INTO audit_table
  9        VALUES ('EMP','INSERT',:new.empno);
 10    ELSIF DELETING THEN
 11      INSERT INTO audit_table
 12        VALUES ('EMP','DELETE',:old.empno);
 13    ELSIF UPDATING THEN
 14      INSERT INTO audit_table
 15        VALUES ('EMP','UPDATE',:old.empno);
 16    END IF;
 17    COMMIT; ──────────────────────────────────────────────❷
 18  END;
 19  /
```

트리거가 생성되었습니다.

다음 페이지의 리스트 20-02에서는 리스트 20-01에서 만든 트리거의 움직임을 확인하고 있습니다. DML문을 실행하여 트리거 modify_emp2을 기동합니다(❸). 그리고 트리거가 기동되는 동기가 되었던 DML문을 롤백 처리합니다(❹).

그러나 트리거 내의 처리에서는 자율형 트랜잭션 내에 COMMIT문을 기술하고 있기 때문에 AUDIT_TABLE 테이블에 정보가 남아있는 것을 확인할 수 있습니다(❺).

**리스트 20-02** 자율형 트랜잭션의 실행 예

```
SQL> DELETE FROM emp WHERE empno = 7369; ─────────────────❸

1 행이 삭제되었습니다.

SQL>
SQL> SELECT * FROM audit_table;

TABLENAME        ACTION      MOD_VAL
--------------   ----------  --------
EMP              DELETE      7369

SQL>
SQL> ROLLBACK; ──────────────────────────────────────────❹

롤백이 완료되었습니다.

SQL>
SQL> SELECT * FROM audit_table;

TABLENAME        ACTION      MOD_VAL
--------------   ----------  --------
EMP              DELETE      7369 ─────────────────────────❺
```

# 트리거의 종류

트리거는 기동하는 이벤트의 종류에 따라서 다음의 네 가지로 분류됩니다.

- DML 트리거(196쪽 참조)
- INSTEAD OF 트리거
- 이벤트 트리거
- DDL 트리거

여기서는 본문에서 설명하지 않은 **INSTEAD OF 트리거**와 **이벤트 트리거**, **DDL 트리거**의 사용 방법을 설명합니다.

## ● INSTEAD OF 트리거

INSTEAD OF 트리거는 **DML 조작**(UPDATE문, INSERT문, DELETE문)으로 직접 변경할 수 없는 뷰*에 대해서 조작할 수 있는 트리거입니다. 통상적으로 여러 개의 테이블을 조인하는 뷰에 대해서는 직접 DML 작업을 수행할 수 없습니다.

※ 변경 불가능한 뷰에 대한 자세한 내용은 'Reference' 매뉴얼을 참조하십시오.

**표21-01** 뷰에 대한 조작 제한

| 조건 | 삽입 | 갱신 | 삭제 |
|---|---|---|---|
| 결합 뷰를 사용하고 있다 | × | × | × |
| 집합 연산, GROUP BY, DISTINCT, 그룹 함수를 사용하고 있다 | × | × | × |
| 계산식을 사용하고 있다(SQL +100 등) | × | △ | ○ |
| 실제 테이블의 NOT NULL 컬럼을 참조하지 않는다 | × | ○ | ○ |

○: DML 조작 가능 / △: 계산식이 사용되고 있는 컬럼만 갱신 불가 / ×: DML 조작 불가

리스트 21-01에서는 EMP 테이블과 DEPT 테이블을 조인한 뷰 empdept을 생성하고(결합 뷰), 그 뷰에 대해서는 DML 작업을 수행할 수 없음을 확인합니다.

먼저, EMP 테이블과 DEPT 테이블을 조인한 뷰 empdept을 생성합니다(❶).

다음으로 생성된 뷰 empdept에 대해 행 삭제를 실행하지만, 결합 뷰의 **삭제 제한**(표 21-01)에 의해 오류가 반환되는 것을 볼 수 있습니다(❷).

**리스트 21-01** 결합 뷰에 대한 행 삭제

```
SQL> CREATE VIEW empdept
  2  AS SELECT ename,sal,dname FROM emp,dept                    ❶
  3  WHERE emp.deptno = dept.deptno;

뷰가 생성되었습니다.

SQL>
SQL> DELETE FROM empdept
  2  WHERE ename = 'SMITH';
DELETE FROM empdept
            *
1행에 오류:                                                       ❷
ORA-01752: 뷰으로 부터 정확하게 하나의 키-보전된 테이블 없이 삭제할 수 없습니다.
```

## ● INSTEAD OF 트리거의 사용 예

INSTEAD OF 트리거의 예제를 다음 페이지의 리스트 21-02에서 실행합니다.

먼저 선언부에 INSTEAD OF절을 작성하고, 뷰 empdept에 대해 DELETE문이 실행될 때 기동하는 INSTEAD OF 트리거 instead_tri를 작성합니다(❶). 트리거 내에서 뷰 empdept의 소스가 되는 EMP 테이블에 대한 DELETE문을 실행합니다(❷). 또한, 삭제된 ENAME 칼럼의 값을 DBMS_OUTPUT으로 표시하도록 합니다(❸).

INSTEAD OF 트리거 작성 후, 뷰 empdept에 대한 행 삭제 처리를 실행하면 DELETE 문은 내부적으로 무시되고 그 대신에 INSTEAD OF 트리거가 기동됩니다. 결과적으로 사용자가 의도한 행 삭제 처리가 실행되었음을 확인할 수 있습니다(❹).

**리스트 21-02** INSTEAD OF 트리거의 사용 예

```
SQL> CREATE OR REPLACE TRIGGER instead_tri
  2  INSTEAD OF DELETE ON empdept ─────────────────────────────❶
  3  BEGIN
  4    DELETE FROM emp
  5      WHERE ename = :old.ename; ─────────────────────────────❷
  6    DBMS_OUTPUT.PUT_LINE(:old.ename); ───────────────────────❸
  7  END;
  8  /

트리거가 생성되었습니다.

SQL>
SQL> DELETE FROM empdept
  2  WHERE ename = 'SMITH';
SMITH ─────────────────────────────────────────────────────────❹

1 행이 삭제되었습니다.
```

## ● INSTEAD OF 트리거의 제한

INSTEAD OF 트리거를 사용하는 데는 다음과 같은 제한이 있습니다.

- UPDATE에 컬럼 리스트를 지정할 수 없음
- BEFORE 옵션, AFTER 옵션은 사용할 수 없음

# ● 이벤트 트리거

이벤트 트리거는 데이터베이스 시스템 액션을 계기로 암묵적으로 기동되는 트리거입니다. 데이터베이스 시스템 액션에는 다음 두 종류가 있습니다.

- 시스템 이벤트에 관련된 트리거
- 클라이언트 이벤트에 관련된 트리거

## ● 시스템 이벤트에 관련된 트리거

**시스템 이벤트**란, 여러가지 데이터베이스 처리에 대한 이벤트입니다. 이벤트 트리거는 데이터베이스의 STARTUP과 SHUTDOWN 등 시스템 이벤트가 일어나는 타이밍에 기동됩니다※.

※ 시스템 이벤트명과 기동되는 타이밍은 337쪽의 표 21-03를 참조하십시오.

리스트 21-03에서는 데이터베이스 내에서 발생한 오류를 시스템 이벤트 트리거인 SERVERERROR로 취득하여, 해당 오류 정보를 테이블에 기록하는 트리거 event_tri를 작성하고 있습니다. 여기서는 처리 대상을 데이터베이스 전체로 하기 위해서 트리거를 관리 사용자인 SYSTEM으로 작성합니다.

우선, 관리 사용자인 SYSTEM으로 LOG_TABLE 테이블을 생성합니다(❶).

다음으로 트리거 event_tri을 작성합니다. 이 트리거는 시스템 이벤트 SERVERERROR에 'ON DATABASE'를 지정하여, 처리 대상을 Oracle 전체로 설정하고 있습니다※(❷). Oracle 전체를 대상으로 했기 때문에 모든 사용자에게 이 트리거가 적용됩니다.

트리거 event_tri는 LOG_TABLE 테이블에 오류가 발생한 날짜와 시간, 사용자명, 오류 번호를 기록합니다※※(❸).

※ 'ON 〈사용자명〉.〈스키마명〉'을 지정하면, 특정 사용자의 오류 발생 시에만 기동시킬 수도 있습니다.
※※ 여기서 지정하는 ora_login_user와 ora_server_error는 이벤트 속성 함수입니다. 이벤트 속성 함수에 대해서는 342쪽을 참소하십시오.

**리스트 21-03** 시스템 이벤트로 기동되는 트리거 작성

```
SQL> SHOW USER
USER은 "SYSTEM"입니다
SQL>
SQL> CREATE TABLE log_table (time DATE,
  2                          username VARCHAR2(15),  ──────────────❶
  3                          error_num NUMBER);

테이블이 생성되었습니다.

SQL>
SQL> CREATE OR REPLACE TRIGGER event_tri
  2  AFTER SERVERERROR ON DATABASE ─────────────────────────────❷
  3  BEGIN
  4    INSERT INTO log_table VALUES
  5      (sysdate,ora_login_user,ora_server_error(1)); ──────────❸
  6  END;
  7  /

트리거가 생성되었습니다.
```

트리거 작성 후에 리스트 21-04에서 존재하지 않는 TEST_TAB 테이블에 대한 행 삽입 처리를 실행하고 있습니다. 이 처리 작업은 TEST_TAB 테이블이 존재하지 않기 때문에 오류가 발생합니다. 그리고 이 오류 발생에 의해 트리거 event _tri가 내부적으로 기동됩니다(❹).

마지막으로, LOG_TABLE 테이블을 조회하여 오류 정보를 확인합니다(❺). ❹에서 발생한 오류 번호가 기록되어 있기 때문에 트리거가 기동된 것을 확인할 수 있습니다.

**리스트 21-04** 시스템 이벤트에 의한 트리거의 실행 예

```
SQL> INSERT INTO test_tab VALUES (100);
INSERT INTO test_tab VALUES (100)
            *
1행에 오류: ───────────────────────────────────────────────────❹
ORA-00942: 테이블 또는 뷰가 존재하지 않습니다
```

```
SQL>
SQL> SELECT TO_CHAR(time,'YYYY/MM/DD HH24:MI:SS')AS time,
  2  username,
  3  error_num
  4  FROM log_table;


TIME                     USERNAME  ERROR_NUM
------------------------ --------  ----------
2015/06/16 14:58:16 SYSTEM              942
```

그러나 시스템 이벤트 트리거 SERVERERROR는 다음 경우에는 기동하지 않으므로 유의하기 바랍니다.

- ORA-18, 20, 1034, 1403, 1422, 1423, 4030 오류

## ● 클라이언트 이벤트에 관련된 트리거

**클라이언트 이벤트**는 사용자의 로그온(Logon)과 로그오프(Logoff), DML 및 DDL 조작 등의 **클라이언트 액션**과 관련된 이벤트입니다. 여기서는 사용자가 데이터베이스에 로그온한 타이밍에 기동되는 LOGON 이벤트 트리거를 설명하겠습니다※.

리스트 21-05에서는 클라이언트 이벤트 중 하나인 이벤트 트리거 LOGON을 사용하여 사용자가 로그온한 날짜와 사용자명을 테이블에 기록합니다.

우선, 관리 사용자 SYSTEM으로 로그온 정보를 저장하는 LOGONINFO_TBL 테이블을 생성합니다(❶).

다음으로 사용자가 로그인한 타이밍에 기동되는 트리거 cl_tri을 작성합니다※※ (❷). 처리 대상은 LOGON을 ON DATABASE로 지정하여, Oracle 전체로 설정합니다※※※. 이어서 트리거 cl_tri을 작성한 뒤, 사용자 SCOTT로 다시 로그온합니다(❸).

※ LOGON 이벤트 트리거 외 다른 클라이언트 이벤트에 대해서는 338쪽의 표 21-04를 참조하십시오.
※※ 여기서 사용하는 ora_login_user은 이벤트 속성 함수입니다. 이벤트 속성 함수에 대해서는 337쪽을 참조하십시오.
※※※ 'ON 〈사용자명〉.〈스키마명〉'을 지정하여 특정 사용자가 로그온할 때만 기동시킬 수도 있습니다.

마지막으로 사용자 SCOTT의 로그온 정보를 LOGONINFO_TBL 테이블에서 확인하기 위해, 다시 관리 사용자 SYSTEM으로 로그온하여 LOGONINFO_TBL 테이블을 조회합니다(❹). USERNAME 컬럼에서 누가 언제 로그인했는지 확인할 수 있습니다.

**리스트 21-05** 클라이언트 이벤트에 의한 트리거의 실행 예

```
SQL> SHOW USER
USER은 "SYSTEM"입니다
SQL>
SQL> CREATE TABLE logoninfo_tbl (time DATE,                      ─┐
  2                               username VARCHAR2(15));         ─┘    ❶

테이블이 생성되었습니다.

SQL>
SQL> CREATE OR REPLACE TRIGGER cl_tri        ─┐
  2  AFTER LOGON ON DATABASE                   │
  3  BEGIN                                      │
  4    INSERT INTO logoninfo_tbl                ├─    ❷
  5      VALUES (sysdate,ora_login_user);       │
  6  END;                                       │
  7  /                                         ─┘

트리거가 생성되었습니다.

SQL>
SQL> CONNECT SCOTT/TIGER ─────────────────────────────────    ❸
연결되었습니다.
SQL>
SQL> CONNECT SYSTEM/tlstprud
연결되었습니다.
SQL>
SQL> SELECT TO_CHAR(time,'YYYY/MM/DD HH24:MI:SS')AS time, ─┐
  2  username                                              ├─    ❹
  3  FROM logoninfo_tbl;                                   ─┘

TIME                USERNAME
------------------- ---------------
2015/06/16 15:18:14 SCOTT
2015/06/16 15:18:14 SYSTEM
```

# ● DDL 트리거

DDL 트리거는 DDL 조작(CREATE문, ALTER문, DROP문, TRUNCATE문 등)으로 기동되는 클라이언트 이벤트 트리거 중 하나입니다. DDL 조작에는 다음과 같은 처리들이 있습니다.

**표 21-02** DDL 조작 목록

| | | | |
|---|---|---|---|
| ALTER | CREATE | NOAUDIT | TRUNCATE |
| ANALYZE | DROP | PURGE | |
| AUDIT | FLASHBACK | RENAME | |
| COMMENT | GRANT | REVOKE | |

다음 페이지의 리스트 21-06에서는 DDL 작업 중 하나인 DROP문이 실행되었을 때 기동되는 트리거 ddl_tri를 작성하고 DROP문을 실행한 시간, 사용자명, 삭제된 오브젝트, 삭제된 오브젝트의 타입을 DROP_TABLE 표에 기록하고 있습니다.

먼저 삭제된 시간, 사용자명, 오브젝트명, 오브젝트 타입 정보를 저장하는 DROP_TABLE 테이블을 생성합니다(❶).

그런 다음 사용자 SCOTT이 DROP문을 실행한 타이밍에 기동되는 DDL 트리거 ddl_tri를 작성합니다(❷). 트리거 ddl_tri가 기동되면 DROP문을 실행한 시간, 사용자명, 삭제된 오브젝트명, 오브젝트 타입 정보가 DROP_TABLE 테이블에 기록됩니다※.

트리거 ddl_tri를 작성한 후, DROP문을 통해 TEST 테이블을 삭제합니다. DROP문을 실행함으로써 트리거 ddl_tri가 기동됩니다(❸).

마지막으로 DROP_TABLE 테이블을 확인합니다. DROP_TABLE 테이블의 각 컬럼에 DROP문이 실행된 시간, 사용자명, 오브젝트명, 오브젝트 타입 정보가 저장되어 있는 것을 확인할 수 있습니다(❹).

※ 여기서 지정하는 ora_login_user, ora_dict_obj_name, ora_dict_obj_type은 이벤트 속성 함수입니다. 이벤트 속성 함수에 대해서는 342쪽을 참조하십시오.

**리스트 21-06** DDL 트리거의 사용 예

```
SQL> CREATE TABLE drop_table (time DATE,
  2                           username VARCHAR2(15),
  3                           object_name VARCHAR2(30),
  4                           object_type VARCHAR2(15));
```
❶

테이블이 생성되었습니다.

```
SQL> CREATE OR REPLACE TRIGGER ddl_tri
  2  AFTER DROP
  3  ON scott.SCHEMA
  4  BEGIN
  5    INSERT INTO drop_table VALUES (sysdate,
  6                                   ora_login_user,
  7                                   ora_dict_obj_name,
  8                                   ora_dict_obj_type);
  9  END;
 10  /
```
❷

트리거가 생성되었습니다.

```
SQL>
SQL> DROP TABLE test PURGE;
```
❸

테이블이 삭제되었습니다.

```
SQL>
SQL> SELECT to_char(time,'YYYY/MM/DD HH24:MI:SS')
  2    AS time,username,object_name,object_type FROM drop_table;
```
❹

| TIME | USERNAME | OBJECT_NAME | OBJECT_TYPE |
|---|---|---|---|
| 2015/06/16 15:32:20 | SCOTT | TEST | TABLE |

## ● 이벤트명, 이벤트 속성 함수 목록

시스템 이벤트 트리거, 클라이언트 이벤트 트리거의 이벤트명, 각 이벤트에서 사용 가능한 이벤트 속성 함수의 목록을 다음과 같이 정리하였습니다.

**표 21-03** 시스템 이벤트

| 이벤트명 | 기동되는 타이밍 | 이벤트 속성 함수 |
| --- | --- | --- |
| STARTUP | 데이터베이스 OPEN 시 | ora_sysevent<br>ora_login_user<br>ora_instance_num<br>ora_database_name |
| SHUTDOWN | 서버가 인스턴스를 정지시키기 직전 | ora_sysevent<br>ora_login_user<br>ora_instance_num<br>ora_database_name |
| DB_ROLE_CHANGE | 롤 변경 후, 처음 데이터베이스 OPEN할 때 | ora_sysevent<br>ora_login_user<br>ora_instance_num<br>ora_database_name |
| SERVERERROR | 특정 오류 발생 시 따로 오류 번호를 지정하지 않으면 모든 오류 발생 시에 기동됨 | ora_sysevent<br>ora_login_user<br>ora_instance_num<br>ora_database_name<br>ora_server_error<br>ora_is_servererror<br>space_error_info |

**표 21-04** 클라이언트 이벤트

| 이벤트명 | 기동되는 타이밍 | 이벤트 속성 함수 |
|---|---|---|
| BEFORE ALTER<br>AFTER ALTER | 오브젝트 변경 시 | ora_sysevent<br>ora_login_user<br>ora_instance_num<br>ora_database_name<br>ora_dict_obj_type<br>ora_dict_obj_owner<br>ora_des_encrypted_password<br>(for ALTER USER events)<br>ora_is_alter_column<br>(for ALTER USER events)<br>ora_is_drop_column<br>(for ALTER USER events) |
| BEFORE DROP<br>AFTER DROP | 오브젝트 삭제 시 | ora_sysevent<br>ora_login_user<br>ora_instance_num<br>ora_database_name<br>ora_dict_obj_type<br>ora_dict_obj_name<br>ora_dict_obj_owner |
| BEFORE ANALYZE<br>AFTER ANALYZE | 분석 문의 실행 시 | ora_sysevent<br>ora_login_user<br>ora_instance_num<br>ora_database_name<br>ora_dict_obj_name<br>ora_dict_obj_type<br>ora_dict_obj_owner |
| BEFORE<br>ASSOCIATE STATISTICS<br>AFTER<br>ASSOCIATE STATISTICS | 관련 통계문<br>(ASSOCIATE STATISTICS)의<br>실행 시 | ora_sysevent<br>ora_login_user<br>ora_instance_num<br>ora_database_name<br>ora_dict_obj_name<br>ora_dict_obj_type<br>ora_dict_obj_owner<br>ora_dict_obj_name_list<br>ora_dict_obj_owner_list |

**표 21-04** 클라이언트 이벤트(계속)

| 이벤트명 | 기동되는 타이밍 | 이벤트 속성 함수 |
|---|---|---|
| BEFORE AUDIT<br>AFTER AUDIT BEFORE<br>NOAUDIT AFTER<br>NOAUDIT | AUDIT 또는<br>NOAUDIT 실행 시 | ora_sysevent<br>ora_login_user<br>ora_instance_num<br>ora_database_name |
| BEFORE COMMENT<br>AFTER COMMENT | 오브젝트에 주석 추가 시 | ora_sysevent<br>ora_login_user<br>ora_instance_num<br>ora_database_name<br>ora_dict_obj_name<br>ora_dict_obj_type<br>ora_dict_obj_owner |
| BEFORE CREATE<br>AFTER CREATE | 오브젝트 생성 시 | ora_sysevent<br>ora_login_user<br>ora_instance_num<br>ora_database_name<br>ora_dict_obj_type<br>ora_dict_obj_name<br>ora_dict_obj_owner<br>ora_is_creating_nested_table<br>(for CREATE TABLE events) |
| BEFORE DDL<br>AFTER DDL | DDL문 실행 시<br>※ ALTER DATABASE,<br>CREATE CONTROLFILE,<br>CREATE DATABASE<br>구문에 대해서는 기동되지<br>않음 | ora_sysevent<br>ora_login_user<br>ora_instace_num<br>ora_database_name<br>ora_dict_obj_name<br>ora_dict_obj_type<br>ora_dict_obj_owner |

표 21-04 클라이언트 이벤트(계속)

| 이벤트명 | 기동되는 타이밍 | 이벤트 속성 함수 |
|---|---|---|
| BEFORE DISASSOCIATE STATISTICS AFTER DISASSOCIATE STATISTICS | 비관련 통계문(DISASSOCIATE STATISTICS)의 실행 시 | ora_sysevent<br>ora_login_user<br>ora_database_name<br>ora_dict_obj_name<br>ora_dict_obj_type<br>ora_dict_obj_owner<br>ora_dict_obj_name_list<br>ora_dict_obj_owner_list<br>ora_instance_num |
| BEFORE GRANT AFTER GRANT | 권한 부여 구문 실행 시 | ora_sysevent<br>ora_login_user<br>ora_instance_num<br>ora_database_name<br>ora_dict_obj_name<br>ora_dict_obj_type<br>ora_dict_obj_owner<br>ora_grantee<br>ora_with_grant_option<br>ora_priviliages |
| BEFORE LOGOFF | 사용자 로그오프 시작 시 | ora_sysevent<br>ora_login_user<br>ora_instance_num<br>ora_database_name |
| AFTER LOGON | 사용자가 정상적으로 로그온한 뒤 | ora_sysevent<br>ora_login_user<br>ora_instance_num<br>ora_database_name<br>ora_client_ip_address |
| BEFORE RENAME AFTER RENAME | 이름 변경(Rename)문 실행 시 | ora_sysevent<br>ora_login_user<br>ora_instance_num<br>ora_database_name<br>ora_dict_obj_name<br>ora_dict_obj_owner<br>ora_dict_obj_type |

**표 21-04** 클라이언트 이벤트(계속)

| 이벤트명 | 기동되는 타이밍 | 이벤트 속성 함수 |
|---|---|---|
| BEFORE REVOKE<br>AFTER REVOKE | 권한 회수(Revoke)문 실행 시 | ora_sysevent<br>ora_login_user<br>ora_instance_num<br>ora_database_name<br>ora_dict_obj_name<br>ora_dict_obj_type<br>ora_dict_obj_owner<br>ora_revokee ora_privileges※ |
| AFTER SUSPEND | 공간 부족으로 SQL문이 일시 정지된 후 | ora_sysevent<br>ora_login_user<br>ora_instance_num<br>ora_database_name<br>ora_server_error<br>ora_is_servererror<br>space_error_info※※ |
| BEFORE TRUNCATE<br>AFTER TRUNCATE | 오브젝트 TRUNCATE 실행 시 | ora_sysevent<br>ora_login_user<br>ora_instance_num<br>ora_database_name<br>ora_dict_obj_type<br>ora_dict_obj_owner |

※ Oracle 12c에서는 'ora_privilege_list'로 명칭 변경되었습니다.
※※ Oracle 12c에서는 'ora_space_error_info'로 명칭 변경되었습니다.

## 이벤트 속성 함수

이벤트 트리거에서는 이벤트 속성 함수를 사용할 수 있습니다. 이벤트 속성 함수는 이벤트의 정보를 얻을 수 있는 편리한 함수입니다.

**표 21-05** 이벤트 속성 함수

| 이벤트 속성 함수명 | 반환 값 타입 | 설명 |
|---|---|---|
| ora_client_ip_address | VARCHAR2 | LOGON 이벤트로 클라이언트의 IP 주소를 반환 |
| ora_database_name | VAR CHAR2(50) | 데이터베이스명을 반환 |
| ora_des_encypted_ password | VARCHAR2 | 사용자의 DES 암호화된 패스워드를 반환 |
| ora_dict_obj_name | VAR CHAR2(30) | DDL 작업이 발생한 오브젝트명을 반환 |
| ora_dict_obj_name_list (name_list OUT ora_name_list_t) | PLS_INTEGER | 이벤트로 변경된 오브젝트들의 오브젝트명 리스트를 반환 |
| ora_dict_obj_owner | VAR CHAR2(30) | DDL 작업이 발생한 오브젝트의 소유자명을 반환 |
| ora_dict_obj_owner_list (owner_list OUT ora_name_list_t) | PLS_INTEGER | 이 이벤트로 변경된 오브젝트의 소유자명을 반환 |
| ora_dict_obj_type | VARCHAR(20) | DDL 작업이 발생한 오브젝트의 타입을 반환 |
| ora_grantee (user_list OUT ora_name_list_t) | PLS_INTEGER | OUT 파라미터로 권한을 부여받은 사용자 리스트 반환 |
| ora_instance_num | NUMBER | 인스턴스 번호를 반환 |
| ora_is_alter_column (column_name in varchar2) | BOOLEAN | 지정한 컬럼이 변경된 경우 ture를 반환 |
| ora_is_creating_ nested_table | BOOLEAN | 이벤트가 중첩 테이블을 작성한 경우 true 를 반환 |
| ora_id_drop_column (column_name in varchar2) | BOOLEAN | 지정한 컬럼이 삭제된 경우 ture를 반환 |

**표 21-05** 이벤트 속성 함수(계속)

| 이벤트 속성 함수명 | 반환 값 타입 | 설명 |
|---|---|---|
| ora_is_servererror | BOOLEAN | 지정한 오류가 오류 스택 상에 있을 경우 true, 없을 경우는 false를 반환 |
| ora_login_user | VAR CHAR2(30) | 로그인한 사용자명을 반환 |
| ora_partition_pos | PLS_INTEGER | PARTITION절을 삽입할 수 있는 위치를 반환 |
| ora_privilege_list (privilege_list OUT ora_name_list_t) | PLS_INTEGER | 권한 리스트를 반환 |
| ora_revokee (user_list_OUT ora_name_list_t) | PLS_INTEGER | OUT 파라미터의 권한 이벤트로 권한 소유자(Grantee)목록을 확인하여 그 권한 소유자 수를 반환 |
| ora_server_error | NUMBER | 오류 스택의 대상 위치의 오류 번호를 반환 |
| ora_server_error_depth | PLS_INTEGER | 오류 메시지의 총 개수 |
| ora_server_error_msg (position in pls_integer) | VARCHAR2 | 오류 스택의 대상 위치의 오류 메시지를 반환 |
| ora_server_error_num_ params (position in pls_integer) | PLS_INTEGER | 오류 메시지 내에서 치환된 문자열 수를 반환 |
| ora_server_error_param (position in pls_integer, param in pls_integer) | VARCHAR2 | 메시지 내의 대입된 값을 반환 |
| ora_sql_txt (sql_text OUT ora_name_ list_t) | PLS_INTEGER | OUT 파라미터의 트리거를 실행한 SQL문 텍스트를 반환 |
| ora_sysevent | VARCHAR2(20) | 트리거를 기동하는 시스템 이벤트를 반환 |
| ora_with_grant_option | BOOLEAN | WITH GRANT OPTION과 함께 권한이 부여된 경우 true를 반환 |

**표 21-05** 이벤트 속성 함수(계속)

| 이벤트 속성 함수명 | 반환 값 타입 | 설명 |
|---|---|---|
| space_error_info※<br>(error_number OUT NUMBER,<br>error_type OUT VARCHAR2,<br>object_owner OUT VARCHAR2,<br>table_space_name OUT<br>VARCHAR2, object_name<br>OUT VARCHAR2, sub_object_<br>name OUT VARCHAR2) | BOOLEAN | 오류가 공간 부족 상태와 관련된 경우<br>error를 반환하며, 오류의 원인이 된<br>오브젝트에 대한 정보를 OUT 파라미<br>터로 반환 |

※ Oracle 12c에서는 'ora_space_error_info' 로 명칭 변경되었습니다.

APPENDIX

# 09 중첩 테이블과 VARRAY

PL/SQL은 이 다음에 설명하는 **컬렉션**을 사용하는 것이 가능합니다. 여기서는 각각의 특징과 본문에서 설명하지 않은 **중첩 테이블**과 VARRAY의 사용 방법을 설명합니다.

- 연관 배열(223쪽 참조)
- 중첩 테이블
- VARRAY

## 컬렉션의 비교

세 가지 컬렉션의 특징을 다음과 같이 정리하였습니다.

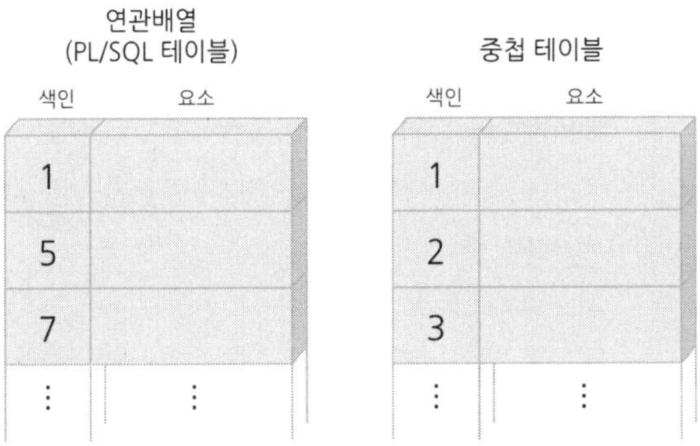


**그림 22-01 컬렉션의 개념**

**표 22-01** 컬렉션의 특징

| | 연관 배열 | 중첩 테이블 | VARRAY |
|---|---|---|---|
| SQL에서 사용 | 불가능 | 가능 (테이블 컬럼의 데이터 타입 등) | 가능 (테이블 컬럼의 데이터 타입 등) |
| 요소 수 | 제한 없음 | 제한 없음 | 제한 있음(최대 개수 지정 가능) |
| 인덱스 번호 | 번호가 연속될 필요는 없음 | 요소가 삭제되지 않는 한 연속되어야 함 | 번호가 연속될 필요는 없음 |
| 인덱스 데이터 타입 | 숫자, 문자형 사용 가능 (문자형은 Oracle 9i R9.2부터) | 정수형 | 정수형 |
| 초기화 | 선언 시 자동적으로 초기화 | 생성자(Constructor)에 의해 수동으로 초기화 | 생성자(Constructor)에 의해 수동으로 초기화 |
| 확장 방법 | 새 인덱스 번호를 지정하여 확장 | EXTEND 메소드로 확장 (TRIM 메소드로 압축) | 상한까지 EXTEND 메소드로 확장(TRIM 메소드로 압축) |
| 요소의 삭제 | 가능 | 가능 | 불가 (요소는 연속돼야 하기 때문에 마지막 요소 외에는 삭제할 수 없음) |

중첩 테이블도 VARRAY도 연관 배열과 동일하게 **인덱스**를 가지며, 복수의 값을 받을 수 있습니다. 또한, 이 두 개의 컬렉션은 **데이터베이스 오브젝트**로 저장할 수 있기 때문에 테이블 컬럼의 데이터 형식으로써 활용할 수 있다는 장점이 있습니다. 단 다음과 같은 작업이 필요하기 때문에 사용 방법은 좀 복잡합니다.

## ● 초기화

**초기화**는 컬렉션을 명시적으로 구성하는 작업입니다※. 중첩 테이블과 VARRAY는 초기화될 때까지는 컬렉션 자체가 NULL 상태이기 때문에 초기화되지 않은 컬렉션에 값을 대입하거나, 요소를 참조하면 오류가 발생합니다. 따라서 컬렉션을 사용하기 전, **생성자(Constructor)**라는 함수를 사용하여 컬렉션 자체를 초기화해야 합니다.

※ 초기화 방법에 대해서는 348~349쪽을 참조하십시오.

## ● 요소 추가

결합 배열의 경우, 새로운 인덱스 번호를 지정하는 것으로 간단하게 요소 수를 추가할 수 있습니다. 그러나 중첩 테이블과 VARRAY는 EXTEND라는 컬렉션 메소드를 사용하여 요소를 명시적으로 확장해야 할 필요가 있습니다.

그럼 이상의 추가 작업을 기초로 하여 두 개의 컬렉션에 대해 설명하겠습니다.

# ● 중첩 테이블

중첩 테이블(Nested table)을 정의하려면 **타입 정의**와 **중첩 테이블 정의**의 2단계가 필요합니다.

## ● 중첩 테이블 정의

### ● 타입 정의

중첩 테이블의 데이터 타입은 인덱스의 데이터 타입(INDEX BY절)을 지정하지 않은 **TABLE 타입**입니다. 인덱스 번호는 요소를 대입할 때 자동으로 할당됩니다 (1~2,147,483,647의 정수). 또한, 데이터 타입에는 **%TYPE, %ROWTYPE 속성**을 지정할 수 있습니다.

---

| 서식 | TABLE 타입 정의 |

TYPE 〈타입명〉 IS TABLE OF 〈데이터 타입〉 [ NOT NULL ];

---

### ● 중첩 테이블 정의

앞서 정의한 중첩 테이블의 데이터 타입과 중첩 테이블의 이름을 매핑합니다.

**중첩 테이블 정의**

〈중첩 테이블명〉〈타입명〉;

## 🔴 중첩 테이블에 대한 값 대입

중첩 테이블의 요소를 참조하려면 인덱스 번호를 사용합니다. 요소에는 대입 연산자 (:=)나 SELECT INTO문, FETCH INTO문을 사용하여 값을 대입합니다.

**값 대입**

〈중첩 테이블명〉(〈인덱스 번호〉);

## 🔴 초기화

앞서 설명한 중첩 테이블을 사용하기 위해서는 **초기화**를 실행해야만 합니다.

**초기화**

〈컬렉션명〉 := 〈타입명〉();

**초기화 — 초기 값 이용**

〈컬렉션명〉 := 〈타입명〉(〈대입 값〉 [,〈대입 값〉 · · · ]);

오른쪽 편에는 **암묵적**으로 생성자라 불리는 함수가 실행되고 있습니다. **생성자**는 오브젝트 타입(중첩 테이블 타입, VARRAY 타입)에서 컬렉션을 구성하는 특별한 함수입니다. 함수의 반환 값에 의해 컬렉션이 초기화됩니다.

또한, 두 번째 서식과 같이 초기화와 동시에 값을 할당할 수도 있습니다.

## 요소 추가

요소를 추가할 때는 EXTEND 메소드를 사용합니다.

> **서식** **컬렉션에 한 개의 NULL 요소를 추가**
>
> 〈컬렉션명〉.EXTEND;

> **서식** **컬렉션에 n 개의 NULL 요소를 추가**
>
> 〈컬렉션명〉.EXTEND(n);

> **서식** **컬렉션에 i 번째 요소의 복사본을 n 개 추가**
>
> 〈컬렉션명〉.EXTEND(n,i);

리스트 22-01에서는 중첩 테이블의 타입 nested_type을 정의한 뒤(❶), 중첩 테이블 NEST1을 정의하고 있습니다(❷). 그 후, 실행부의 첫 번째 행에서 중첩 테이블 NEST1을 사용합니다(❸). 대입문의 오른쪽 편인 'nested_type('Part1','Part2')'에서는 내부적으로 nested_type 타입과 같은 이름의 함수(생성자)가 실행되고 있습니다. 이를 통해 중첩 테이블이 초기화되고 인덱스 번호 1에는 'Part1', 인덱스 번호 2에는 'Part2'의 값이 대입됩니다※.

※ 인덱스 번호는 1부터 순서대로 자동 할당됩니다.

**리스트 22-01** 중첩 테이블의 사용 예

```
SQL> DECLARE
  2    TYPE    nested_type IS TABLE OF VARCHAR2(10);          ──────❶
  3    nest1 nested_type;                                      ──────❷
  4  BEGIN
  5    nest1 := nested_type('Part1','Part2');                 ──────❸
  6    DBMS_OUTPUT.PUT_LINE(nest1(1));
  7    DBMS_OUTPUT.PUT_LINE(nest1(2));
```

```
  8  END;
  9  /
Part1
Part2

PL/SQL 처리가 정상적으로 완료되었습니다.
```

리스트 22-02에서도 위와 동일하게 중첩 테이블 NEST1를 정의합니다(❹). 정의문
의 오른쪽 편인 'nested_type()'에서는 내부적으로 nested_type 타입과 같은 이름
의 함수(생성자)가 실행되어, 중첩 테이블을 초기화하고 있습니다. 이번에는 초기화
할 때 대입 값을 지정하지 않기 때문에 초기화한 시점에서 중첩 테이블 NEST1의 요
소 수는 '0'입니다. 따라서 실행부에서는 EXTEND 메소드를 사용하여 두 개의 요소
를 추가합니다(❺). 마지막으로 추가한 두 개의 요소에 'Part1'과 'Part2' 값을 대입하
고 있습니다(❻).

**리스트 22-02** EXTEND 메소드의 사용 예

```
SQL> DECLARE
  2    TYPE     nested_type IS TABLE OF VARCHAR2(10);
  3    nest1 nested_type := nested_type(); ─────────────────❹
  4  BEGIN
  5    nest1.EXTEND(2); ───────────────────────────────────❺
  6    nest1(1) := 'Part1'; ┐
  7    nest1(2) := 'Part2'; ┘──────────────────────────────❻
  8    DBMS_OUTPUT.PUT_LINE(nest1(1));
  9    DBMS_OUTPUT.PUT_LINE(nest1(2));
 10  END;
 11  /
Part1
Part2

PL/SQL 처리가 정상적으로 완료되었습니다.
```

# ● VARRAY

VARRAY는 중첩 테이블과 마찬가지로 SQL문에서 사용할 수 있는 컬렉션입니다. 중첩 테이블과의 차이점은 **요소 수에 제한**이 있다는 점입니다. 요소 수에 제한이 있는 것만 빼면 사용 방법은 중첩 테이블과 동일합니다.

다른 컬렉션과 마찬가지로 VARRAY 타입도 **타입 정의**와 **VARRAY 정의**의 2단계가 필요합니다.

## ● VARRAY 타입 정의

### ● 타입 정의

VARRAY 타입에는 저장 가능한 **요소의 최대 개수**를 지정합니다. 또한, 인덱스의 데이터 타입(INDEX BY절)은 지정하지 않습니다. 인덱스 번호는 요소를 대입했을 때, 자동으로 할당됩니다(1~2,147,483,647의 정수). 또한, 데이터 타입에는 %TYPE과 %ROWTYPE 속성을 지정할 수 있습니다.

| 서식 VARRAY 타입 정의 |
| --- |
| TYPE 〈타입명〉 IS VARRAY (〈요소의 최대 수〉) OF 〈데이터 타입〉 [ NOT NULL ] ; |

### ● VARRAY 정의

앞에서 정의한 VARRAY 데이터 타입과 VARRAY 이름을 매핑합니다.

| 서식 VARRAY 정의 |
| --- |
| 〈VARRAY명〉 〈타입명〉; |

리스트 22-03에서는 요소의 최대 수를 '2'로 하는 타입 varray_type을 정의한 뒤(❶), VARRAY(varray1)를 정의하고 있습니다※(❷). 실행부의 첫 번째 줄에서 VARRAY (varray1)를 사용합니다. 해당 대입문의 오른편인 'varray_type('Part1', 'Part2')' 에서는 내부적으로 함수(생성자)가 실행됩니다. 이를 통해 VARRAY가 초기화되고, 인덱스 번호 1에는 'Part1', 인덱스 번호 2에는 'Part2'의 값이 대입됩니다※※(❸).

※ EXTEND 메소드를 사용해도 요소를 상한인 두 개보다 더 늘릴 수 없습니다.
※※ 인덱스 번호는 1부터 순서대로 자동 할당됩니다.

**리스트 22-03** VARRAY의 사용 예

```
SQL> DECLARE
  2    TYPE varray_type IS VARRAY(2) OF VARCHAR2(10); ─────────❶
  3    varray1 varray_type; ───────────────────────────❷
  4  BEGIN
  5    varray1 := varray_type('Part1','Part2'); ──────────❸
  6    DBMS_OUTPUT.PUT_LINE(varray1(1));
  7    DBMS_OUTPUT.PUT_LINE(varray1(2));
  8  END;
  9  /
Part1
Part2

PL/SQL 처리가 정상적으로 완료되었습니다.
```

## ● 오브젝트 타입

중첩 테이블의 데이터 타입이나 VARRAY 타입은 **데이터베이스 오브젝트**로써 작성하여 Oracle에 저장할 수 있습니다. 작성한 타입은 **오브젝트 타입**이라고 부르며, PL/SQL 블록에서 참조하거나 컬럼의 데이터 타입으로 사용할 수 있습니다.

## ● 타입 작성 방법

CREATE TYPE문을 사용하여 데이터 타입을 작성합니다.

---

**서식 중첩 테이블 타입 작성**

CREATE [ OR REPLACE ] TYPE 〈타입명〉 { IS | AS } TABLE OF 〈데이터 타입〉
[ NOT NULL ];

---

**서식 VARRAY 타입 작성**

CREATE [ OR REPLACE ] TYPE 〈타입명〉
  { IS | AS } VARRAY(〈요소의 최대 수〉) OF 〈데이터 타입〉 [ NOT NULL ];

---

리스트 22-04에서는 중첩 테이블의 오브젝트 타입 topping_type을 작성하고(❶),
ICE_CREAM 테이블의 TOPPING_TYPE 컬럼의 데이터 타입에 사용합니다(❷).

**리스트 22-04 중첩 테이블 타입의 작성 예**

```
SQL> CREATE TYPE topping_type IS TABLE OF VARCHAR2(10);  ──────────❶
  2  /

유형이 생성되었습니다.

SQL>
SQL> CREATE TABLE ice_cream
  2  (name VARCHAR2(10),topping topping_type)  ──────────❷
  3  NESTED TABLE topping STORE AS ice_cream_tab;

테이블이 생성되었습니다.
```

리스트 22-05에서는 리스트 22-04에서 작성한 ICE_CREAM 테이블에 1행의 데
이터를 삽입합니다(❸). 결과를 확인하면 TOPPING 컬럼에는 세 개의 값이 저장된
것을 알 수 있습니다(❹).

이와 같이 컬럼의 데이터 타입에 오브젝트 타입을 사용하면, 한 컬럼에 여러 개의 값을 함께 저장할 수 있습니다. 또한, 일반 SQL문의 데이터 타입으로 선언된 컬럼처럼 값을 업데이트하거나 삭제하는 것도 가능합니다(❺, ❻).

**리스트 22-05** 중첩 테이블 타입의 사용 예

```
SQL> INSERT INTO ice_cream VALUES('VANILLA',
  2      topping_type('JAM','COOKIE','CREAM')); ──────────────────❸

1 개의 행이 만들어졌습니다.

SQL>
SQL> SELECT * FROM ice_cream;

NAME      TOPPING
--------- ----------------------------------------
VANILLA   TOPPING_TYPE('JAM', 'COOKIE', 'CREAM') ───────────────❹

SQL>
SQL> UPDATE ice_cream
  2  SET topping= topping_type
  3   ('CHOCOLATE','JAM','COOKIE','CREAM')
  4    WHERE name = 'VANILLA'; ─────────────────────────────────❺

1 행이 업데이트되었습니다.

SQL>
SQL> SELECT * FROM ice_cream;

NAME                 TOPPING
-------------------- -------------------------------------------------
VANILLA              TOPPING_TYPE('CHOCOLATE', 'JAM', 'COOKIE', 'CREAM')

SQL>
SQL> DELETE FROM TABLE
  2   (SELECT topping FROM ice_cream WHERE name = 'VANILLA'); ───────❻

4 행이 삭제되었습니다.
```

```
SQL>
SQL> SELECT * FROM ice_cream;

NAME       TOPPING
---------- ------------------
VANILLA    TOPPING_TYPE()
```

## ● 작성한 컬렉션 정보

작성한 컬렉션은 USER_TYPES 뷰에서 정보를 확인할 수 있습니다.

**리스트 22-06** 작성한 컬렉션 정보

```
SQL> SELECT type_name,typecode FROM user_types;

TYPE_NAME            TYPECODE
------------------- --------------
TOPPING_TYPE        COLLECTION
```

---

### USER_TYPES 뷰

사용자가 소유한 오브젝트 타입을 표시합니다.

**표 22-02** USER_TYPES 뷰의 주요 컬럼

| 컬럼명 | 개요 |
|---|---|
| TYPE_NAME | 타입명 |
| TYPECODE | 타입 코드(COLLECTION, OBJECT 등) |

---

# ● 테이블 함수

반환 값으로 중첩 테이블의 데이터 타입이나 VARRAY 타입을 지정한 함수를 **테이블 함수(Table function)**이라고 합니다. 반환 값의 데이터 타입에 연관 배열의 TABLE 타입을 지정한 함수(223쪽 참조)와는 달리, 테이블 함수는 SQL문에서 사용이 가능하기 때문에 함수와 SQL문 사이에서 컬렉션을 전달하는 용도로 쓸 수 있습니다. 또한, 반환 값을 **가상 테이블**로 간주하여 조회하는 것도 가능합니다.

테이블 함수의 작성 포인트는 VARRAY 또는 중첩 테이블의 타입을 함수의 RETURN 절에 지정하고 RETURN문의 반환 값에 컬렉션을 지정하는 것입니다. 그 외에는 통상의 함수 작성과 동일합니다.

## ● 테이블 함수의 작성과 검색

다음 페이지의 리스트 22-07에서는 테이블 함수를 작성한 뒤, 테이블 함수의 반환 값을 마치 테이블처럼 조회하고 있습니다.

먼저 테이블 함수의 정의에 필요한 **중첩 테이블 타입** nested_type을 작성합니다(❶). 해당 nested_type 타입을 사용하여 테이블 함수 tab_fun을 작성합니다. RETURN절에 nested_type 타입을 지정하고(❷) RETURN문에 중첩 테이블 NEST를 지정합니다(❸). 마지막으로, 테이블 함수 tab_fun의 반환 값을 마치 테이블처럼 조회하는 것을(❹) 확인할 수 있습니다※.

**리스트 22-07** 테이블 함수의 사용 예

```
SQL> CREATE OR REPLACE TYPE nested_type IS TABLE OF VARCHAR2(10); ———❶
  2 /

유형이 생성되었습니다.

SQL>
SQL> CREATE OR REPLACE FUNCTION tab_fun
```

```
 2   RETURN nested_type ──────────────────────────────────── ❷
 3   IS
 4     nest nested_type := nested_type();
 5   BEGIN
 6     FOR i IN 1..3 LOOP
 7       nest.extend;
 8       nest(i) := 'Part'||i;
 9     END LOOP;
10   RETURN nest; ──────────────────────────────────────── ❸
11   END;
12   /
```

함수가 생성되었습니다.

```
SQL>
SQL> SELECT * FROM table(tab_fun); ──────────────────── ❹

COLUMN_VAL
----------
Part1
Part2
Part3
```

※ 함수의 반환 값을 테이블로 취급하는 TABLE 함수를 사용합니다. TABLE절 뒤의 '()' 안에 함수 이름을 지정합니다.

## ● 파이프라인 테이블 함수

테이블 함수의 확장판인 **파이프라인 테이블 함수**(Pipelined table function)를 사용할 수 있습니다. 파이프라인 테이블 함수의 가장 큰 장점은 컬렉션의 행 데이터가 생성된 시점부터 **데이터를 순차적으로 반환**할 수 있다는 점입니다. 테이블 함수의 경우 함수의 처리가 종료된 시점에 컬렉션이 반환되므로, 반환 데이터 값이 큰 경우에는 한 번에 대량의 메모리를 소비하게 됩니다.

반면, 파이프라인 테이블 함수에서는 행을 처리할 때마다 데이터를 순차적으로 반환하기 때문에 메모리 사용량을 감소시킬 수 있습니다. 이로 인해 테이블 함수보다 파이프라인 테이블 함수를 사용하는 쪽이 보다 효율적이라 할 수 있습니다.

파이프라인 테이블 함수의 작성 포인트는 다음의 두 가지입니다.

- RETURN절의 마지막에 **PIPELINED 키워드**를 지정※
- 반환 값을 RETURN문이 아닌, **PIPE ROW문**으로 지정※※

※ PIPE ROW문은 파이프라인 테이블 함수에서만 지정할 수 있으며, 행 데이터가 생성된 시점에 값을 수시로 반환합니다.
※※ RETURN문에는 반환 값을 지정할 필요가 없습니다.

리스트 22-08에서는 리스트 22-07의 함수 tab_fun을 파이프라인화한 프로그램을 작성합니다. RETURN절 마지막에 PIPELINED 키워드를 지정하여 파이프라인 테이블 함수를 작성합니다(❶). 또한, 반환 값을 PIPE ROW문으로 지정하여※ 컬렉션의 행이 생성될 때마다 데이터를 수시로 반환합니다(❷).

※ PIPE ROW문 뒤의 '()' 안에 컬렉션명을 지정합니다.

**리스트 22-08** 파이프라인 테이블 함수의 사용 예

```
SQL> CREATE OR REPLACE FUNCTION tab_fun
  2  RETURN nested_type PIPELINED ──────────────────────────────❶
  3  IS
  4    nest nested_type := nested_type();
  5  BEGIN
  6    FOR i IN 1..3 LOOP
  7      nest.extend;
  8      nest(i) := 'Part'||i;
  9      PIPE ROW(nest(i)); ──────────────────────────────────❷
 10    END LOOP;
 11  RETURN;
 12  END;
 13  /

함수가 생성되었습니다.

SQL>
```

```
SQL> SELECT * FROM table(tab_fun);

COLUMN_VAL
----------
Part1
Part2
Part3
```

# WRAP 유틸리티

WRAP 유틸리티를 사용하면 소스 코드를 **은폐화**(WRAP)할 수 있습니다※. 소스 코드를 숨긴 상태로 배포할 수 있으므로 보안성이 향상됩니다.

※ Oracle에는 테이블 데이터의 암호화를 위한 DBMS_OBFUSCATION_TOOLKIT 패키지와 DBMS_CRYPTO 패키지가 준비되어 있습니다. 이 패키지를 사용하면 DES(Data Encryption Standard) 알고리즘을 사용하여 저 장된 데이터를 암호화하거나 복호화할 수 있습니다. 자세한 내용은 'PL/SQL Packages and Types Refer ence' 매뉴얼을 참조하십시오.

## ● WRAP 유틸리티 개요

커맨드 라인에서 기동하는 WRAP 유틸리티를 사용하면 소스 코드를 포함한 파일이 은폐화된 파일로서 새롭게 작성됩니다. 또한, 은폐화된 파일을 사용하여 만든 오브 젝트는 데이터 딕셔너리 뷰 USER_SOURCE나 ALL_SOURCE, DBA_SOURCE에서 참조할 수 없습니다.

| 서 식   WRAP 유틸리티 |
| :--- |
| WRAP INAME=〈파일명〉 [ONAME=〈출력 파일명〉] |

**표 23-01** WRAP 유틸리티의 파라미터

| 파라미터 | 개요 |
| :--- | :--- |
| INAME | 소스 코드가 작성되어있는 파일을 지정※ |
| ONAME | 작성할 파일명을 지정(생략하면 .plb 형식으로 INAME에 지정된 파일과 동일 한 이름으로 작성됨) |

※ INAME과 ONAME 모두 등호(=) 앞뒤에 공백을 사용할 수 없습니다.

## ⬤ WRAP 유틸리티 사용 시의 주의 사항

WRAP 유틸리티를 사용하는 경우에는 다음 사항에 주의하십시오.

- 패키지를 은폐하는 경우에는 통상적으로 사양부는 빼고 본체만 은폐하는 걸 권장※
- 은폐한 원본 소스 코드를 재작성하면 은폐 이전 상태로 돌아감
- 이름 없는 PL/SQL 블록 및 트리거용 소스 코드는 은폐화할 수 없음

※ 본체만 은폐 처리하게 되면 패키지에 포함된 각 오브젝트의 정보는 자유롭게 확인할 수 있으며, 본체 내용만 은폐할 수 있습니다.


# ⬤ WRAP 유틸리티 사용 예

WRAP 유틸리티를 사용하여 리스트 23-01의 소스 코드를 은폐화하는 방법을 설명합니다.

**리스트 23-01** 프로시저 wraptest의 소스 코드(wraptest.sql)

```
SQL> CREATE OR REPLACE PROCEDURE wraptest
  2 IS
  3   val NUMBER;
  4 BEGIN
  5   val := 100;
  6   DBMS_OUTPUT.PUT_LINE(val);
  7 END;
  8 /
```

다음 페이지의 리스트 23-02에서는 윈도우즈 명령 프롬프트를 열어서 WRAP 유틸리티를 실행합니다(❶). 실행 후에는 'wraptest.sql to wraptest.plb'라 출력되고 있습니다(❷). 이것은 wraptest.sql 파일을 소스로 하여 wraptest.plb 파일이 새로 생성된 것을 나타냅니다. 여기에서 생성된 wraptest.plb 파일이 은폐화된 파일입니다. 따라서 소스 코드를 배포하는 경우에는 이 wraptest.plb 파일을 배포합니다※.

※ WRAP 유틸리티 실행 후에도 INAME 파라미터에 지정된 파일은 그대로 남아 있습니다.

```
C:\work>wrap iname=wraptest.sql ────────────────────────────────────①

PL/SQL Wrapper: Release 12.1.0.2.0- 64bit Production on 화 6월  16 21:28:50 2015

Copyright (c) 1993, 2009, Oracle.  All rights reserved.

Processing wraptest.sql to wraptest.plb ─────────────────────②
```

리스트 23-03에서는 WRAP 유틸리티에 의해 생성된 wraptest.plb 파일의 내용을
확인하고 있습니다. 이 wraptest.plb 파일을 실행하여 생성된 프로시저 wraptest
는 소스 코드가 완전히 은폐화되어 있습니다. 따라서 **USER_SOURCE 뷰**에서 소스 코드
를 확인해도 파일 내용과 마찬가지로 은폐된 정보만 확인됩니다※.

※ Oracle 10g R10.2부터는 DBMS_DDL 패키지 CREATE_WRAPPED 프로시저를 사용하여 패키지 및
Stored 서브 프로그램 작성 시에 소스 코드를 은폐화할 수 있습니다.

**리스트 23-03** 은폐화한 파일의 내용

```
create or replace procedure wraptest wrapped
a000000
340
abcd
.
.
(생략)
.
.
abcd
7
6c 96
M+Ks1rIXhSdiP80/aLac4Og0xRMwg5nnm7+f
Mr2ywFwWlvJWFqFi0e6bdIsJqax8gCxEnWkP
SbHK9tFJ6r+uJI6I1bpEhB0d9lN1bbcguDSq
EVpnEeMcL8b4MJK+J6aUJ6PHvpK+VIKmpmtg
iLc=
```

# 11 유틸리티 패키지

## ● DBMS_SQL 패키지

DBMS_SQL 패키지를 사용하면 **동적** SQL과 **데이터 정의문(DDL문)**을 사용하는 Stored 프로시저와 이름 없는 PL/ SQL 블록을 작성할 수 있습니다.

**표 24-01** DBMS_SQL 패키지의 프로시저와 함수 목록

| 패키지명 | 설명 |
|---|---|
| BIND_ARRAY 프로시저 | 지정한 값을 지정 컬렉션에 바인드함 |
| BIND_VARIABLE 프로시저 | 지정된 값을 지정 변수에 바인드함 |
| CLOSE_CURSOR 프로시저 | 지정한 커서를 닫음(Close) |
| COLUMN_VALUE 프로시저 | 커서 내 지정 위치의 값을 반환 |
| COLUMN_VALUE_LONG 프로시저 | DEFINE_COLUMN_LONG에 정의된 LONG 컬럼의 선택된 부분을 반환 |
| DEFINE_ARRAY 프로시저 | 지정한 커서에서 선택한 컬렉션을 정의한다(SELECT문만) |
| DEFINE_COLUMN 프로시저 | 지정한 커서에서 선택한 컬럼을 정의한다(SELECT문만) |
| DEFINE_COLUMN_LONG 프로시저 | 지정한 커서에서 선택한 CHAR 컬럼을 정의함(SELECT문만) |
| DEFINE_COLUMN_RAW 프로시저 | 지정한 커서에서 선택한 RAW 컬럼을 정의함(SELECT문만) |
| DEFINE_COLUMN_ROWID 프로시저 | 지정한 커서에서 선택한 ROWID 컬럼을 정의함(SELECT문만) |
| DESCRIBE_COLUMNS3 프로시저 | 지정한 컬럼의 정보를 표시함. DESCRIBE_COLUMNS 프로시저의 대체 옵션 |

**표 24-01** DBMS_SQL 패키지의 프로시저와 함수 목록(계속)

| 패키지명 | 설명 |
|---|---|
| DESCRIBE_COLUMNS 프로시저 | DBMS_SQL에 의해 OPEN/분석된 커서의 컬럼 정보를 표시 |
| DESCRIBE_COLUMNS2 프로시저 | 지정한 컬럼의 정보를 표시함. DESCRIBE_COLUMNS 프로시저의 대체 옵션 |
| EXECUTE 함수 | 지정한 커서를 실행 |
| EXECUTE_AND_FETCH 함수 | 지정한 커서를 실행하여 행을 패치함 |
| FETCH_ROWS 함수 | 지정한 커서에서 행을 패치함 |
| GET_NEXT_RESULT 프로시저 | RETURN_RESULT 프로시저에 의해 반환된 후의 결과를 취득(Oracle 12c에서 추가) |
| IS_OPEN 함수 | 지정한 커서가 OPEN 상태면 TRUE를 반환 |
| LAST_ERROR_POSITION 함수 | 오류가 발생한 SQL문 텍스트 내의 Byte offset(위치)를 반환 |
| LAST_ROW_COUNT 함수 | 패치된 누적 행 수를 반환 |
| LAST_ROW_ID 함수 | 마지막으로 처리한 행의 ROWID를 반환 |
| LAST_SQL_FUNCTION_CODE 함수 | 구문의 SQL 함수 코드를 반환 |
| OPEN_CURSOR 함수 | 커서를 OPEN한 뒤, 커서 ID를 반환 |
| PARSE 프로시저 | 지정한 문장을 분석(Parse) |
| RETURN_RESULT 프로시저 | 조회 결과를 클라이언트 프로그램 또는 서브 프로그램을 호출한 쪽에 반환(Oracle 12c에서 추가) |
| TO_CURSOR_NUMBER 함수 | OPEN한 커서 변수를 DBMS_SQL 커서 번호로 변환 |
| TO_REFCURSOR 함수 | OPEN, FETCH, 실행이 수행된 커서를 커서 변수로 변환 |
| VARIABLE_VALUE 프로시저 | 지정한 커서에 대해 지정 변수의 값을 반환 |

DBMS_SQL 패키지※에 포함된 프로시저와 함수의 일련의 처리 흐름은 다음과 같습니다.

※ DBMS_SQL 패키지는 SQL의 내부적인 처리 단계를 하나 하나 지정하고 실행하는 패키지입니다.

SQL의 처리 단계

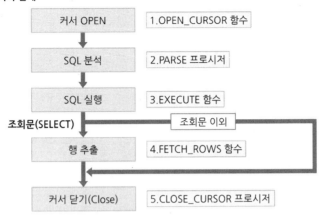

**그림 24-01** DBMS_SQL 패키지의 처리 흐름

## ● DBMS_SQL 패키지 사용 방법

리스트 24-01은 DBMS_SQL 패키지를 사용하여 DEPT 테이블을 조회하는 경우의 WHERE절 조건을 동적으로 변경하는 프로그램입니다. 이것은 리스트 12-04(255~256쪽 참조)와 동일한 처리를 DBMS_SQL 패키지를 사용하여 수행한 것입니다. WHERE절의 조건을 파라미터로 전달하여 SQL문 텍스트를 구성, 분석, 실행, 검색하여 행을 추출합니다.

먼저 OPEN_CURSOR 함수으로 커서를 OPEN합니다. 반환 값인 커서 ID는 나중에 사용할 것이므로 변수 cid에 저장합니다(❶). 그 다음 PARSE 프로시저로 SQL을 분석합니다(❷).

그 다음 DEFINE_COLUMN 프로시저로 추출할 컬럼을 정의하고(❸), EXECUTE 함수으로 지정한 커서 ID의 SQL문을 실행합니다(❹). 반환 값은 처리 행 수입니다. 드디어 FETCH_ROWS 함수와 WHILE 루프를 사용하여 모든 행을 추출합니다(❺). COLUMN_VALUE 프로시저를 사용하여 추출한 컬럼 값을 변수에 대입합니다(❻).

마지막으로, CLOSE_CURSOR 프로시저로 지정한 커서 ID의 커서를 닫습니다(❼).

```
SQL> CREATE OR REPLACE PROCEDURE sql_select_dept
  2                         (where_clause VARCHAR2)
  3  IS
  4    cid  INTEGER;
  5    row  INTEGER;
  6    name VARCHAR2(10);
  7  BEGIN
  8    cid:=DBMS_SQL.OPEN_CURSOR; ─────────────────────────────❶
  9    DBMS_SQL.PARSE(cid,'SELECT dname FROM dept WHERE '
 10                      || where_clause,DBMS_SQL.NATIVE); ─────❷
 11    DBMS_SQL.DEFINE_COLUMN(cid,1,name,10); ─────────────────❸
 12    row:=DBMS_SQL.EXECUTE(cid); ────────────────────────────❹
 13    WHILE DBMS_SQL.FETCH_ROWS(cid) > 0 LOOP ────────────────❺
 14      DBMS_SQL.COLUMN_VALUE(cid,1,name); ──────────────────❻
 15      DBMS_OUTPUT.PUT_LINE(name);
 16    END LOOP;
 17    DBMS_SQL.CLOSE_CURSOR(cid); ────────────────────────────❼
 18  END;
 19  /
```

프로시저가 생성되었습니다.

```
SQL>
SQL> EXECUTE sql_select_dept('deptno = 10')
ACCOUNTING
```

PL/SQL 처리가 정상적으로 완료되었습니다.

## ● 파라미터의 설정 값

DBMS_SQL 패키지의 각 프로시저와 함수의 파라미터는 다음과 같이 지정합니다.

**표 24-02** PARSE 프로시저의 파라미터

| 파라미터 | 예제 안의 내용 | 개요 |
|---|---|---|
| c | cid | OPEN_CURSOR 함수으로 반환된 커서 ID |
| statement | SELECT dname… | 분석할 SQL. 이번에는 파라미터를 사용하여 동적 SQL을 생성 |
| language_flag※ | DBMS_SQL.NATIVE | 분석할 Oracle 버전. NATIVE는 접속 데이터베이스의 버전으로 설정 |

※ 초기화 파라미터 language_flag는 Oracle 12c에서는 하위 호환성을 위해서만 제공되고 있습니다.

**표 24-03** DEFINE_COLUMN 프로시저의 파라미터

| 파라미터 | 예제 안의 내용 | 개요 |
|---|---|---|
| c | cid | OPEN_CURSOR 함수으로 반환된 커서 ID |
| position | 1 | 컬럼 순서 |
| column | name | 정의된 컬럼의 값을 대입할 변수 |
| column_size | 10 | 컬럼 최대 사이즈(Bytes) |

**표 24-04** COLUMN_VALUE 프로시저의 파라미터

| 파라미터 | 예제 안의 내용 | 개요 |
|---|---|---|
| c | cid | OPEN_CURSOR 함수으로 반환된 커서 ID |
| position | 1 | 컬럼 순서 |
| value | name | 정의된 컬럼의 값을 대입할 변수 |

## ● DBMS_ALERT 패키지

DBMS_ALERT 패키지를 사용하면 데이터베이스 이벤트(경고(Alert))의 알림을 프로그램 간에 **비동기적**으로 송수신하는 것이 가능합니다※. 이 패키지와 데이터베이스 트리거, 프로시저를 함께 사용하면 대상 액션에 대한 이벤트 알림을 받을 수 있습니다. 경고(Alert)는 트랜잭션 단위로 처리됩니다. 따라서 경고 수신을 대기 중인 세션은 송신자의 트랜잭션이 확정(COMMIT문)될 때까지 받을 수 없습니다.

예를 들어, 그림 24-02에서 사용자A는 사용자B의 처리가 확정된 것을 확인한 뒤 처리를 시작합니다. 따라서 경고를 사용하여 사용자B의 처리가 확정될 때까지 대기합니다(❶). 사용자A는 경고를 대기하고 있기 때문에 처리를 수행할 수 없습니다(❷). 그런 다음 사용자B가 처리를 확정함에 따라 경고가 수신 측 사용자A에게 전송되고, 사용자A는 처리를 시작합니다(❸).

※ DBMS_ALERT 패키지를 사용하려면 SYS 사용자로부터 EXECUTE 권한이 부여되어 있어야 합니다.

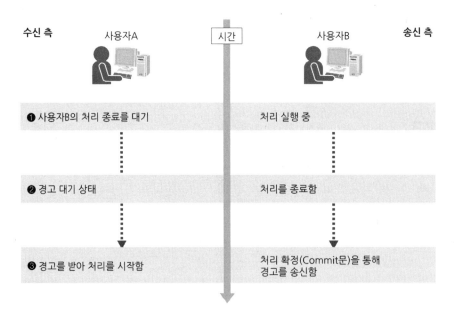

**그림 24-02** DBMS_ALERT 패키지의 처리 흐름

특정 경고는 동시 실행되는 송신과 대기가 여러 개 있더라도 문제없습니다. 대기 중인 응용 프로그램은 처리 작업이 중단되기 때문에 다른 작업을 수행할 수 없습니다.

**표 24-05** DBMS_ALERT 패키지의 프로시저와 함수 목록

| 패키지명 | 설명 |
|---|---|
| REGISTER 프로시저 | 경고 메시지를 수신 |
| REMOVE 프로시저 | 경고 알림을 무효화 |
| REMOVEALL 프로시저 | 이 세션에 대한 경고를 등록 리스트에서 모두 삭제 |
| SET_DEFAULTS 프로시저 | 폴링(polling) 간격을 설정 |
| SIGNAL 프로시저※ | 경고 알림(등록 세션에 메시지를 송신) |
| WAITANY 프로시저※※ | 세션에 등록된 경고의 메시지 수신을 timeout초만큼 대기 |
| WAITONE 프로시저 | 이름을 설정한 경고의 메시지 수신을 timeout초만큼 대기 |

※ 경고로 송신할 수 있는 메시지의 최대 바이트 수는 1,800Bytes입니다.
※※ WAITANY와 WAITONE 프로시저에서 지정하는 대기 시간의 최대 값은 86,400,000초(1,000일)입니다.

그림 24-03은 DBMS_ALERT 패키지의 처리 흐름을 표시합니다. 먼저 수신 측인 사용자A는 Oracle에 수신 경고(Alert)를 등록합니다(❶). 그리고 등록된 경고를 대기합니다(❷). 경고 대기 중에는 다른 작업을 수행할 수 없습니다(❸). 송신 측인 사용자B는 경고 알림을 보내야 하지만(❹), 처리가 확정(COMMIT문)되어야만 수신 측에 경고를 보낼 수 있습니다(❺). 수신 측은 전송된 경고를 받습니다(❻).

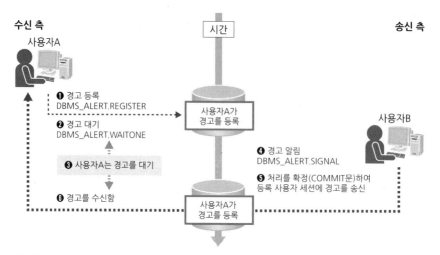

**수신 측**

사용자A

① 경고 등록
DBMS_ALERT.REGISTER

② 경고 대기
DBMS_ALERT.WAITONE

③ 사용자A는 경고를 대기

⑥ 경고를 수신함

**시간**

사용자A가
경고를 등록

사용자A가
경고를 등록

**송신 측**

사용자B

④ 경고 알림
DBMS_ALERT.SIGNAL

⑤ 처리를 확정(COMMIT문)하여
등록 사용자 세션에 경고를 송신

**그림 24-03** DBMS_ALERT 패키지의 처리 흐름

## 🔵 DBMS_ALERT 패키지 사용 방법

DBMS_ALERT 패키지를 사용하려면 송신 측 프로그램과 수신 측 프로그램을 작성할 필요가 있습니다. 각각의 상세한 작성 방법을 설명합니다.

### ● 송신 측 프로그램 작성

리스트 24-02에서 작성하는 트리거는 DEPT 테이블의 행을 삭제할 때 기동되어 경고를 발생시킵니다. SIGNAL 프로시저를 사용하여 송신 경고명 'ALERT_TEST'와 송신 메시지 'DEPT 테이블의 데이터를 삭제했습니다.'를 송신합니다(①).

**리스트 24-02** 송신 측 프로그램 작성 예

```
SQL> CREATE OR REPLACE TRIGGER alert_sent
  2  AFTER DELETE ON dept
  3  BEGIN
  4    DBMS_ALERT.SIGNAL('ALERT_TEST',
  5                      'DEPT 테이블의 데이터를 삭제했습니다.');  ─────────①
  6  END;
  7  /

트리거가 생성되었습니다.
```

## ● 수신 측 프로그램 작성

다음 페이지의 리스트 24-03에서 작성하는 프로시저는 송신된 경고를 받아서 메시지를 출력합니다.

먼저 REGISTER 프로시저를 사용하여 수신한 경고명 ALERT_TEST를 등록합니다(❶). 그리고 WAITONE 프로시저를 사용하여 등록한 경고를 대기합니다(❷).

경고 상태를 받은 변수의 status가 '1'인 경우, 타임아웃으로 인해 프로시저가 종료됩니다(❸).

마지막으로 REMOVE 프로시저를 사용하여 등록된 경고를 삭제합니다(❹).

**리스트 24-03** 수신 측 프로그램의 작성 예

```
SQL> CREATE OR REPLACE PROCEDURE alert_wait
  2  IS
  3    status INTEGER;
  4    mes       VARCHAR2(2000);
  5  BEGIN
  6    DBMS_ALERT.REGISTER('ALERT_TEST'); ───────────────❶
  7    DBMS_ALERT.WAITONE('ALERT_TEST',mes,status,30); ───❷
  8    IF status = 1 THEN RETURN; ───────────────────────❸
  9    END IF;
 10    DBMS_OUTPUT.PUT_LINE(mes);
 11    DBMS_ALERT.REMOVE('ALERT_TEST'); ─────────────────❹
 12  END;
 13  /

프로시저가 생성되었습니다.
```

● 파라미터의 설정 값

DBMS_ALERT 패키지 WAITONE 프로시저의 파라미터는 다음과 같이 지정합니다.

**표 24-06** WAITONE 프로시저의 파라미터

| 파라미터 | 예제 안의 내용 | 개요 |
|---------|--------------|------|
| name | ALERT_TEST | 대기하는 경고명 |
| message | mes | 수신한 메시지를 받는 변수 |
| status | status | 경고 상태를 받는 변수(0: 경고 발생, 1: 타임아웃 발생) |
| timeout | 30 | 경고 최대 대기 시간(초) |

## DBMS_ALERT 패키지의 실행 방법

그림 24-04에서는 리스트 24-02와 리스트 24-03에서 만든 프로그램을 실행하여 경고의 송·수신을 수행하고 있습니다. 경고의 송신 측과 수신 측의 작업이 필요하기 때문에 두 개의 SQL*Plus를 기동하여 실행합니다*.

※ 번호 순서에 따라 프로그램을 실행하십시오.

우선, 경고 수신 측에서 프로시저 alert_wait를 실행합니다. 여기서는 대기 시간을 30초로 설정했기 때문에 그 시간 동안 경고를 대기합니다(❶).

다음으로 경고 송신 측은 트리거를 사용하여 경고를 보냅니다. DEPT 테이블의 행을 삭제하고, 해당 트랜잭션을 확정(COMMIT문)하면 경고가 송신됩니다(❷).

경고 수신 측에서 대상 경고를 받아서 메시지를 출력합니다(❸).

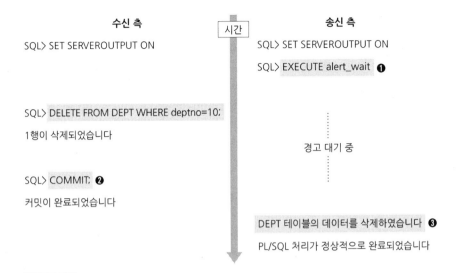

수신 측       시간       송신 측

SQL> SET SERVEROUTPUT ON       SQL> SET SERVEROUTPUT ON

SQL> EXECUTE alert_wait ❶

SQL> DELETE FROM DEPT WHERE deptno=10;

1행이 삭제되었습니다

경고 대기 중

SQL> COMMIT; ❷

커밋이 완료되었습니다

DEPT 테이블의 데이터를 삭제하였습니다 ❸

PL/SQL 처리가 정상적으로 완료되었습니다

**그림 24-04** DBMS_ALERT 패키지의 실행 예

## ● DBMS_PIPE 패키지

DBMS_PIPE 패키지를 사용하면 동일한 인스턴스에 접속한 세션 간에 서로 통신할 수 있습니다※. DBMS_ALERT 패키지(368쪽 참조)는 처리 확정(COMMIT문) 타이밍에 통신을 수행했지만, DBMS_PIPE 패키지는 트랜잭션에 의존하지 않고 동작합니다. 또한, 송신과 수신은 일대일 관계입니다.

※ DBMS_PIPE 패키지를 사용하려면 SYS 사용자로부터 EXECUTE 권한이 부여되어 있어야 합니다.

예를 들어, 다음 페이지의 그림 24-05에서 사용자A는 사용자B의 처리가 실행된 타이밍에 정보를 얻고 싶어 합니다. 따라서 트랜잭션에 의존하지 않는 파이프를 사용합니다.

사용자A는 사용자B로부터의 파이프에 대한 정보 전송을 대기합니다(❶). 사용자B는 처리를 실행한 타이밍에 파이프로 정보를 송신합니다(❷). 사용자A는 메모리상의 파이프에서 정보를 수신합니다(❸). DBMS_PIPE 패키지에 의해 전송된 메시지는

Oracle의 **공유 메모리 내의 파이프**에 저장됩니다. 따라서 메시지를 수신하거나 인스턴스를 종료(Shutdown)하면 파이프 내의 모든 정보가 손실됩니다.

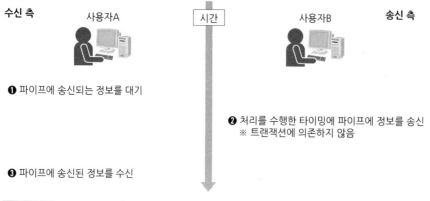

수신 측　　　사용자A　　　　시간　　　　사용자B　　　송신 측

❶ 파이프에 송신되는 정보를 대기

❷ 처리를 수행한 타이밍에 파이프에 정보를 송신
　※ 트랜잭션에 의존하지 않음

❸ 파이프에 송신된 정보를 수신

**그림 24-05** DBMS_PIPE 패키지의 실행 예

**표 24-07** DBMS_PIPE 패키지의 프로시저와 함수 목록

| 패키지명 | 설명 |
| --- | --- |
| CREATE_PIPE 함수 | 파이프를 생성 |
| NEXT_ITEM_TYPE 함수 | 버퍼에 있는 다음 항목의 데이터 타입을 반환 |
| PACK_MESSAGE 프로시저 | 로컬 버퍼에 메시지를 작성 |
| PURGE 프로시저 | 지정한 파이프의 내용을 삭제 |
| RECEIVE_MESSAGE 함수 | 지정한 파이프에서 로컬 버퍼로 메시지를 복사 |
| REMOVE_PIPE 함수 | 지정한 파이프를 제거 |
| RESET_BUFFER 프로시저 | 로컬 버퍼의 내용을 삭제 |
| SEND_MESSAGE 함수※ | 메시지를 지정된 파이프에 송신. 지정한 파이프가 존재하지 않는 경우에는 암묵적으로 생성 |
| UNIQUE_SESSION_NAME 함수 | 고유 세션 이름을 반환 |
| UNPACK_MESSAGE 프로시저 | 버퍼에 있는 다음 항목에 액세스 |

※ 파이프에 송신 가능한 메시지의 최대 사이즈는 8,192Bytes입니다.

그림 24-06은 DBMS_PIPE 패키지를 사용했을 때의 흐름을 보여줍니다. 송신 측인 사용자B는 로컬 버퍼에 메시지를 저장합니다(❶). 그리고 메시지를 메모리상의 파이프에 전송합니다(❷).

수신 측의 사용자A는 파이프로 전송된 사용자B의 메시지를 수신하고, 로컬 버퍼에 저장합니다(❸). 그 후 메시지를 사용하기 위해 프로그램 내의 변수에 대입을 수행하고 있습니다(❹).

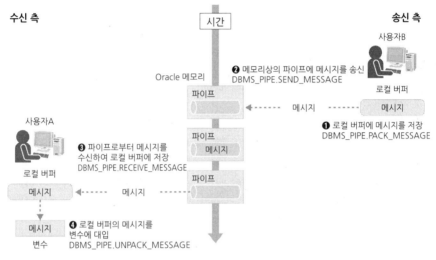

**그림 24-06** DBMS_PIPE 패키지의 처리 흐름

## ◼ DBMS_PIPE 패키지 사용 방법

DBMS_PIPE 패키지를 사용하려면, 송신 측 프로그램과 수신 측 프로그램을 작성해야 합니다. 각각의 상세한 작성 방법을 설명합니다.

### ● 송신 측 프로그램 작성

다음 페이지의 리스트 24-04로 작성할 트리거 pipe_sent는 DEPT 테이블의 행을 삭제한 때 기동되어 메시지 통지를 수행합니다.

먼저 RESET_BUFFER **프로시저**를 사용하여 로컬 버퍼 내의 정보를 삭제합니다(❶). 다음으로 PACK_MESSAGE **프로시저**를 사용하여 로컬 버퍼 내에 메시지를 저장합니다. 여기서는 'DEPT 테이블의 데이터가 삭제되었습니다.'라는 메시지를 저장하고 있습니다(❷).

마지막으로, SEND_MESSAGE **함수**를 사용하여 로컬 버퍼에 저장되어 있는 메시지를 공유해 메모리상의 파이프에 송신합니다. 여기서는 파이프 mod_pipe에 ❷에서 로컬 버퍼에 저장된 메시지를 보내고 있습니다(❸). 또한, 이번에는 파이프 mod_pipe를 따로 작성하지 않았기 때문에 SEND_MESSAGE **함수**에 의해 암묵적으로 작성됩니다.

**리스트 24-04** 송신 측 프로그램의 작성 예

```
SQL> CREATE OR REPLACE TRIGGER pipe_sent
  2  AFTER DELETE ON dept
  3  DECLARE
  4    stat INTEGER;
  5  BEGIN
  6    DBMS_PIPE.RESET_BUFFER; ─────────────────────────❶
  7    DBMS_PIPE.PACK_MESSAGE('DEPT 테이블의 데이터를 삭제했습니다.'); ─❷
  8    stat:=DBMS_PIPE.SEND_MESSAGE('mod_pipe',30); ─────────❸
  9  END;
 10  /

트리거가 생성되었습니다.
```

● **수신 측 프로그램의 작성**

다음 페이지의 리스트 24-05에서 작성하고 있는 프로시저 pipe_receive는 통지된 메시지를 받아서 해당 메시지를 출력합니다. 메시지를 받은 후 오류를 발생시키는 것으로 프로그램을 종료시킵니다.

우선, RECEIVE_MESSAGE **함수**에서 공유 메모리상의 파이프로부터 메시지를 수신하여 로컬 버퍼에 저장합니다(❶).

그런 다음 UNPACK_MESSAGE **프로시저**로 로컬 버퍼에 저장된 메시지를 꺼내서 변수에 저장합니다(❷). 변수에 저장된 메시지를 출력하고(❸), 타임아웃 시간을 1초로 변경하여 다음 메시지를 1초 동안 대기합니다(❹).

마지막으로 타임아웃 오류를 발생시키고 프로그램을 종료합니다(❺).

**리스트 24-05** 수신 측 프로그램의 작성 예

```
SQL> CREATE OR REPLACE PROCEDURE pipe_receive
  2  IS
  3    msg VARCHAR2(4000);
  4    stat INTEGER:=0;
  5    tim number := 900;
  6    pipe_end EXCEPTION;
  7    PRAGMA EXCEPTION_INIT(pipe_end,-06556);
  8  BEGIN
  9    LOOP
 10      stat:=DBMS_PIPE.RECEIVE_MESSAGE('mod_pipe',tim);  ──────❶
 11      DBMS_PIPE.UNPACK_MESSAGE(msg);  ─────────────────────────❷
 12      DBMS_OUTPUT.PUT_LINE(msg);  ─────────────────────────────❸
 13      tim := 1;  ──────────────────────────────────────────────❹
 14    END LOOP;
 15  EXCEPTION
 16    WHEN pipe_end THEN NULL;  ────────────────────────────────❺
 17  END;
 18  /
```

프로시저가 생성되었습니다.

● **파라미터의 설정 값**

DBMS_PIPE 패키지 RECEIVE_MESSAGE 함수의 파라미터는 다음과 같이 지정
합니다.

**표 24-08** RECEIVE_MESSAGE 함수의 파라미터

| 파라미터 | 예제 안의 내용 | 개요 |
|---|---|---|
| pipename | mod_pipe | 메시지가 저장되어 있는 파이프명 |
| timeout | tim | 타임아웃 시간(초) |

## ⬤ DBMS_PIPE 패키지의 실행 방법

다음 페이지의 그림 24-07에서는 리스트 24-04와 리스트 24-05에서 만든 프로그램을 실행하여 파이프의 송수신을 실행하고 있습니다. 파이프의 송신 측과 수신 측의 작업이 필요하므로 두 개의 SQL*Plus를 기동시켜 실행합니다※.

※ 번호 순서에 따라 프로그램을 실행하십시오.

우선, 수신 측은 **PIPE_RECEIVE 프로시저**를 실행하고 있습니다. 대기 시간을 900초로 설정하고 있으므로 그 시간 동안은 메시지의 수신을 대기합니다(❶).

송신 측은 트리거를 사용하여 파이프에 메시지를 보냅니다. DEPT 테이블의 행을 삭제하면 메시지가 송신됩니다(❷). 수신 측은 송신된 메시지를 수신하고 출력합니다(❸).

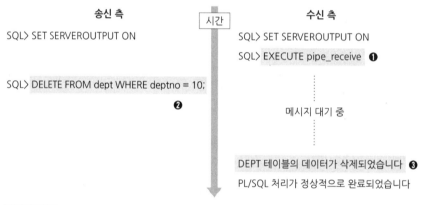

**그림 24-07** DBMS_PIPE 패키지의 실행 예

## ⬤ DBMS_SCHEDULER 패키지

DBMS_SCHEDULER 패키지를 사용하면 동일한 간격으로 작업(Job)을 실행할 수 있을 뿐 아니라, '매월 셋째 주 수요일에 실행'과 같이 달력 형식으로 실행 시점을 지정하거나 스케줄을 작성하여 작업을 연계할 수 있습니다. 또한, PL/SQL 블록 이외의 셸

스크립트나 실행 파일도 작업으로 등록할 수 있습니다※.

※ DBMS_SCHEDULER 패키지를 사용하려면 SYS 사용자로부터 EXECUTE 권한이 부여되어 있어야 합니다.

**표 24-09** DBMS_SCHEDULER 패키지의 주요 프로시저

| 패키지명 | 설명 |
| --- | --- |
| CREATE_JOB 프로시저 | 신규 작업을 생성 |
| CREATE_SCHEDULE 프로시저 | 신규 스케줄 작업(Schedule Job)을 생성 |
| DROP_JOB 프로시저 | 지정한 작업을 삭제 |

## ⬤ DBMS_SCHEDULER 패키지의 사용 방법

DBMS_SCHEDULER 패키지를 사용하려면 먼저 **CREATE_JOB 프로시저**를 실행하여 실행하고자 하는 프로그램명과 실행 간격을 지정하고 작업 큐(Job queue)에 작업을 전송합니다※. 실행 간격은 **CREATE_SCHEDULE 프로시저**로 작성한 스케줄을 지정할 수도 있습니다. 또한, 필요가 없어진 작업은 **DROP_JOB 프로시저**를 수행하여 삭제하십시오.

리스트 24-06에서는 JOB_TEST 프로시저를 1분 간격으로 실행되도록 작업을 등록하고 있습니다.

※ 작업을 생성하려면 CREATE JOB 시스템 권한이 있어야 합니다.

**리스트 24-06** CREATE_JOB 프로시저의 사용 예

```
SQL> BEGIN
  2    DBMS_SCHEDULER.CREATE_JOB(
  3            job_name => 'PRO_JOB', job_type => 'STORED_PROCEDURE',
  4            job_action => 'JOB_TEST', start_date => SYSDATE,
  5            repeat_interval => 'SYSDATE+1/1440', enabled => TRUE);
  6  END;
  7  /

PL/SQL 처리가 정상적으로 완료되었습니다.
```

● 파라미터의 설정 값

DBMS_SCHEDULER 패키지 CREATE_JOB 프로시저의 파라미터는 다음과 같이 지정합니다.

**표 24-10** CREATE_JOB 프로시저의 파라미터

| 파라미터 | 예제 안의 내용 | 개요 |
|---|---|---|
| job_name | PRO_JOB | 등록할 작업명 |
| job_type | STORED_PROCEDURE | 작업으로 실행할 태스크의 종류 |
| job_action | JOB_TEST | 실행할 프로시저명 |
| start_date | SYSDATE | 작업을 시작할 날짜 |
| repeat_interval | SYSDATE+1/1440 | 다음 작업을 실행할 날짜 |
| enabled | TRUE | 작업 작성 시에 사용 가능 여부 지정 |

## CREATE_JOB 확인과 삭제

리스트 24-07에서는 등록된 작업(Job)의 확인 및 삭제를 수행합니다. 등록된 작업의 자세한 내용은 데이터 딕셔너리 USER_SCHEDULER_JOBS 뷰에서 확인할 수 있습니다 (❶).

LAST_START_DATE 컬럼과 NEXT_RUN_DATE 컬럼의 값을 확인하면 작업이 1분 간격으로 실행된 것을 알 수 있습니다. 또한, 작업을 삭제하려는 경우에는 USER_SCHEDULER_JOBS 뷰의 JOB_NAME 컬럼 값을 DROP_JOB 프로시저로 지정하여 실행합니다(❷).

**리스트 24-07** 작업 확인과 삭제

```
SQL> SELECT job_name,job_action,
  2         job_type,repeat_interval,
  3         to_char(last_start_date,'HH24:MI:SS'),
  4         to_char(next_run_date,'HH24:MI:SS')          ❶
  5  FROM user_scheduler_jobs
  6  WHERE job_name = 'PRO_JOB';
```

```
JOB_NAME JOB_ACTION JOB_TYPE          REPEAT_INTERVAL TO_CHAR( TO_CHAR(
-------- ---------- ---------------- --------------- -------- --------
PRO_JOB  JOB_TEST   STORED_PROCEDURE SYSDATE+1/1440  19:29:34 19:30:34

SQL>
SQL> EXECUTE DBMS_SCHEDULER.DROP_JOB('PRO_JOB');  ─────────────────❷

PL/SQL 처리가 정상적으로 완료되었습니다.
```

## ● CREATE_SCHEDULE 프로시저의 사용 방법

리스트 24-08에서는 CREATE_SCHEDULE 프로시저를 사용하여 매주 월요일에 작업을 실행하는 스케줄을 작성하고 있습니다※.

※ 스케줄을 작성하기 위해서는 CREATE JOB 시스템 권한이 필요합니다.

**리스트 24-08** CREATE_SCHEDULE 프로시저의 사용 예

```
SQL> BEGIN
  2     DBMS_SCHEDULER.CREATE_SCHEDULE(
  3                    schedule_name => 'MON_SCHEDULE',
  4                    start_date => SYSDATE,
  5                    repeat_interval => 'FREQ=WEEKLY; BYDAY=MON');
  6  END;
  7  /

PL/SQL 처리가 정상적으로 완료되었습니다.
```

### ● 파라미터의 설정 값

DBMS_SCHEDULER 패키지 CREATE_SCHEDULE 프로시저의 파라미터는 다음과 같이 지정합니다.

**표 24-11** CREATE_SCHEDULE 프로시저의 파라미터

| 파라미터 | 예제 안의 내용 | 개요 |
|---|---|---|
| schedule_name | MON_SCHEDULE | 작성할 스케줄명 |
| start_date | SYSDATE | 작업 시작일 |
| repeat_interval | FREQ=WEEKLY;<br>BYDAY=MON | 작업 실행 간격 |

---

### USER_SCHEDULER_JOBS 뷰

현재 사용자가 액세스할 수 있는 스케줄러 작업에 대한 정보를 표시합니다.

**표 24-12** USER_SCHEDULER_JOBS 뷰의 주요 컬럼

| 컬럼명 | 개요 |
|---|---|
| JOB_NAME | 스케줄러 작업의 이름 |
| JOB_ACTION | 인라인 작업(In-line Job)의 액션 타입<br>(PLSQL_BLOCK, STORED_PROCEDURE, EXECUTABLE) |
| START_DATE | 작업 시작 예정일 |
| SCHEDULE_NAME | 작업을 등록할 스케줄명 |
| REPEAT_INTERVAL | 스케줄을 반복하는 간격 |
| ENABLED | 작업 사용 가능 여부(TRUE 또는 FALSE) |
| LAST_START_DATE | 마지막 작업 실행 시작일 |
| NEXT_RUN_DATE | 다음 번 작업 실행 예정일 |

## ● CREATE_SCHEDULE 확인

리스트 24-09에서는 등록된 스케줄 확인 및 스케줄을 사용한 작업 작성을 실행합니다. 스케줄의 상세한 내용은 데이터 딕셔너리 USER_SCHEDULER_SCHEDULES 뷰에서 확인할 수 있습니다(❶). REPEAT_INTERVAL 컬럼과 START_DATE 컬럼의 값을 확인하면 매주 월요일에 실행되도록 스케줄이 작성되어 있는 것을 확인할 수 있습니다.

**리스트 24-09** CREATE_SCHEDULE 확인

```
SQL> SELECT schedule_name,
  2         schedule_type,
  3         repeat_interval,
  4         to_char(start_date,'YYYY/MM/DD (DAY)')
  5  FROM user_scheduler_schedules
  6  WHERE schedule_name = 'MON_SCHEDULE';
```

❶

```
SCHEDULE_NAME    SCHEDULE_T REPEAT_INTERVAL         TO_CHAR(START_DATE,'YY
---------------  ---------- ----------------------- ----------------------
MON_SCHEDULE     CALENDAR   FREQ=WEEKLY; BYDAY=MON  2015/06/18 (목요일)
```

---

### USER_SCHEDULER_SCHEDULES 뷰

현재 사용자가 액세스할 수 있는 스케줄러 스케줄에 대한 정보를 표시합니다.

**표 24-13** USER_SCHEDULER_SCHEDULES 뷰의 주요 컬럼

| 컬럼명 | 개요 |
|---|---|
| SCHEDULE_NAME | 스케줄명 |
| SCHEDULE_TYPE | 스케줄 타입(ONCE, CALENDER, EVENT) |
| START_DATE | 반복 실행 시작일 |
| REPEAT_INTERVAL | 스케줄을 반복할 간격(달력(Calender) 지정문) |
| END_DATE | 스케줄 종료일 |
| COMMENTS | 스케줄에 대한 주석 |

## ● 스케줄을 사용한 작업 작성

이어서 앞서 나온 스케줄을 사용하여 작업(Job)을 작성합니다. 리스트 24-06과 같이 작업 등록 시에 작업 실행 타이밍을 직접 지정해도 상관은 없지만, CREATE_SCHEDULE 프로시저로 스케줄을 작성하면 복수의 작업에서 스케줄을 공유하여 쓸 수 있으므로, 각 작업에 대해 스케줄을 중복해서 정의할 필요가 없어지게 됩니다.

스케줄을 사용하려면 CREATE_JOB 프로시저에 스케줄명을 지정합니다(❶). 작업의 상세 내용은 데이터 딕셔너리 USER _SCHEDULER_JOBS 뷰에서 확인할 수 있습니다(❷).

**리스트 24-10** 스케줄을 사용한 작업 작성

```
SQL> BEGIN
  2    DBMS_SCHEDULER.CREATE_JOB(job_name => 'PRO_SCHE_JOB',
  3                              schedule_name => 'MON_SCHEDULE', ————❶
  4                              job_type => 'STORED_PROCEDURE',
  5                              job_action => 'JOB_TEST',
  6                              enabled => TRUE);
  7  END;
  8  /

PL/SQL 처리가 정상적으로 완료되었습니다.

SQL>
SQL> SELECT job_name,
  2          schedule_name,
  3          job_action,
  4          to_char(start_date,'YYYY/MM/DD (DAY)')     ————❷
  5  FROM user_scheduler_jobs
  6  WHERE job_name = 'PRO_SCHE_JOB';

JOB_NAME         SCHEDULE_NAME    JOB_ACTION       TO_CHAR(START_DATE,'YY
---------------  ---------------  ---------------  ----------------------
PRO_SCHE_JOB     MON_SCHEDULE     JOB_TEST         2015/06/22 (월요일)
```

## ● DBMS_LOCK 패키지

DBMS_LOCK 패키지를 사용하면 테이블에 대한 DML 잠금(Lock)처럼 애플리케이션 잠금 처리를 할 수 있습니다*. 예를 들면, 애플리케이션을 순차적으로 처리할 수 있도록 제어하거나, UTL_FILE 패키지를 사용한 파일의 다운로드가 동시에 실행되지 않도록 제어하거나 할 수 있습니다. 또한, DBMS_LOCK 패키지로 처리되는 잠금은 Oracle 잠금 기능과 동일하기 때문에 **데드락(Deadlock) 상태 검출** 등의 Oracle의 잠금 기능을 모두 갖추고 있습니다.

※ DBMS_LOCK 패키지를 사용하려면 SYS 사용자로부터 EXECUTE 권한이 부여되어 있어야 합니다.

**표 24-14** DBMS_LOCK 패키지의 프로시저와 함수 목록

| 패키지명 | 설명 |
|---|---|
| ALLOCATE_UNIQUE 프로시저 | 지정한 잠금명에 Lock ID를 할당. 이 Lock ID를 지정하여 잠금 제어를 수행 가능함 |
| CONVERT 함수 | 다른 잠금 모드로 변환 |
| REQUEST 함수 | 특정 모드의 잠금 요청 |
| RELEASE 함수 | 잠금 해제 |
| SLEEP 프로시저 | 현재 세션을 특정 기간 동안 정지 |

DBMS_LOCK 패키지의 처리

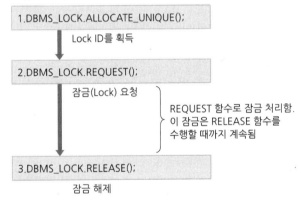

**그림 24-08** DBMS_LOCK 패키지의 처리 흐름

## ⬤ DBMS_LOCK 패키지의 사용 방법

DBMS_LOCK 패키지를 사용하려면 우선 **ALLOCATE_UNIQUE 프로시저**로 잠금 제어에 필요한 Lock ID를 할당합니다. 그 후 **REQUEST 함수**로 애플리케이션을 잠급니다. 이 잠금은 **RELEASE 함수**를 수행할 때까지 계속됩니다.

리스트 24-11은 PL/SQL 블록 내의 특정 처리(SLEEP 프로시저로 10초간 세션을 중지)가 동시에 실행되지 않도록 애플리케이션을 잠금 처리합니다. 또한, 잠금을 획득한 시간과 해제한 시간을 DBMS_OUTPUT으로 표시합니다.

우선, ALLOCATE_UNIQUE 프로시저를 사용하여 잠금 이름을 지정하고 Lock ID를 획득합니다(❶). 그리고 REQUEST 함수를 사용하여 잠금을 요청하고(❷), SLEEP 프로시저를 사용하여 파라미터로 지정한 10초 동안 세션을 정지시킵니다(❸).

마지막으로, RELEASE 함수를 사용하여 잠금을 해제합니다(❹).

**리스트 24-11** DBMS_LOCK 패키지의 작성 예

```
SQL> CREATE OR REPLACE PROCEDURE lock_exe
  2  IS
  3    lock_handle      VARCHAR2(128);
  4    lock_status      INTEGER;
  5    release_status INTEGER;
  6  BEGIN
  7    DBMS_LOCK.ALLOCATE_UNIQUE('lock_pro',lock_handle); ──────────❶
  8    DBMS_OUTPUT.PUT_LINE('START :'
  9      ||to_char(sysdate,'MI"분"SS"초"'));
 10    lock_status := DBMS_LOCK.REQUEST(lock_handle,6,900,TRUE); ───❷
 11    DBMS_OUTPUT.PUT_LINE('LOCK_GET :'
 12      ||to_char(sysdate,'MI"분"SS"초"'));
 13    DBMS_LOCK.SLEEP(10); ───────────────────────────────❸
 14    release_status := DBMS_LOCK.RELEASE(lock_handle); ──────────❹
 15    DBMS_OUTPUT.PUT_LINE('LOCK_RELEASE :'
 16      ||to_char(sysdate,'MI"분"SS"초"'));
 17  END;
 18  /
```

프로시저가 생성되었습니다.

● **파라미터의 설정 값**

DBMS_LOCK 패키지의 각 프로시저와 함수의 파라미터는 다음과 같이 지정합니다.

**표 24-15** ALLOCATE_UNIQUE 프로시저의 파라미터

| 파라미터 | 예제 안의 내용 | 개요 |
|---|---|---|
| lockname | lock_pro | 잠금 이름 |
| lockhandle | lock_handle | Lock ID를 받을 변수를 정의 |

**표 24-16** REQUEST 함수의 파라미터

| 파라미터 | 예제 안의 내용 | 개요 |
|---|---|---|
| id | lock_handle | ALLOCATE_UNIQUE 프로시저로 획득한 Lock ID |
| lockmode | 6 | 잠금 모드 지정(6은 배타적 지정) |
| timeout | 900 | 잠금 획득을 대기하는 시간. 지정 시간 내에 잠금 처리를 하지 못하면 Timeout 발생 |
| release_on_commit | TRUE※ | 잠금을 커밋 또는 롤백 시에 해제 |

※ 디폴트 값은 FALSE로, 잠금은 명시적으로 해제하거나 세션이 종료될 때까지 해제되지 않습니다.

## ● DBMS_LOCK 패키지의 실행 예

두 개의 SQL*Plus를 기동하고 각각의 SQL*Plus에서 리스트 24-11에서 작성한 프로시저 lock_exe를 실행합니다. 여기서는 한쪽의 프로그램이 종료될 때까지 기다리지 않고 곧바로 프로시저 lock_exe를 실행하십시오. 또한, 각 DBMS_OUTPUT의 표시 결과는 다음 처리를 수행한 시간을 나타냅니다.

**표 24-17** DBMS_OUTPUT의 표시 내용

| 표시 항목 | 개요 |
|---|---|
| START | Lock ID를 획득한 시간 |
| LOCK_GET | 잠금을 요청한 시간 |
| LOCK_RELEASE | 잠금을 해제한 시간 |

우선, 사용자 A의 SQL*Plus에서 프로시저 lock_exe를 실행합니다. DBMS_OUTPUT 의 'START' 결과에서 '25분 00초'에 Lock ID를 획득한 것을 확인합니다(❶). 그 뒤 'LOCK_GET'의 결과에서 '25분 00초'에 잠금 처리가 된 것을 알 수 있습니다(❷). 이 애플리케이션 잠김 상태는 RELEASE 함수가 실행되는 '25분 10초'까지 10초 동 안 유지됩니다(❸).

또한, 사용자A의 잠금 중에 사용자B에서 프로시저 lock_exe를 실행합니다. 이번에 는 'START'의 결과에서 '25분 01초'에 Lock ID를 획득하려 한 것을 확인하지만(❹), 사용자A가 잠금 상태이기 때문에 사용자 B의 처리는 대기하게 됩니다. 사용자A의 잠금이 해제될 때까지 9초 동안 대기했다가 '25분 10초'에 잠금 처리한 것을 알 수 있 습니다(❺). 이 잠금은 RELEASE 함수가 실행되는 '25분 20초'까지 10초 동안 유지 됩니다(❻).

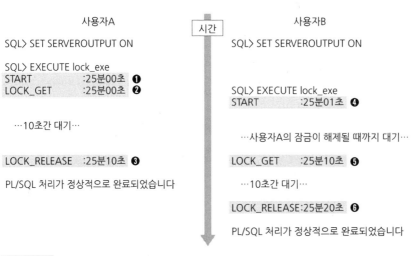

**그림 24-09** DBMS_LOCK 패키지의 실행 예

# ● UTL_MAIL 패키지

UTL_MAIL 패키지를 사용하면 이메일을 보낼 수 있습니다※. 첨부 파일이나 CC, BCC 및 수신 확인 등 일반적으로 사용되는 이메일 기능이 포함되어 있습니다.

※ UTL_MAIL 패키지를 사용하려면 SYS 사용자로부터 EXECUTE 권한이 부여되어 있어야 합니다.

**표 24-18** UTL_MAIL 패키지의 프로시저와 함수 목록

| 패키지명 | 설명 |
|---|---|
| SEND 프로시저 | 이메일 메시지를 적절한 형식으로 패키지하고, SMTP 정보를 찾아서 수신자에게 전송하는 SMTP 서버에 메시지를 전달 |
| SEND_ATTACH_RAW 프로시저 | 첨부 파일(RAW 타입)이 있는 이메일을 전달하기 위한 프로시저 |
| SEND_ATTACH_ VARCHAR2 프로시저 | 첨부 파일(VARCHAR2 타입)이 있는 이메일을 전달하기 위한 프로시저 |

## ● 사전 준비

UTL_MAIL 패키지를 사용하려면 다음과 같은 사전 준비가 필요합니다.

### ● UTL_MAIL 패키지 설치

SYS 사용자로 접속하여 **utlmail.sql 스크립트**와 **prvtmail.plb 스크립트**를 실행합니다.

**FILE** %ORACLE_HOME%rdbms\admin\utlmail.sql
**FILE** %ORACLE_HOME%rdbms\admin\prvtmail.plb

### ● 초기화 파라미터와 파일 지정

초기화 파라미터 SMTP_OUT_SERVER에 SMTP 서버를 지정합니다.

## UTL_MAIL 패키지의 사용 방법

리스트 24-12에서는 DEPT 테이블을 삭제하면 기동되는 트리거 dept_check를 작성하고 있습니다※. 트리거는 SEND 프로시저를 사용하여 'DEPT 테이블이 삭제되었습니다.'라는 메시지를 메일로 전송합니다(❶).

※ UTL_MAIL 패키지가 설치되어 있어야 합니다.

**리스트 24-12** UTL_MAIL 패키지의 작성 예

```
SQL> CREATE OR REPLACE TRIGGER dept_check
  2  AFTER DELETE ON dept
  3  DECLARE
  4    mes VARCHAR2(100);
  5  BEGIN
  6    mes := CONVERT('DEPT 테이블이 삭제되었습니다.','iso-2022-kr');
  7    UTL_MAIL.SEND(sender     => 'jeipub@gmail.com',
  8                  recipients => 'jeipub@gmail.com',
  9                  subject    => 'WARNING',
 10                  message    => mes,
 11                  mime_type  => 'text/plain; charset=iso-2022-kr'); ❶
 12  END;
 13  /

트리거가 생성되었습니다.
```

## ● 파라미터의 설정 값

UTL_MAIL 패키지의 SEND 프로시저의 파라미터는 다음과 같이 지정합니다.

**표 24-19** SEND 프로시저의 파라미터

| 파라미터 | 개요 |
|---|---|
| sender | 보내는 사람의 이메일 주소 |
| recipients | 받는 사람의 이메일 주소. 여러 개인 경우 쉼표로 구분 |
| subject | 이메일 제목 |
| message | 메시지 본문 |
| mime_type | 메시지의 MIME 타입 |

또한, 리스트 24-12와 같이 한국어 메시지를 보내려면 메시지 본문을 mime_type **파라미터**에 지정된 문자 집합(Character set)으로 변환해야 합니다. 변환하지 않는 경우에는 문자열이 깨집니다. 그러므로 여섯 번째 줄에서 CONVERT **함수**※을 사용하여 메시지를 변환하고 있습니다.

※ CONVERT 함수는 문자열을 지정한 문자 집합으로 변환하는 함수입니다.

# { 찾아보기 }